일 본 어 능 력 시 험

딱!
한 권

JLPT
N1 청해

저자 JLPT연구모임

일 본 어 능 력 시 험

JLPT
N1 청해

초판인쇄	2021년 6월 2일
초판발행	2021년 6월 12일
저자	JLPT연구모임
책임 편집	조은형, 무라야마 토시오, 박현숙, 손영은, 김성은
펴낸이	엄태상
해설진	송규원, 이효세, 황지영
디자인	권진희
조판	이서영
콘텐츠 제작	김선웅, 김현이
마케팅	이승욱, 전한나, 왕성석, 노원준, 조인선, 조성민
경영기획	마정인, 조성근, 최성훈, 정다운, 김다미, 오희연
물류	정종진, 윤덕현, 양희은, 신승진
펴낸곳	시사일본어사(시사북스)
주소	서울시 종로구 자하문로 300 시사빌딩
주문 및 교재 문의	1588-1582
팩스	0502-989-9592
홈페이지	www.sisabooks.com
이메일	book_japanese@sisadream.com
등록일자	1977년 12월 24일
등록번호	제 300-1977-31호

ISBN 978-89-402-9316-4 (13730)

머리말

　일본어능력시험은 N4와 N5에서는 주로 교실 내에서 배우는 기본적인 일본어를 어느 정도 이해할 수 있는 레벨인가를 측정하며, N1과 N2에서는 폭넓은 분야에서 일본어를 어느 정도 이해할 수 있는지, N3는 N1, N2와 N4, N5의 가교 역할을 하며 일상적인 장면에서 사용되는 일본어의 이해를 측정합니다. 일본어능력시험 레벨 인정의 목표는 '읽기', '듣기'와 같은 언어행동의 표현입니다. 언어행동을 표현하기 위해서는 문자·어휘·문법 등의 언어지식도 필요합니다. 즉, 어휘나 한자, 문법 항목의 무조건적인 암기가 아니라, 어휘나 한자, 문법 항목을 커뮤니케이션 수단으로서 실제로 활용할 수 있는가를 측정하는 것이 목표입니다.

　본 교재는 新일본어능력시험 개정안에 따라 2010년부터 최근까지 새롭게 출제된 기출문제를 철저히 분석하여, 일본어 능력시험 초심자를 위한 상세한 설명과 다량의 확인문제를 수록하고, 중·고급 학습자들을 위해 난이도 있는 실전문제를 다루었습니다. 또한 혼자서도 충분히 합격할 수 있도록, 상세한 해설을 첨부하였습니다. 시중에 일본어능력시험 수험서는 많이 있지만, 학습자들이 원하는 부분을 콕 집어 효율적인 학습을 할 수 있는 교재는 그다지 많지 않습니다.

　이러한 점을 고려하여 본 JLPT연구모임에서는 수년간의 분석을 통해 적중률과 난이도를 연구하여, 일본어능력시험을 준비하는 학습자가 이 책 한 권이면 충분하다고 느낄 정도의 내용과 문제를 실었습니다. 한 문제 한 문제 꼼꼼하게 풀어 보시고, 일본어능력시험에 꼭 합격하시기를 진심으로 기원합니다.

JLPT연구모임

① 교시　언어지식(문자·어휘·문법)/독해

문자·어휘

출제 빈도순 어휘　➡　기출어휘　➡　확인문제　➡　실전문제

問題 1 한자읽기, 問題 2 문맥규정, 問題 3 유의표현, 問題 4 용법 등 문제 유형별 출제 빈도순으로 1순위부터 3순위까지 정리하여 어휘를 제시한다. 가장 많이 출제되고 있는 する동사부터 명사, 동사, 형용사, 부사순으로 어휘를 학습한 후, 확인문제를 풀어 보면서 확인하고, 확인문제를 학습 후에는 실전문제를 풀면서 총정리를 한다. 각 유형별로 제시한 어휘에는 최근 출제되었던 단어를 표기해 놓았다.

문법

필수문법　➡　필수경어　➡　기초문법　➡　확인문제　➡　실전문제

N1 필수문법과 경어를 학습하고 확인문제를 차근차근 풀며 체크할 수 있도록 다량의 문제를 실어 놓았으며, 처음 시작하는 초보자를 위해 시험에 자주 등장하는 N2 문법을 수록해 놓았다. 확인문제까지 학습한 뒤에는 난이도 있는 실전문제를 풀며 실전에 대비할 수 있도록 했다.

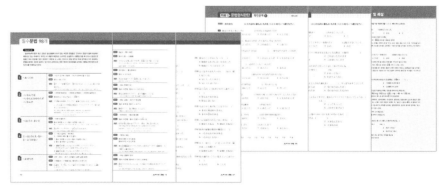

독해

독해의 비결 ➡ 영역별 확인문제 ➡ 실전문제

이제 더 이상 문자·어휘·문법에만 집중해서는 안 된다. 과목별 과락이라는 제도가 생기면서, 독해와 청해의 비중이 높아졌기 때문에 모든 영역을 균형있게 학습해야 한다. 본 교재에서는 독해의 비결을 통해, 글을 분석할 수 있는 노하우를 담았다. 문제만 많이 푼다고 해서 점수가 잘 나오는 것이 아니므로, 원리를 잘 파악해 보자.

2 교시 　 청해

청해의 비결 ➡ 영역별 확인문제 ➡ 실전문제

독해와 함께 청해의 비중이 높아졌으며, 커뮤니케이션이 중시되었기 때문에 단어 하나하나의 의미를 꼼꼼히 듣는 방법보다는 상담·준비·설명·소개·코멘트·의뢰·허가 등 어떤 주제로 회화가 이루어지는지, 또한 칭찬·격려·질책·변명·걱정 등 어떤 장면인지 잘 파악해야 한다.

실전모의테스트 3회분 (영역별 2회분 + 온라인 종합 1회분)

질로 승부한다!

JLPT연구모임에서는 몇 년 동안 완벽한 분석을 통해 적중률과 난이도를 조정하여, 실전모의테스트를 제작하였다. 혼자서도 공부할 수 있도록 자세한 해설을 수록해 놓았다.

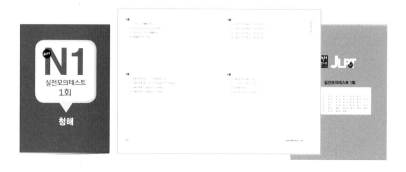

무료 동영상 해설 강의

1타 강사들의 명쾌한 실전모의테스트 해설 특강!!

언제 어디서나 꼼꼼하게 능력시험을 대비할 수 있도록 동영상 강의를 제작하였다. 질 좋은 문제와 명쾌한 해설로 실전에 대비하길 바란다.

차례

일본어능력시험 개요

① 시험과목과 시험시간

레벨	시험과목 (시험시간)		
N1	언어지식 (문자 · 어휘 · 문법) · 독해 (110분)		청해 (60분)
N2	언어지식 (문자 · 어휘 · 문법) · 독해 (105분)		청해 (50분)
N3	언어지식 (문자 · 어휘) (30분)	언어지식 (문법) · 독해 (70분)	청해 (45분)
N4	언어지식 (문자 · 어휘) (25분)	언어지식 (문법) · 독해 (55분)	청해 (40분)
N5	언어지식 (문자 · 어휘) (20분)	언어지식 (문법) · 독해 (40분)	청해 (35분)

② 시험점수

레벨	배점구분	득점범위
N1	언어지식(문자 · 어휘 · 문법)	0~60
	독해	0~60
	청해	0~60
	종합배점	0~180
N2	언어지식(문자 · 어휘 · 문법)	0~60
	독해	0~60
	청해	0~60
	종합배점	0~180
N3	언어지식(문자 · 어휘 · 문법)	0~60
	독해	0~60
	청해	0~60
	종합배점	0~180
N4	언어지식(문자 · 어휘 · 문법) · 독해	0~120
	청해	0~60
	종합배점	0~180
N5	언어지식(문자 · 어휘 · 문법) · 독해	0~120
	청해	0~60
	종합배점	0~180

③ 합격점과 합격 기준점

레벨별 합격점은 N1 100점, N2 90점, N3 95점이며, 과목별 합격 기준점은 각 19점입니다.

❹ 문제유형

Ⅰ. 언어지식(문자·어휘·문법) Ⅱ. 독해 Ⅲ. 청해

시험과목		큰 문제	예상 문항 수	문제 내용	적정 예상 풀이 시간	파트별 소요 예상 시간	대책
언어 지식 · 독해 (110분)	문 자 · 어 휘	문제 1	6	한자읽기 문제	1분	문자·어휘 8분	총 110분 중에서 문제 푸는 시간은 93분 정도 걸린다고 보고, 마킹에 7분 정도, 나머지 10분 동안 최종 점검하면 된다. 기존 시험보다 문제 수가 대폭 축소된 문자/어휘 문제를 빨리 끝내고, 새로워진 문법 문제에 당황하지 말고 여유를 가지고 예제 문제를 확실하게 이해하고 문제풀이를 하면 새로운 문제에 바로 적응할 수 있을 것이다. 독해 문제도 마찬가지다. 종합이해, 정보 검색 등 새로워진 문제가 있지만, 시간에 쫓기지 말고 침착하게 문제를 풀어나간다면 좋은 결과를 얻을 수 있을 것이다.
		문제 2	7	문맥에 맞는 적절한 어휘를 고르는 문제	2분		
		문제 3	6	주어진 어휘와 비슷한 의미의 어휘를 찾는 문제	2분		
		문제 4	6	제시된 어휘의 의미가 올바르게 쓰였는지를 묻는 문제	5분		
	문 법	문제 5	10	문장의 내용에 맞는 문형표현 즉 기능어를 찾아서 넣는 문제	5분	문법 15분	
		문제 6	5	나열된 단어를 의미에 맞게 조합하는 문제	5분		
		문제 7	5	글의 흐름에 맞는 문법 찾아내기 문제	5분		
	독 해	문제 8	4	단문(200자 정도) 이해	10분	독해 70분	
		문제 9	9	중문(500자 정도) 이해	15분		
		문제 10	4	장문(1000자 정도) 이해	10분		
		문제 11	2	같은 주제의 두 가지 이상의 글을 읽고 비교통합 이해	10분		
		문제 12	4	장문(1000자 정도의 논평 등) 이해	15분		
		문제 13	2	700자 정도의 글 읽고 필요한 정보 찾기	10분		
청해 (60분)		문제 1	6	과제 해결에 필요한 정보를 듣고 나서 무엇을 해야 하는지 찾아내기	약 9분(한 문항당 약 1분 30초)		청해는 총 60분 중에서 문제 푸는 시간은 대략 48분 정도가 될 것으로 예상한다. 나머지 시간은 문제 설명과 연습문제 풀이시간이 될 것으로 예상한다. 새로운 시험에서 새로 도입된 질의응답은 난이도가 그다지 어렵지 않을 것으로 예상하지만 문제5는 긴 문장을 듣고 난 다음 그 내용을 비교하며 문제를 풀어야 하므로 꽤 까다로운 문제가 될 것이다. 평소에 뉴스 등을 들으면서 전체 내용을 파악하는 훈련을 해 둔다면 그다지 어렵지 않게 풀어 나갈 수 있을 것이다.
		문제 2	6 또는 7	대화나 혼자 말하는 내용을 듣고 포인트 파악하기	약 13분 25초(한 문항당 약 1분 55초)		
		문제 3	6	내용 전체를 듣고 화자의 의도나 주장을 이해	약 10분(한 문항당 약 1분 40초)		
		문제 4	13 또는 14	짧은 문장을 듣고 그에 맞는 적절한 응답 찾기	약 7분(한 문항당 약 30초)		
		문제 5	4	다소 긴 내용을 듣고 복수의 정보를 비교 통합하면서 내용 이해하기	약 8분(한 문항당 약 2분)		

문법 접속 활용표

〈활용형과 품사의 기호〉

활용형과 품사의 기호	예
명사	雪
동사 사전형	持つ・見る・する・来る
동사ます형	持ちます・見ます・します・来ます
동사ない형	持たない・見ない・しない・来ない
동사て형	持って・見て・して・来て
동사た형	持った・見た・した・来た
동사 의지형	持とう・見よう・しよう・来よう
동사 가정형	持てば・見れば・すれば・来れば
동사 명령형	持て・見ろ・しろ・来い
イ형용사 사전형	暑い
イ형용사 어간	暑い
イ형용사て형	暑くて
ナ형용사 사전형	丈夫だ
ナ형용사 어간	丈夫だ
ナ형용사て형	丈夫で
する동사의 명사형	散歩・運動・料理 등 [する]를 뒤에 붙일 수 있는 명사

〈접속방법 표시 예〉

[보통형]

동사	聞く	聞かない	聞いた	聞かなかった
イ형용사	暑い	暑くない	暑かった	暑くなかった
ナ형용사	上手だ	上手ではない	上手だった	上手ではなかった
명사	学生だ	学生ではない	学生だった	学生ではなかった

[명사수식형]

동사	聞く	聞かない	聞いた	聞かなかった
イ형용사	暑い	暑くない	暑かった	暑くなかった
ナ형용사	上手な	上手ではない	上手だった	上手ではなかった
명사	学生の	学生ではない	学生だった	学生ではなかった

JLPT N1

聴解

●問題 1　과제이해
●問題 2　포인트이해
●問題 3　개요이해
●問題 4　즉시응답
●問題 5　통합이해

청해의 비결

① 발음 1

촉음

일본어에는 작은 「っ」로 표시하는 '촉음'이라는 것이 있습니다. 촉음이 있는지 없는지 구별해서 들을 수 있어야 합니다. 그러기 위해서는 먼저 스스로 소리를 내면서 발음해 보는 것이 중요합니다.

포인트 「っ」뒤에는 カ・サ・タ・バ・キャ・シャ・チャ행 (k, s, t, p, sh, ch)밖에 오지 않습니다.

예 かっこう(kakko), ぐっすり(gussuri)

연습

a,b 중 어느 쪽의 발음일까요?

(1) ⓐ かこう   ⓑ かっこう
(2) ⓐ ぶか   ⓑ ぶっか
(3) ⓐ きって   ⓑ きて
(4) ⓐ おっと   ⓑ おと
(5) ⓐ いっさい   ⓑ いさい

정답   (1) ⓐ (2) ⓑ (3) ⓑ (4) ⓐ (5) ⓑ

음의 변화 ◎ 2

구어체는 다음과 같이 음이 축약되는 경우가 많습니다.

「ん」으로 바뀌는 음	ナ행의 「に」「の」, ラ행의 「ら」「り」「る」「れ」는 「ん」으로 음이 바뀌는 경우가 많습니다. **예문** いち<u>に</u>ち → いち<u>ん</u>ち そんな<u>もの</u> → そんなも<u>ん</u>
「っ」로 바뀌는 음	「～か」 앞의 글자는 「っ」로 음이 바뀌는 경우가 있습니다. **예문** ど<u>こ</u>か → ど<u>っ</u>か そ<u>う</u>か → そ<u>っ</u>か
요음(拗音)이 섞인 음으로 바뀌는 경우	「れは・れば」→「りゃ」 「ては・では」→「ちゃ・じゃ」 「～てしまう・～でしまう」→「～ちゃう・～じゃう」

예문	これはないよね。 → こりゃないよね。 今日、かさ持ってくればよかった。 → 今日、かさ持ってくりゃよかった。 入ってはだめ。 → 入っちゃだめ。

※ 위의 예 이외에도 やはり → やっぱり・やっぱ、〜じゃない → 〜じゃん 과 같이 바뀌는 경우도 있습니다.

연습

1. a,b 중 어느 문장일까요?
   (1) ⓐ どこか行こうよ　　　　　ⓑ どっか行こうよ
   (2) ⓐ こんなもんいらないよ　　ⓑ こんなものいらないよ

2. 들리는 대로 써 보세요.
   (1) _____
   (2) _____
   (3) _____

정답

1. (1) ⓑ　(2) ⓐ

2. (1) ほら、ちゃんと持たないからこぼれちゃったじゃん。
   (2) 誕生日には、やっぱすしがいちばんだよなあ。
   (3) いくらなんでもそりゃ、ひどいよ。

모음(a,i,u,e,o)의 생략과 연음화 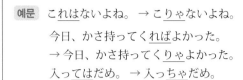 3

발음하기 쉽게 바뀐 구어체입니다.

모음 생략	「〜ている」「〜ていく」의 「い」,「もう」의 「う」는 생략되는 경우도 있습니다. 예문　今、持っていくから。 → 今、持ってくから。 　　　もう少し、待っていてくれる? → も少し、待っててくれる?
모음의 연음화	タ행 다음에 모음이 올 경우, T음과 다음 모음만 발음하고, 중간의 모음은 생략하는 경우도 있습니다. 예문　うちに電話しておいてね。 → うちに電話しといてね。 　　　電話しておいてあげるよ。 → 電話しといたげるよ。

청해의 비결

1. a,b 중 어느 문장일까요?

(1) ⓐ あとでやっときます。　　　　　　ⓑ あとでやっておきます。

(2) ⓐ すぐ着くので、先に始めていてください。

　　ⓑ すぐ着くので、先に始めててください。

(3) ⓐ も少しがんばってね。　　　　　　ⓑ もう少しがんばってね。

2. 들리는 대로 써 보세요.

(1) _____

(2) _____

(3) _____

정답

1. (1) ⓐ　(2) ⓑ　(3) ⓐ

2. (1) とりあえず、そこに置いといて。

　(2) 卵は、お母さんが買ってくって。

　(3) えっ、先に見とくって言ってたでしょ。

모음의 무성화　◎4

모음의 무성화는 「キ・ク・シ・ス・チ・ツ・ヒ・フ・ピ・プ・シュ」 등의 음이 カ행・サ행・タ행・ハ행・パ행・キャ행・シャ행・チャ행・ヒャ행・ピャ행 및 「ッ」 앞에 왔을 때 일어나는 경우가 많습니다(여기서는 무성음을 　◯　로 표기합니다).

「キ・シ・チ・ヒ・ピ」 모음의 무성화	예문　支度(シタク) → 支度(シタク) 増築(ゾーチク) → 増築(ゾーチク)
「ク・ス・ツ・フ・プ」 모음의 무성화	예문　不都合(フツゴー) → 不都合(フツゴー) 直接(チョクセツ) → 直接(チョクセツ)
「シュ」 모음의 무성화	예문　出演(シュツエン) → 出演(シュツエン) 合宿(ガッシュク) → 合宿(ガッシュク)

※ 뒤의 음에 영향을 받아서 앞의 음(밑줄 친 부분)이 무성화됩니다.

포인트 이외에도, 문장 속에서 뒤의 음에 영향을 받아서 모음이 없어지기도 합니다. 「手術した (シュジュツシ タ)」→「手術した (シュジュ~~ツシ~~タ)」와 같이 모음의 무성화가 일어납니다.

연습

1. a,b 중 어느 쪽일까요?

(1) ⓐ ケ~~シ~~トメル   ⓑ ケ~~シ~~トメル

(2) ⓐ ~~チ~~ッソク   ⓑ ~~チ~~ッソク

(3) ⓐ ド~~ク~~ショ   ⓑ ド~~ク~~ショ

(4) ⓐ ホー~~シュ~~ツ   ⓑ ホー~~シュ~~ツ

(5) ⓐ ミ~~カ~~エス   ⓑ ミ~~カ~~エス

(6) ⓐ ~~シ~~アイ   ⓑ ~~シ~~アイ

정답   1. (1) ⓑ   (2) ⓐ   (3) ⓑ   (4) ⓑ   (5) ⓐ   (6) ⓐ

비슷한 음 💿 5

일본어에는 발음이 비슷하기 때문에 듣고 구별하기가 힘든 음이 있습니다.

청음과 탁음	일본어에는 「゛」이 붙는 탁음과 아무것도 붙지 않는 청음이 있습니다. 반복해 들으면서 귀에 익숙해지도록 합시다.
	예문 また・まだ
	天気(テンキ)・電気(デンキ)
	学校(ガッコー)・格好(カッコー)
	韓国(カンコク)・監獄(カンゴク)
ガ행음과 비탁음	조사 「が」 및 어두에 오지 않는 「ガ」음은 콧소리 비슷하게 나는 비탁음 (「ンア」에 가까운 음)으로 발음됩니다(여기서는 「ガ°」로 표기합니다).
	예문 私がやります。(ワタシガ° ヤリマス)
	中学校(チュウガ° ッコー)
「ン」음	「ン」은 뒤에 오는 음에 따라서 여러 가지 음으로 변화합니다. 특히 뒤에 모음이 왔을 때의 음에 주의합시다.
	예문 単位(タンイ)
	負担を(フタンオ)

청해의 비결

「ザ・ズ・ゾ」와 「ジャ・ジュ・ジョ」의 음	한국인 학습자가 구별하기 힘든 발음이므로 잘 듣고 큰 소리로 반복해서 따라 해 봅시다. **예문** 情勢(ジョーセー)・造成(ゾーセー) ジャージャー(물이 나오는 소리)・ザーザー(비가 내리는 소리)

연습

1. a,b 중 어느 쪽일까요?

   (1) ⓐ ゲタ   ⓑ ケタ

   (2) ⓐ ゴーテー   ⓑ コーテー

   (3) ⓐ トーキ   ⓑ ドーキ

   (4) ⓐ カレキ   ⓑ ガレキ

2. 음성을 듣고 (　　　)안에 들어갈 말을 써 보세요.

   (1) 彼は、(　　　)時代を大阪で過ごした。

   (2) (　　　)の参考資料として、(　　　)を用意した。

   (3) 就職するのに、(　　　)は必要でしょうか。

3. 음성을 듣고 (　　　) 안에 들어갈 말을 써 보세요.

   (1) (　　　)開けたら、雪が降っていた。

   (2) 家から(　　　)近いので、送り迎えはそれほど苦ではない。

   (3) 僕達は、夏休みに(　　　)しようと約束をした。

4. 들리는 대로 써 보세요.

   (1) _____

   (2) _____

   (3) _____

정답

1. (1) ⓐ　(2) ⓑ　(3) ⓐ　(4) ⓑ

2. (1) 小学校　(2) 会議 / グラフ　(3) 学歴

3. (1) 玄関を　(2) 幼稚園は　(3) 探検を

4. (1) ぞうしゅう(増収)　(2) じょうじる(乗じる)　(3) みんぞく(民族)

❷ 청해 문제에 자주 나오는 표현

다음에 정리한 표현은 들으면 들을수록 청해 문제가 쉬워지는 표현입니다. 청해 문제 뿐만 아니라 독해에도 자주 사용되는 표현이므로 외워두면 유용하게 쓸 수 있습니다. 확실하게 기억해 둡시다.

비즈니스1 「거래 · 상품 · 제품」 ◎ 6

納期、納品 납기, 납품 「納期までに必ず納品してください。 납기까지 반드시 납품해 주세요」

売り上げ 매출 「売り上げが伸びる · 落ちる(落ち込む) 매출이 오르다 · 떨어지다」

伸び率 신장률

マーケット 마켓, 시장

アピール 어필, 남의 흥미를 끎

外回り 외근 「内勤(내근) · 外勤(외근)」 등과 같은 표현도 있음.

비즈니스2 「회의」 ◎ 7

議事録 의사록

打ち合わせ 미리 상의함, 협의, 미팅

プレゼン プレゼンテーション (프레젠테이션)의 약자

プロジェクター、スクリーン 프로젝터, 스크린

抜ける 빠지다 「会議を抜ける 회의 도중에 나가다 」

　　　　　　　「プロジェクトチームから抜ける 프로젝트팀에서 빠지다」

長引く 지연되다 「会議が長引く 회의가 길어지다」

お開き 회의 등이 종료되는 것 「今日はこれでお開きにしましょう 오늘은 이것으로 끝냅시다」

見合わせる 보류하다

手を打つ (수단,방법을) 쓰다 「言い値で手を打つ 부르는 값으로 타협하다」

청해의 비결

비즈니스3　「근무」　◎ 8

フレックスタイム制(せい) 플렉스타임제 (선택적 근로시간제), 하루에 일정한 근로시간 범위 내에서, 유연하게 출퇴근 시간을 선택할 수 있는 제도

サービス残業(ざんぎょう) 야근 수당을 받지 않고 일하는 것

単身赴任(たんしんふにん) 단신부임

人手(ひとで) 일손　「人手(ひとで)が足(た)りる (일손이 충분하다)」, 「人手(ひとで)が足(た)りない (일손이 부족하다)」

비즈니스4　「기타」　◎ 9

業界(ぎょうかい) 업계　「業界全体(ぎょうかいぜんたい)が業績不振(ぎょうせきふしん)に陥(おちい)っている (업계 전체가 업적 부진에 빠져 있다)」

上半期(かみはんき)、下半期(しもはんき) 상반기, 하반기

受信(じゅしん)、返信(へんしん)、転送(てんそう) 메일을 사용할 때 쓰는 용어.　「受信(じゅしん)(수신, 메일받기)」, 「返信(へんしん)(답장)」, 「転送(てんそう)(전송)」

お世話(せわ)になります 항상 신세지고 있습니다 (거래처와 통상적으로 나누는 인사말)

お疲(つか)れ様(さま)です 수고하십니다 (사내에서 사용하는 인사말. 상사, 동료, 부하 모두에게 사용 가능)

電話(でんわ)を入(い)れる 전화를 넣다 (걸다)

上(うえ)に通(とお)す (어떤 사항이나 안건을) 윗선에 통과시키다

～に(が)強(つよ)い、弱(よわ)い ～를 잘 한다(잘 못한다) 「パソコンに強(つよ)い (컴퓨터를 잘 하다)」 등.
「説明(せつめい)が弱(よわ)い (설명이 부족하다)」, 「説得力(せっとくりょく)が弱(よわ)い (설득력이 부족하다)」 등과 같이 부족한 부분을 설명할 때도 사용됨.

대학생활　중요표현　◎ 10

休講(きゅうこう) 휴강

前期(ぜんき)、後期(こうき) 전기, 후기

代返(だいへん) 대리출석

サークル 서클, 동아리

単位(たんい) 학점

落(お)とす、落(お)ちる (학점을) 이수 못하다, 낙방하다

18

접수 · 캔슬 · 수속　중요표현　◎ 11

(ご)捺印 (なついん) 날인, 도장을 찍는 것

(ご)署名 (しょめい) 서명, 사인

フルネーム 풀네임, 이름과 성

市外局番 (しがいきょくばん) 지역번호

右詰 (みぎづめ) 오른쪽 정렬 「右詰 (みぎづめ)で書 (か)いてください (오른쪽 정렬로 써 주세요)」

本人確認 (ほんにんかくにん) 본인 확인 「本人確認 (ほんにんかくにん)のため… (본인 확인을 위해서…)」
「本人確認 (ほんにんかくにん)のできる書類 (しょるい) (본인 확인이 가능한 서류)」

保険証 (ほけんしょう)、免許証 (めんきょしょう)、パスポート 보험증(건강보험증), 면허증, 여권

暗証番号 (あんしょうばんごう) 비밀번호

キャンセル料 (りょう) 캔슬(취소)요금, 예약한 것을 취소할 때 지불하는 요금

振 (ふ)り込 (こ)む 납입, 은행계좌에 입금해서 대금을 지불하는 것

(お金 (かね)を)入 (い)れる、おろす 돈을 넣다(입금하다), 돈을 찾다(인출하다)

가족 · 가정　중요표현　◎ 12

水回 (みずまわ)り 배수 설비(부엌이나 세면대 등 물이 있는 주변을 말함)

リビング 리빙, 거실(リビング・ルーム의 준말)

植木 (うえき) 집 마당 등에 심는 나무 정원수

バルコニー 발코니

日当 (ひあ)たり 볕이 듦, 양지 「日当 (ひあ)たりのいい部屋 (へや) (햇볕이 잘 드는 방)」

車庫 (しゃこ) 차고 「ガレージ라고도 함」

維持費 (いじひ) 유지비 「ガソリン代 (だい) (기름값), 保険料 (ほけんりょう) (보험료), 駐車場代 (ちゅうしゃじょうだい) (주차장 비)」 등

청해의 비결

쇼핑　중요표현 ◎ 13

〜割引、〜パーセント引き 할인 (상품의 할인율)

安売り、バーゲン、セール 염가 판매, 할인 판매, 세일

お買い得 사면 득이 됨

エコバッグ、お買い物袋 장 본 것을 넣는 봉투(가방), 쇼핑백

取り置き 그 날은 사지 않고, 일정 기간 다른 사람에게 판매하지 않고 따로 두게 하는 것, 키프(keep), 확보

内金、前金、手付金 계약금, 선금, 착수금

手数料 수수료

会費 회비 月会費(월회비), 年会費(연회비) 등이 있음.

レシート・袋はいいです 영수증・봉투가 필요 없을 때 사용하는 말

병・약　중요표현 ◎ 14

食前、食後、食間 식사 전, 식사 후, 식사와 식사 사이를 말함

飲み薬、塗り薬、貼り薬 먹는 약, 바르는 약, 붙이는 약

平熱 평상시 체온 「微熱がある (미열이 있다)」라고 함

上、下 최고혈압, 최저혈압을 말함 「血圧は、上が120で下が70です (혈압은 최고가 120, 최저가 70입니다)」

アレルギー 알레르기

服用する 복용하다

전철・역　중요표현 ◎ 15

乗り換え 환승(갈아타는 것)

快速、特急、急行、普通 쾌속, 특급, 급행, 보통(전철의 빠르기의 종류)

駅員 역무원

車掌 차장

券売機 표 발매기

乗車券 승차권

人身事故 인사고, 사람이 철로에 떨어지는 사고

ダイヤ 열차 운행표. 「ダイヤが乱れる (열차 운행에 혼란이 생기다)」

構内アナウンス 구내 방송

マナーモード 매너모드, (휴대전화의) 진동

○○まで先に到着します。 ○○역에 빨리 도착하는 것

○○で特急の待ち合わせをします。 ○○역에서 특급이 올 때까지 그 전철은 홈에 정지해 있는 것을 말함

공항 · 비행기　　중요표현　◎ 16

乗り継ぎ 환승 (다른 비행기로 갈아 타는 것)

シートベルト 안전벨트

便名 비행기의 편명

入(出)国審査 입(출)국심사

手荷物検査 수하물검사

免税店 면세점

気流の乱れ 난기류 (기후 영향으로 비행기가 흔들리는 것)

離陸、着陸 이륙, 착륙

청해의 비결

1. 음성을 듣고,(　　　　)안에 들어갈 말을 써 보세요. ◎ 17

　(1)　(　　　　)を拡大するには、適切な(　　　　)調査が必要だ。

　(2)　うちの主人、来月から九州に(　　　　)するんです。

　(3)　今日の3限、(　　　　)だってさ。(　　　　)棟で時間つぶしてよっか。

　(4)　こちらにお名前を(　　　　)でご記入の上、(　　　　)お願い致します。

　(5)　(　　　　)しますので、本日は(　　　　)の2000円を頂戴いたします。

　(6)　血圧は、(　　　　)とちょっと高めですね。

　　　　(　　　　)を出しておきましょう。

　(7)　(　　　　)の影響で、(　　　　)に大幅な(　　　　)が生じる。

　(8)　飛行機が(　　　　)した瞬間、耳の中が痛くなった。

　(9)　この電車は、次の神奈川新町まで(　　　　)。

　(10) A：田中君はどこに行ったの？
　　　　B：(　　　　)に行きました。

2. 들리는 대로 써 보세요.

　(1)　_____

　(2)　_____

　(3)　_____

　(4)　_____

　(5)　_____

　(6)　_____

　(7)　_____

　(8)　_____

　(9)　_____

　(10)　_____

1. (1) マーケット / ニーズ (2) 単身赴任 (3) 休講 / サークル
   (4) フルネーム / ご捺印 (5) お取り置き / 内金 (6) 上が140で下が90 / 食後の薬
   (7) 人身事故 / ダイヤ / 乱れ (8) 離陸 (9) 先にまいります (10) 外回り

2. (1) 今日は、このあたりでお開きにしましょうか。
   (2) いつもお世話になっております。桜電気の山田ですけれど。
   (3) 日当たりがよくて、リビングが広い部屋はありますか。
   (4) 安全のために、シートベルトをしめる。
   (5) レシートはいいです。
   (6) 明日のプレゼンの打ち合わせをしたいのですが。
   (7) 授業中は携帯をマナーモードにしておいてください。
   (8) ほこりのアレルギーで、くしゃみが止まらない。
   (9) 仕方ない。この値段で手を打つか。
   (10) 会議室に、プロジェクターとスクリーンを出しておいてください。

청해의 비결

❸ 즉시응답에 나오는 다양한 표현 18

즉시응답에 나올 수 있는 문제와 그에 대한 다양한 대답을 소개한 코너입니다.
＊A는 질문, B는 그에 대한 대답으로 어울리는 표현

Ⓐ <u>お先に失礼いたします。</u>

Ⓑ ① お疲れ様でした。

    ② また明日ね。

    ③ あれ、もう帰るの？

Ⓐ <u>田中さんをお願いできますか。</u>

Ⓑ ① 今、席をはずしているのですが。

    ② 今、呼んでまいります。

    ③ 少々お待ちください。

    ④ お約束はしていらっしゃいますか。

※「~をお願いできますか」는 전화를 걸 때나 접수처 등에서 사용하는 표현이다.

Ⓐ では、次回は<u>いかがいたしましょうか。</u>

Ⓑ ① 来週の水曜日はご都合がつきますでしょうか。

    ② また、こちらから連絡いたします。

    ③ ご希望はありますか。

※「いかがいたしましょうか」는 상대방의 의향을 물을 때 사용하는 표현이다.

Ⓐ コンサートに行くなら<u>誘ってくれればよかったのに。</u>

Ⓑ ① その日バイトかと思ってたよ、ごめん。

    ② いつも忙しいから無理かと思って。

③ だって、クラシックは興味ないって言ってたじゃん。

※「〜ればよかったのに」는 상대방이 이미 한 행동에 대해 꾸짖는 마음이 담겨 있다

Ⓐ そんな決定は、部長が許さないんじゃないですか。

Ⓑ ① そうは言っても、社長の決めたことだから。

② ええ、ずいぶん怒っていましたよ。

③ でも、もう変えられないですし。

※「〜んじゃないですか?」는 「〜でしょう?」와 같은 의미.「ないんじゃないですか」처럼 길어지면 의미를 알기 어려워지지만 확실하게 구별해서 듣자.

Ⓐ そんな急な仕事を頼まれても…

Ⓑ ① そこを何とか。

② お願いしますよ。

③ 私の顔を立てると思って。

※「そんな〜ても…」는 상대방의 행동이나 언동에 대해 난처하다는 것을 나타낸다.

Ⓐ ドアが閉まる直前に電車に乗れたんだけど、ドアにはさまれるところだったよ。

Ⓑ ① 危ないなあ。

② そんな無理しちゃだめじゃない。

※「〜ところだった」는 「〜しそうだったが、しなかった」라는 의미이다.

Ⓐ 明日のプレゼン、うまくいくといいんですが。

Ⓑ ① 大丈夫、きっとうまくいくよ。

② 田中さんなら心配ないよ。

※「〜といいんですが」는 무언가를 바랄 때 쓰는 표현이다.

청해의 비결

Ⓐ こんなご馳走（ち そう）が作れるなんて、山田さんって、さすが料理研究家だけのことはあるよね。

Ⓑ ① 本当、すごいよね。

   ② うん、そうだね。

※「～だけのことはある」는「さすが～だ」라며 칭찬할 때 쓰는 표현이다.

Ⓐ その椅子、もう少し右側に置いていただけるとありがたいのですが。

Ⓑ ① あっ、すみません。

   ② この辺でいいですか。

※「～いただけるとありがたいのですが」는「～てください」라는 의미이다.

Ⓐ 部長ったら、あれもこれも俺に押し付けて。もうやってられないよ。

Ⓑ ① それは大変だね。

   ② 私でよければ何か手伝うよ。

   ③ いつもお疲れ様。

※「やっていられない」는「これ以上続けることが難しい」라는 의미로 실제로 계속할지 어떨지는 차치하더라도 그 정도로 힘들다는 뜻이다.

Ⓐ 今日は、わざわざご足労いただき、ありがとうございます。

Ⓑ ① とんでもないです。

   ② いえ、ついでの用事もありましたので。

※「ご足労（そくろう）いただく」는 와준 것에 대한 미안한 마음과 감사의 마음을 나타낼 때 사용하는 표현이다.

Ⓐ そのアイディア、いいね。<u>上に通してみよう。</u>

Ⓑ ① では、大急ぎで企画書を作成します。

② 本当ですか、ありがとうございます。

※「<u>上に通す</u>」는 비즈니스 4 '기타' 참고

청해의 비결

문장과 그에 대한 답을 듣고 1~3 중에서 가장 적당한 것을 하나 고르세요. ◎ 19

(1) ~ (12)

― メモ ―

정답

(1) 野球を観に行くなら、誘ってくれればよかったのに。

　① ごめん。次は必ず誘うから。　　　② 私は構わないよ。

　③ 昨日観に行ってきたんだ。

(2) これは、結構なものを頂戴しまして…

　① そうですか。　　　　　　　　　② 心ばかりですが。

　③ では、拝見いたします。

(3) 田中君、例の企画書、金曜日までに出してくれるとありがたいんだけど。

　① わかりました、やってみます。　　② では、金曜日までに取りに伺います。

　③ 金曜日は定時に帰宅する予定なのですが。

(4) 急に、大阪へ長期出張って言われても…

　① いい人が、小林さんをおいて他にいないんですよ。

　② のんびりしてきてくださいよ。　　③ 私も明日大阪に行きますから。

(5) テストの結果、61点だって。もう少しで、単位落っことすところだったよ。

　① もうちょっとだったのに、惜しかったね。

　② 大事なものなんだから、しっかり持ってないと。

　③ そんな簡単な科目を落としたら、洒落にならないよ。

(6) お砂糖とミルクはいかがいたしましょうか。

　① 持ち帰りでお願いします。　　　② お砂糖はいくらですか。

　③ 結構です。

(7) この企画書、上に通したらまるで話にならないって。

　① 頑張った甲斐があったね。　　　② あんなに頑張って作ったのにね。

　③ 薄い紙を使えば通るんじゃない。

(8) 部長ったら、今日から全員で残業しろって。もうやってらんないよ。

　① それは、あんまりだね。　　　　② そんな会社辞めて正解だったね。

　③ じゃあ、明日は早く帰ろう。

(9) 小川さんをお願いできますか。

　① 失礼ですが、どちら様でしょうか。　② こちらでお召し上がりでよろしいでしょうか。

　③ 小川様でよろしいでしょうか。

(10) 今日の午後までに届くといいのですが。

　① どうして早く持ってこなかったんですか。　② 早く予約しないと、間に合いませんよ。

　③ 昨日の夜の発送だと、ちょっと微妙ですね。

(11) 子供の頃からやっていただけのことはあるね。

　① 大人になったらやろうと思っていたんです。② すみません。

　③ 恐縮です。

(12) お先に失礼します。

　① いいよ、別に。　　　　　　　　② うん、お疲れ。

　③ はい、ありがとう。

問題 1 ▶ 과제이해

문제유형　**과제이해 (6문항)**

과제 해결에 필요한 정보를 듣고 나서 무엇을 해야 하는지 찾기

상황설명과 문제를 듣는다 ➡ 본문 대화를 듣는다 ➡ 다시 한 번 문제를 듣는다

➡ 문제지에 인쇄된 선택지나 그림을 보고 정답을 고른다.

포인트

문자로 된 선택지의 경우, 대부분 대화 내용에 나왔던 표현(예: 会議が長引きそう だから) 그대로가 아닌 다른 표현(예: 会議室の使用時間を延長する)으로 바꿔서 나올 확률이 높다. 그러므로 아리송한 문제는 대화내용에 나오지 않았던 표현을 찾 는 것이 정답일 확률이 높다.

학습요령

질문이 음성으로 먼저 제시되므로 본문을 듣기 전에 과제를 수행할 사람이 여자인 지 남자인지 확인해 두어야 한다. 그런 다음 두 사람 대화에서 과제를 수행할 사람 이 어떤 일을 해야 하는지 메모하면서 본문을 들어야 한다.

問題1 問題1では、まず質問を聞いてください。それから話を聞いて、問題用紙の1から4
の中から、最もよいものを一つ選んでください。

1 ◎ 20

1 シンプルにしたアイディアを郵送する

2 注文方法の案をメールで送る

3 会議に間に合うように会社へ行く

4 注文をまとめて報告する

2 ◎ 21

1 落し物の携帯電話を持ち主に返却する

2 迷子の保護者をサービスカウンターに呼び出す

3 落し物と迷子について館内放送を流す

4 携帯電話をサービスカウンターに預ける

3 ◎ 22

1 自分の部屋で洋服を探す

2 同じ部屋の人に連絡する

3 フロントからの連絡を待つ

4 クリーニングの担当に直接聞く

問題1 問題1では、まず質問を聞いてください。それから話を聞いて、問題用紙の1から4の中から、最もよいものを一つ選んでください。

1 ◎ 23

1 店に予約を入れる

2 店の予約をキャンセルする

3 会議室の予約を入れる

4 会議室の使用時間を延長する

2 ◎ 24

1 大久保駅まで引き返す

2 駅の改札を出て待つ

3 そのまま電話を待つ

4 山田さんに電話をする

3 ◎ 25

1 レポートの文章をもっと短くする

2 レポートの文章をもっとわかりやすくする

3 レポートの引用文献について調べる

4 レポートの引用文献を正確に書く

問題1　問題1では、まず質問を聞いてください。それから話を聞いて、問題用紙の1から4の中から、最もよいものを一つ選んでください。

1 ◎ 26

1　社長の決裁をもらう

2　契約書にサインをもらう

3　男の人に電話で知らせる

4　会議が終わるまで待ってもらう

2 ◎ 27

1　栗山先輩から3千円を返してもらう

2　栗山先輩に部費を払ってもらう

3　男の学生から3千円を返してもらう

4　男の学生の部費を代わりに払う

3 ◎ 28

1　佐藤さんに通訳の仕事を頼む

2　佐藤さんに3万円を支払う

3　佐藤さんの電話番号を山本さんに教える

4　山本さんの事務所に電話するよう佐藤さんに言う

4 ◎ 29

1 区役所に行って資料を探す

2 いろいろな世代の人と話す

3 最近の漫画や小説を読む

4 当時の日本映画を見る

5 ◎ 30

1 田中課長と山田さんに会うために会議室に行く

2 山田さんと会って打ち合わせをする

3 田中課長とお茶を飲むために応接室に行く

4 山田さんに会って会議の時間を変更する

6 ◎ 31

1 ホテルに行って部屋の広さを確かめる

2 ホテルに行って予約金を払う

3 鈴木さんからお金を受け取る

4 ホテルに5万円を振り込む

확인문제 1

문제1. 문제1에서는 먼저 질문을 들으세요. 그리고 이야기를 듣고 문제지의 1~4 중에서 가장 적당한 것을 하나 고르세요.

1 ◎ 20

食品会社の女の人が、ホームページ製作会社の男の人と話しています。男の人は、明日の午前中までに何をしなければなりませんか。

男 完成したホームページ、見ていただけましたか。

女 ええ。うちの会社のイメージにぴったりで、素敵でした。どうもありがとうございます。

男 それはよかったです。

女 ただ一点、うちで扱う食品って、年配の方が注文されることが多いんですよ。それで、注文の方法を、もう少しシンプルにしていただけたら、と思っているんですが。

男 ああ、確かに、ちょっと複雑だったかもしれませんね。

女 そうなんです。何かいい方法はありますか。

男 そうですねぇ。じゃあ、アイディアをいくつかまとめて、田中さんのアドレスに送らせていただきますよ。

女 ありがとうございます。あ、もしできたら、明日の午前中の会議で検討させていただきたいのですが…それまでにお願いできますか。

男 ええ、大丈夫ですよ。

男の人は、明日の午前中までに何をしなければなりませんか。

1 シンプルにしたアイディアを郵送する。

2 注文方法の案をメールで送る。

3 会議に間に合うように会社へ行く。

4 注文をまとめて報告する。

식품 회사의 여자가 홈페이지 제작 회사의 남자와 이야기하고 있습니다. 남자는 내일 오전까지 무엇을 해야 합니까?

남 완성된 홈페이지 보셨나요?

여 네. 우리 회사의 이미지와 맞아서 멋졌어요. 감사합니다.

남 그것 참 다행이네요.

여 다만 한 가지. 우리 회사에서 취급하는 식품은 나이가 지긋하신 분들이 주문하시는 경우가 많아요. 그래서 주문 방법을 좀 더 심플하게 해 주시면 좋을 것 같은데요.

남 아.. 확실히. 좀 복잡했는지도 모르겠네요.

여 그래요. 뭔가 좋은 방법은 있나요?

남 글쎄요. 그럼 아이디어를 몇 가지 정리해서 다나카 씨의 메일주소로 보내드릴게요.

여 감사합니다. 아 가능하면 내일 오전 회의에서 검토하고 싶은데요… 그때까지 부탁드려도 될까요?

남 네. 괜찮아요.

남자는 내일 오전까지 무엇을 해야 합니까?

1 심플하게 한 아이디어를 우편으로 보낸다.

2 주문 방법 안을 메일로 보낸다.

3 회의에 늦지 않게 회사에 간다.

4 주문을 정리하여 보고한다.

정답 2

2 ◎ 21

デパートで、男の店員と女の店員が話しています。女の店員は、これから何をしなければなりませんか。

男 田中さん、ちょっとお願いしたいんだけど。

女 はい。

男 2階の婦人服売り場で、会計カウンターに携帯電話を置いていっちゃったお客さんがいるんだけど、放送かけてもらっていい？

女 はい。特徴を教えていただけますか。

男 えっと、色は黒で…ドコノの携帯だね。猫のキャラクターのストラップがついてる。あ、スカートを買ったお客さんだってことも、一緒に言っておいて。

女 わかりました。サービスカウンターでのお預かりでいいですね。

백화점에서 남자 점원과 여자 점원이 이야기하고 있습니다. 여자 점원은 앞으로 무엇을 해야 하나요?

남 다나카 씨. 부탁 좀 하고 싶은데.

여 네.

남 2층 부인복 매장에서 계산대에 휴대전화를 놓고 간 손님이 있는데, 방송 좀 해 줄래?

여 네. 특징을 알려 주세요.

남 음. 색은 검정이고, 도코노의 휴대전화야. 고양이 캐릭터 휴대폰 줄이 달려 있어. 아! 스커트를 산 손님이라는 것도 함께 말해 줘.

여 알겠습니다. 서비스 카운터에서 맡아 두고 있다고 하면 되죠?

男 そう。それから、さっきの迷子のお母さん、まだ迎えに来ていないみたいだから、もう一回よろしく。

女 はい、わかりました。

男 じゃあ、よろしくね。

女の店員は、これから何をしなければなりませんか。

1 落し物の携帯電話を持ち主に返却する。

2 迷子の保護者をサービスカウンターに呼び出す。

3 落し物と迷子について館内放送を流す。

4 携帯電話をサービスカウンターに預ける。

정답 3

남 그래. 그리고 아까 미아가 된 아이의 어머니, 아직 데리러 오지 않은 모양이니까 한 번 더 부탁할게.

여 네. 알겠습니다.

남 그럼 부탁할게.

여자 점원은 앞으로 무엇을 해야 하나요?

1 분실물인 휴대전화를 주인에게 돌려준다.

2 미아가 된 아이의 보호자를 서비스 카운터로 부른다.

3 분실물과 미아에 대해서 관내 방송을 한다.

4 휴대전화를 서비스 카운터에 맡긴다.

---

3 ◎ 22

ホテルで、男の人がフロントの女の人と話しています。男の人は、このあとどうしますか。

男 すみません、1208号室の者なんですけど。一昨日の夜クリーニングに出したものが返ってきていないんですけど、まだですか。

女 大変申し訳ございません。すぐにお調べいたします。‥‥1208号室の、山田様ですね。ズボンとワイシャツ、2点ずつのお預かりでお間違いないでしょうか。

男 はい。

女 こちらは、昨日の朝、お部屋にお届けしておりますね。ご不在でしたので、ベッドの上に置かせていただいたようなのですが。

男 えっ、じゃあ、一緒の部屋の奴がどこかに片付けちゃったのかな。昨日は、夜遅く帰ってきて、まだ話をしてないもんですから。

女 そうでしたか。それでは、大変恐れ入りますが、まずはその方に確認を取っていただいてもよろしいでしょうか。その上で見つからない場合は、またフロントまでご連絡いただけますか。

男 ええ、そうですね。どうもすみません。

男の人は、このあとどうしますか。

1 自分の部屋で洋服を探す。

2 同じ部屋の人に連絡する。

3 フロントからの連絡を待つ。

4 クリーニングの担当に直接聞く。

정답 2

호텔에서 남자가 프런트의 여자와 이야기하고 있습니다. 남자는 이다음에 어떻게 합니까?

남 죄송합니다. 1208호실 사람인데요. 그저께 밤에 클리닝 맡긴 것을 못 받았는데, 아직인가요?

여 정말 죄송합니다. 바로 알아보겠습니다. …1208호실 야마다 님이시죠. 바지와 와이셔츠 2점씩 맡기신 것 맞으세요?

남 네.

여 이건 어제 아침 방으로 가져다드렸군요. 부재중이셨기 때문에 침대 위에 올려 두었다고 합니다만.

남 엣? 그럼 같이 방을 쓰는 녀석이 어딘가에 치워 버린 건가? 어제는 밤 늦게 돌아와서 아직 이야기하지 않았거든요.

여 그러신가요. 그럼 정말 죄송하지만 우선 그분께 확인해 주시겠습니까? 그래도 찾을 수 없을 경우에는 다시 프런트로 연락 주시겠습니까?

남 네, 그렇네요. 죄송합니다.

남자는 이다음에 어떻게 합니까?

1 자신의 방에서 옷을 찾는다.

2 같은 방을 쓰는 사람에게 연락한다.

3 프런트의 연락을 기다린다.

4 클리닝 담당에게 직접 묻는다.

문제1. 문제1에서는 먼저 질문을 들으세요. 그리고 이야기를 듣고 문제지의 1~4 중에서 가장 적당한 것을 하나 고르세요.

1 ◎ 23

男の人と女の人が、今日の予定について話しています。女の人は、このあと何をしなければなりませんか。

女 部長、今日、本社から社長がお見えになる件なんですが。

男 ああ、君にも連絡入ってると思うけど、社長との昼食会はキャンセルになったから。

女 ええ、承知しております。

男 で、営業会議の方は、だいじょうぶかな。

女 はい、第2会議室で、3時から2時間とってあります。

男 そう。いや、もう1時間余裕をみておいてくれるかな。今日は、会議が長引きそうだから。

女 わかりました。

男 で、その後の新入社員の話を聞く会の方はどうなってる?

女 はい、全員に連絡済みです。こないだの店に予約入れておきました。

女の人は、このあと何をしなければなりませんか。

1 店に予約を入れる
2 店の予約をキャンセルする
3 会議室の予約を入れる
4 会議室の使用時間を延長する

남자와 여자가 오늘 예정에 대해서 이야기하고 있습니다. 여자는 이다음 무엇을 해야 합니까?

여 부장님, 오늘 본사에서 사장님이 오시는 것에 관한 건입니다만….

남 아아, 자네도 연락받았겠지만, 사장님과의 점심 모임은 취소되었으니까.

여 예, 알고 있습니다.

남 그런데 영업 회의 쪽은 괜찮은가?

여 예, 제2회의실에서 3시부터 2시간 잡혀 있습니다.

남 그래. 그럼 한 시간 더 여유를 두어 주겠나? 오늘은 회의가 길어질 것 같으니까.

여 알겠습니다.

남 그리고 그다음에 있을 신입 사원 얘기를 듣는 모임 쪽 일은 어떻게 되어가고 있나?

여 네. 전원에게 다 연락했습니다. 얼마 전에 갔던 가게로 예약해 두었습니다.

여자는 이다음 무엇을 해야 합니까?

1 가게 예약을 한다
2 가게 예약을 취소한다
3 회의실 예약을 한다
4 회의실 사용 시간을 연장한다

정답 4

어휘 連絡 연락 | 昼食会 점심 모임 | キャンセル(cancel) 취소 | 承知 알아들음, 승낙, 동의 | 営業会議 영업회의 | 余裕 여유 | 長引く 오래 끌다, 지연되다 | 予約 예약

해설 여자가 이다음 해야 할 일 찾기! 점심 모임 취소된 것은 여자도 알고 있음 → 영업 회의에 사용할 회의실은 잡아 두었음 → 남자가 회의가 길어질 것 같으니 영업 회의 1시간 여유를 두라고 함 → 여자가 알았다고 함(아직 안 한 일) → 신입 사원 모임 쪽 일은 전원에게 연락했고 가게도 예약했음. 여자의 남은 할 일은 회의실 사용 시간 연장뿐이다. 여자가 수행하는 입장이므로 남자의 말을 중심으로 듣되 여자의 대답에 집중하자!

2 ◎ 24

女の人と男の人が、電話で話をしています。男の人は、これからどうしますか。

男 すみません。電車をまちがえちゃって、今、中野という駅のホームにいるんですが…。

女 ああ、快速電車に乗られたんですね。

男 そうみたいです。今から、大久保駅まで引き返しますので、ちょっと時間に遅れますが…。

女 えーとですね。今、うちの社の山田が車でお迎えに向かっ

여자와 남자가 전화로 이야기하고 있습니다. 남자는 지금부터 어떻게 합니까?

남 죄송합니다. 전철을 착각해서 지금 나카노라는 역 홈에 있는데요….

여 아, 쾌속 전철을 타셨군요.

남 그런 것 같습니다. 지금부터 오쿠보 역까지 되돌아가야 해서 좀 늦어질 것 같습니다만….

여 그럼 말이죠. 지금 저희 회사의 야마다가 차로 마중 나갔으

 ておりまして、中野でしたらその前を通るはずですので…。

男　ああ、それなら、この駅の改札を出たところでお待ちしましょうか。

女　そうですね…。ああ、でもしばらくそのままでお待ちいただけますか。すぐ山田に連絡をとりますので。携帯の番号をおっしゃっていただけますか。

男　あ、はい。090－1234－5678です。じゃ、すみませんが、よろしくお願いします。

男の人は、これからどうしますか。
1 大久保駅まで引き返す
2 駅の改札を出て待つ
3 そのまま電話を待つ
4 山田さんに電話をする

니, 나카노라면 그 앞을 지나갈 겁니다.

남　아, 그렇다면 이 역 개찰구에서 나가서 기다릴까요?

여　글쎄요…. 아, 근데 잠깐만 그 자리에서 기다려 주시겠습니까? 곧 야마다에게 연락을 할 테니 휴대폰 번호를 말씀해 주시겠습니까?

남　아, 네, 090－1234－5678입니다. 그럼 죄송하지만, 잘 부탁드립니다.

남자는 지금부터 어떻게 합니까?
1 오쿠보 역까지 되돌아간다
2 역 개찰구를 나와서 기다린다
3 그 자리에서 전화를 기다린다
4 야마다 씨에게 전화한다

정답　3

어휘　快速電車 쾌속전철 | 引き返す 되돌아가다(오다) | お迎え 마중 | 改札 개찰(구) | 連絡をとる 연락을 취하다 | 携帯 휴대(전화)

해설　남자가 앞으로 해야 할 일 찾기! 남자는 전철을 착각해서 나카노 역 홈에 있음 → 여자 회사 쪽 사람(야마다)이 마중 나갔고 거기를 지날 것임→ 남자가 개찰구를 나가서 기다릴까 라고 물음 → 여자는 그대로 기다려 달라고 하고 야마다에게 연락을 할 테니 남자에게 휴대폰 번호를 알려달라고 함. 그 자리라는 것은 나카노 역 홈을 뜻하고, 남자의 휴대폰 번호를 묻는 것은 연락을 기다리라는 것이다.

3　◎ 25

先生が、学生のレポートについて話しています。学生は、これからどうしますか。

女　先生、レポートは読んでいただけたでしょうか。

男　ああ、君のは、再提出だな。

女　あー、私の文章、主観的でわかりにくいってよく言われるんです。

男　まあ、実はまだ全部読んではいないんだけど、ちょっと長すぎるって気もするし、文章もわかりにくいけど、それよりも、まず、引用した文献には、正確に著者と書名と出版社、それに本が出た年も書かないとだめだよ。あれじゃ、どこから引用したのかよくわからないよね。

女　すみません。いちおう全部調べてはあるんですが…。

男　そう。だったら、それをちゃんと書いて提出すること。内容についてはそれからだな。

女　わかりました。

学生は、これからどうしますか。
1 レポートの文章をもっと短くする
2 レポートの文章をもっとわかりやすくする
3 レポートの引用文献について調べる
4 レポートの引用文献を正確に書く

선생님이 학생의 리포트에 대해서 이야기하고 있습니다. 학생은 앞으로 어떻게 합니까?

여　선생님, 리포트는 읽으셨습니까?

남　아, 자네 것은 다시 제출해야겠어.

여　아～, 제 글이 주관적이어서 이해하기 어렵다는 말은 자주 듣습니다.

남　뭐, 실은 아직 전부 읽지는 않았지만, 좀 긴 것도 같고 글도 이해하기 어려운데, 그것보다도 우선 인용한 문헌에는 정확하게 저자와 책 제목과 출판사, 게다가 책이 나온 연도도 적지 않으면 안 돼. 그걸로는 어디서 인용했는지 모르잖아.

여　죄송합니다. 일단 전부 조사는 했습니다만….

남　그래. 그렇다면 그것을 제대로 써서 제출할 것. 내용에 대해서는 그다음부터네.

여　알겠습니다.

학생은 앞으로 어떻게 합니까?
1 리포트 문장을 더 짧게 한다
2 리포트 문장을 더 알기 쉽게 한다
3 리포트 인용 문헌을 조사한다
4 리포트 인용 문헌을 정확하게 쓴다

어휘 レポート(report) 리포트, 보고서 | 再提出 다시 제출함 | 文章 글. 문장 | 主観的 주관적 | 引用 인용 | 文献 문헌 | 正確 정확 | 著者 저자 | 書名 서명 | 出版社 출판사 | 調べる 조사하다 | 内容 내용

해설 학생이 앞으로 해야 할 일 찾기! 학생이 자신의 리포트에 대해 선생님에게 물음 → 선생님은 무엇보다도 인용한 문헌에 정확하게 저자와 책 제목, 출판사, 연도를 적어야 된다고 지적 → 학생은 일단 전부 조사했다고 함. 선생님은 그것 (조사 중인 문헌에 대한 자세한 정보)을 써서 제출하라고 함. 선생님의 말 중에 인용 문헌 조사에 대한 언급은 없었고, 다만, 인용 문헌을 정확하게 기재하라고 했다.

확인문제 3

문제1. 문제1에서는 먼저 질문을 들으세요. 그리고 이야기를 듣고 문제지의 1~4 중에서 가장 적당한 것을 하나 고르세요.

1 ◎ 26

会社で男の人と女の人が話しています。女の人は高橋さんが来たら、どうすればいいですか。

男 じゃあ、会議室に行ってきます。2時間ぐらいで戻ってくると思うけど。

女 あの、3時に誠建設の高橋さんが見えることになっていますが…。

男 あ、そうか。忘れてた。うーん、3時じゃ会議終わらないなあ。あー、高橋さんとことの契約は、もう社長の決裁ももらってあったんだよね。

女 あ、はい。あとは高橋さんがいらしたら、契約書にサインをいただくだけです。

男 そう。じゃあ、見えたらね、電話入れてよ、会議室に。

女 よろしいんですか。

男 うん、ちょっと抜けてくるから。サインもらうだけでしょ。

女 はい。

女の人は高橋さんが来たら、どうすればいいですか。

1 社長の決裁をもらう
2 契約書にサインをもらう
3 男の人に電話で知らせる
4 会議が終わるまで待ってもらう

회사에서 남자와 여자가 이야기하고 있습니다. 여자는 다카하시 씨가 오면 어떻게 하면 됩니까?

남 그럼, 회의실에 다녀오겠습니다. 2시간 정도면 돌아올 거야.

여 저, 3시에 마코토 건설의 다카하시 씨가 오시기로 되어 있는데요….

남 아, 그런가? 깜빡했네. 음, 3시면 회의가 끝나지 않겠지. 아, 다카하시 씨와의 계약은 이미 사장님 결재도 받아 두었지?

여 아, 예. 남은 건 다카하시 씨가 오면 계약서에 사인을 받기만 하면 됩니다.

남 그래. 그럼, 오시면 전화 넣어 줘, 회의실로.

여 괜찮겠습니까?

남 응. 잠시 빠져 나올거니까. 사인만 받으면 되잖아.

여 예.

여자는 다카하시 씨가 오면 어떻게 하면 됩니까?

1 사장의 결재를 받는다
2 계약서에 사인을 받는다
3 남자에게 전화로 알린다
4 회의가 끝날 때까지 기다리게 한다

정답 3

어휘 会議室 회의실 | 戻る 되돌아오다 | 建設 건설 | 見える 오시다 | 契約 계약 | 決裁 결재 | サイン(sign) 사인 | 抜ける 빠지다, 빠져 나오다

해설 여자가 해야 할 일 찾기!
남자는 회의에 들어가면 2시간 정도 걸림 → 3시쯤에 다카하시 씨가 오지만 그때까지 회의는 끝나지 않음 → 결재는 이미 받았고 남은 건 계약서의 사인 → 남자는 여자에게 다카하시 씨가 오면 회의실로 전화를 해 달라고 함. 따라서 여자가 해야 할 일은 다카하시 씨가 오면 남자에게 전화를 하는 것이다. 여자가 할 일을 남자가 지시하고 있으므로 남자의 말에 주의!

2 ◎ 27

男の学生と女の学生が話しています。女の学生はこれからどうしますか。

女 吉田くん。バドミントン部の部費もらいに来たわよ。はい、3千円。

男 えー、ないよ、そんな大金。

女 何言ってんのよ、あのケチの栗山先輩も払ったのよ、さっき。

男 へー。でも、俺、今1万円札1枚しかないんだけど、おつりあるの?

女 あら、大変。今はないわね、おつり。

男 じゃ、また今度ってことで…。

女 だめだめ、じゃ、私が立て替えとくから、明日私に返して。

男 あれ?そう言えば、俺、昨日栗山先輩に3千円貸したんだ。あのさ、じゃ、こうしようよ。先輩が払った分を俺のにしといてよ。先輩は俺に3千円返さなきゃなんないんだから。

女 だめだめ、そんなのややこしくなるからだめよ。じゃあね、明日返してよ。

女の学生はこれからどうしますか。
1 栗山先輩から3千円を返してもらう
2 栗山先輩に部費を払ってもらう
3 男の学生から3千円を返してもらう
4 男の学生の部費を代わりに払う

남학생이 여학생과 이야기하고 있습니다. 여학생은 이제부터 어떻게 합니까?

여 요시다 군. 배드민턴부의 회비 받으러 왔어. 3천 엔 줘.

남 뭐, 없어! 그런 큰돈.

여 무슨 소리 하는 거야. 구두쇠인 구리야마 선배도 냈어. 아까.

남 와~. 하지만, 난 지금 만 엔 지폐 한 장밖에 없는데, 거스름돈 있어?

여 어머, 큰일이네. 지금은 없어. 거스름돈.

남 그럼, 다음에 줄게.

여 안 돼, 안 돼! 그럼, 내가 대신 내 줄 테니까 내일 나에게 갚아 줘.

남 어? 그러고 보니 나 어제 구리야마 선배한테 3천 엔 빌려줬어. 저기 말야. 그럼, 이렇게 하자. 선배가 낸 만큼을 내 것으로 해 둬. 선배가 나한테 3천 엔 갚아야 하니까.

여 안 돼, 안 돼! 그런 건 복잡해지니까 안 돼. 그럼 안녕. 내일 갚아.

여학생은 이제부터 어떻게 합니까?
1 구리야마 선배에게 3천 엔을 받는다
2 구리야마 선배에게 회비를 내게 한다
3 남학생에게 3천 엔을 받는다
4 남학생의 회비를 대신 낸다

정답 4

어휘 バドミントン(badminton) 배드민턴 | 部費 부(회)비 | 大金 대금, 큰돈 | ケチ 인색함, 구두쇠 | 先輩 선배 | 払う 지불하다 | 俺 나 | おつり 거스름돈 | 今度 이번, 이 다음 | 立て替える 대신 치르다, 지불하다 | 貸す 빌려주다

해설 여학생은 이제부터 어떻게 하는가 찾기!
여학생이 회비 3천 엔을 받으러 오는데 남학생에게는 돈이 없음 → 여학생은 자신이 대신 내 줄테니 내일 갚으라고 함 → 남학생은 구리야마 선배에게 3천 엔을 빌려줬고 그걸 대신해 달라고 함 → 여학생은 복잡해서 안 된다고 했으므로 여학생이 이제부터 할 것은 남학생 대신 회비를 내는 것이다. 3번의 '남학생에게 3천 엔을 받는 것'은 그 다음이다.

3 ◎ 28

留守番電話にメッセージが入っていました。このメッセージを聞いた人はどうしなければなりませんか。

男 こんにちは、山本です。BB企画の山本です。例の通訳の件なんですが、あの時ご紹介いただいた佐藤さんにお願いすることになりました。謝礼は3万円です。通訳の経験豊富ということで、もう少し出したかったのですが、悪しからずご了承ください。それで、佐藤さんと至急打ち合わせをしたいのですが、佐藤さんの電話番号をメモした紙をなくしてしまいました。すみません。大変申し訳ありませんが、佐藤さんに私の事務所

자동 응답 전화에 메시지가 들어 있습니다. 이 메시지를 들은 사람은 어떻게 해야 합니까?

남 안녕하세요. 야마모토입니다. BB기획의 야마모토입니다. 말씀드렸던 그 통역 건입니다만, 그때 소개받은 사토 씨에게 부탁하게 되었습니다. 사례는 3만 엔입니다. 통역 경험이 풍부하다고 해서 좀 더 드리고 싶었지만, 부디 양해해 주십시오. 그래서 사토 씨와 급히 미팅을 하고 싶은데, 사토 씨의 전화번호를 메모한 종이를 잃어버렸습니다. 미안합니다. 대단히 죄송하지만, 사토 씨가 제 사무실 쪽으로 전화를 주도록 말씀해 주시지 않겠습니까? 오늘은 밤 8시까지 사무실에 있습

の方へ電話をくれるようおっしゃっていただけません
でしょうか。今日は夜8時まで事務所におります。今日
中に連絡が取れればありがたいのですが…。よろしく
お願いします。

このメッセージを聞いた人はどうしなければなりませんか。
1 佐藤さんに通訳の仕事を頼む
2 佐藤さんに3万円を支払う
3 佐藤さんの電話番号を山本さんに教える
4 山本さんの事務所に電話するよう佐藤さんに言う

니다. 오늘 중으로 연락이 되면 고맙겠습니다. 잘 부탁합니다

이 메시지를 들은 사람은 어떻게 해야 합니까?
1 사토 씨에게 통역 일을 부탁한다
2 사토 씨에게 3만 엔을 지불한다
3 사토 씨 전화번호를 야마모토 씨에게 가르쳐준다
4 야마모토 씨의 사무실에 전화하도록 사토 씨에게 말한다

정답 4

어휘 留守番電話 자동 응답 전화기 | メッセージ(message) 메시지 | 企画 기획 | 通訳 통역 | 紹介 소개 | 謝礼
사례 | 経験 경험 | 豊富 풍부 | 悪しからず (부디) 나쁘게(언짢게) 생각하지 말아 주시오 | 了承 양해, 납득함, 승낙함 |
至急 지급 (매우 급함) | 打ち合わせ 타협, 협의, 미리 상의함, 미팅 | 事務所 사무소 | 連絡が取れる 연락이 되다

해설 남자의 메시지를 들은 사람의 할 일 찾기!
남자(야마모토)는 사토 씨에게 통역을 부탁하려고 하는데 사토 씨의 전화 번호 종이를 잃어버림 → 사토 씨를 소개받은 업
체에 남자는 자신의 사무실로 연락을 하도록 사토 씨에게 말해달라고 자동응답기에 메시지를 남겼으므로 메시지 들은 사람
은 사토 씨에게 남자(야마모토)의 사무실로 전화하라고 전달한다.

---

4 ◎ 29

大学の先生が、レポートの課題について話しています。
学生はレポートを書く前に、何をしなければなりませんか。

女 えー、今度のレポートですが、1970年代、つまり今から40年
ぐらい前の日本語の会話と、今の会話の言葉遣いとの違
いについて調べてレポートを書いてください。皆さんのご
両親やお年寄りの方にインタビューしたり、当時の漫画や
小説を読むという方法もありますが、一番いいのは映像資
料です。市役所の映像文化ライブラリーには、たくさんの
日本映画が保存されています。そこへ行って、映像資料を
探して、見てみてください。いくつか見れば、必ず違うところ
がわかると思います。今から40年前の日本語の使われ方、
表現方法を観察すれば、おもしろいことがいろいろわかる
と思いますよ。

学生はレポートを書く前に、何をしなければなりませんか。
1 区役所に行って資料を探す
2 いろいろな世代の人と話す
3 最近の漫画や小説を読む
4 当時の日本映画を見る

대학 교수가 리포트 과제에 대해서 이야기하고 있습니다. 학생
은 리포트를 쓰기 전에 무엇을 해야 합니까?

여 에~, 이번 리포트는 1970년대, 즉 지금으로부터 40년쯤 전
의 일본어 회화와 지금의 회화의 말투의 차이에 대해서 조
사해 리포트를 써 주세요. 여러분의 부모님이나 노인분에게
인터뷰를 하거나, 당시의 만화나 소설을 읽는 방법도 있습니
다만, 가장 좋은 것은 영상 자료입니다. 시청의 영상 문화 도
서관에는 많은 일본 영화가 보존되어 있습니다. 거기에 가서
영상 자료를 찾아서 보세요. 몇 개 정도 보면 반드시 차이점
을 알 수 있을 겁니다. 지금부터 40년 전의 일본어 사용 방
법, 표현 방법을 관찰하면 재미있는 것을 여러 가지 알게 될
겁니다.

학생은 리포트를 쓰기 전에 무엇을 해야 합니까?
1 구청에 가서 자료를 찾는다
2 여러 세대의 사람과 이야기한다
3 최근의 만화나 소설을 읽는다
4 당시의 일본 영화를 본다

정답 4

어휘 レポート(report) 리포트, 보고서 | 言葉遣い 말씨, 말투 | 当時 당시 | 漫画 만화 | 小説 소설 | 映像資料 영
상자료 | 市役所 시청 | ライブラリー(library) 도서관 | 保存 보존 | 表現 표현 | 観察 관찰

해설 학생들이 리포트 쓰기 전에 해야 할 일!
40년 전과 지금의 일본어 회화의 말투 차이에 대한 리포트 작성 → 방법으로는 부모님이나 노인분들을 인터뷰하거나 당시 만화나 소설 읽기가 있지만 가장 좋은 것은 영상 자료이며, 시청의 영상 문화 도서관에 일본영화가 보존되어 있으니 그것을 찾아 보라고 함

5 ◎ 30

会社で男の人と女の人が話しています。女の人は、このあとどうしますか。

女 あれ?田中課長どっか行ったの。
男 あ、はい。さっきお客様がいらっしゃって。
女 ああそう。明日の会議の時間を変更したいんだけど。
男 じゃ、戻られたら、お伝えしておきます。
女 あー、でも、課長の都合も確認しないとね…。今日ちょっと打ち合わせしたいこともあるんだけどな。お客様って誰?
男 ABC企画の山田さんという方ですが。
女 なんだ。山田さんが来てるんだ。それ早く言ってよ。応接室にいるの?
男 あ、2階の会議室にいらっしゃいますが。
女 あ、そう。じゃ、ちょっと2階にお茶持ってきて。私のもね。
男 はい。

女の人は、このあとどうしますか。
1 田中課長と山田さんに会うために会議室に行く
2 山田さんと会って打ち合わせをする
3 田中課長とお茶を飲むために応接室に行く
4 山田さんに会って会議の時間を変更する

회사에서 남자와 여자가 이야기하고 있습니다. 여자는 이다음 어떻게 합니까?

여 어? 다나카 과장님 어디 간 거야?
남 아, 예. 아까 손님이 오셔서.
여 아, 그래. 내일 회의 시간 변경했으면 하는데.
남 그럼, 돌아오시면, 전해 드리겠습니다.
여 아, 근데, 과장님의 상황도 확인해야 하고…. 오늘 잠시 미리 상의할 일도 있는데. 손님이 누구지?
남 ABC기획의 야마다 씨라는 분인데요.
여 뭐야~, 야마다 씨가 와 있었군. 그런 건 빨리 말해야지. 응접실에 있는 거야?
남 아, 2층 회의실에 계십니다만.
여 아, 그래. 그럼 잠시 2층으로 차 가지고 와. 내 것도.
남 네.

여자는 이다음 어떻게 합니까?
1 다나카 과장님과 야마다 씨를 만나기 위해서 회의실로 간다
2 야마다 씨와 만나서 미리 의논을 한다
3 다나카 과장과 차를 마시기 위해 응접실에 간다
4 야마다 씨를 만나서 회의 시간을 변경한다

정답 1

어휘 会議 회의 | 変更 변경 | 都合 사정, 형편 | 確認 확인 | 打ち合わせ 협의, 미리 의논함 | 企画 기획 | 応接室 응접실

해설 여자의 다음 행동 찾기!
여자가 회의 시간 변경을 위해 다나카 과장을 찾자, 남자는 손님이 와서 없으니 돌아오면 용건 전달하겠다고 함 → 여자는 과장의 상황 확인과 미리 상의할 것이 있다며 손님이 누구냐고 질문함. 남자가 야마다 씨이며 2층 회의실에 있다고 하자 2층으로 차를 가져오라고 하며 자신의 것도 부탁 → 즉, 자신도 2층 회의실에 가겠다는 것임.

6 ◎31

留守番電話のメッセージです。このメッセージを聞いた人は、最初に何をしなければなりませんか。

男 こんばんは。木村です。えっと、卒業パーティーの会場の件なんだけど、さっきホテルの人から電話があって、部屋とれそうなんだって。ただ、人気がある日なんで明日までに予約金を5万円ぐらい払ってほしいっていうんだよ。でも、オレ、明日は朝からバイトだから、代わりにやっといてもらえないかなあ。お金は鈴木さんが持ってるけど、鈴木さんも明日は行けないって言ってるから、彼女にお金もらって行って来てよ。えーと、お金だけ振り込むこともできるんだけど、こないだ見てきた部屋とは違う部屋だって言うし、広さなんかも確かめてきてほしいんだ。悪いけどそういうことで、よろしくー。

このメッセージを聞いた人は最初に何をしなければなりませんか。
1 ホテルに行って部屋の広さを確かめる
2 ホテルに行って予約金を払う
3 鈴木さんからお金を受け取る
4 ホテルに5万円を振り込む

자동 응답 전화의 메시지입니다. 이 메시지를 들은 사람은 제일 처음에 무엇을 해야 합니까?

남 안녕. 기무라야. 저~ 졸업 파티의 회장 건인데, 아까 호텔 직원한테 전화가 왔었는데, 방을 구할 수 있을 거라고 하네. 다만, 인기가 있는 날이라 내일까지 예약금 5만 엔 정도 지불해 줬으면 좋겠대. 근데, 나, 내일은 아침부터 아르바이트라서 대신해 줄 수 없을까 해서. 돈은 스즈키 씨가 가지고 있는데, 스즈키 씨도 내일은 갈 수 없다고 하니까 그녀에게 돈을 받아서 다녀와. 음, 돈만 송금할 수도 있는데, 요전에 보고 온 방과는 다른 방이라고 하고, 크기 같은 것도 확인하고 왔으면 해서. 미안하지만 그런 이유로, 부탁할게~.

이 메시지를 들은 사람은 제일 처음에 무엇을 해야 합니까?
1 호텔에 가서 방 크기를 확인한다
2 호텔에 가서 예약금을 지불한다
3 스즈키 씨로부터 돈을 받는다
4 호텔에 5만 엔을 납입한다

정답 3

어휘 留守番電話 자동 응답 전화기 | メッセージ(Message) 메시지 | 卒業 졸업 | 予約金 예약금 | 振り込む (예금 계좌 등에) 돈을 불입하다

해설 메시지를 들은 사람이 처음에 해야 할 일!
호텔에 예약금 5만 엔 지불해야 하는데 자신(기무라)은 아르바이트 때문에 할 수 없고, 스즈키 씨가 돈을 가지고 있는데 그녀도 갈 수 없으니 돈을 받아서 지불하고 방 크기도 확인할 것을 부탁.

문제유형 포인트이해 (6 또는 7문항)

2016년 2차 시험까지는 7문항이 출제되었지만, 2017년 1차 시험에서는 6문항으로 축소되었다.

상황설명과 문제를 듣는다 ➡

선택지를 읽는다(문제지에 인쇄된 선택지 읽을 시간이 주어짐) ➡

본문 대화를 듣는다 ➡ 다시 한 번 문제를 듣는다

➡ 문제지에 인쇄된 선택지를 보고 정답을 고른다

포인트

처음에 질문을 듣고, 무엇을 묻는지 확실하게 체크해 두는 것이 중요하다.
문제2는 질문에서 지시하는 사항(どうして(왜), どんな(어떤) , 何が(무엇이) 등)만 듣고 그 이외의 것은 들을 필요가 없다.

학습요령

인쇄된 선택지를 보고 정답을 미리 예상하는 것도 좋은 방법이기는 하지만 질문의 지시 사항에 모든 신경을 집중하여 들으면서 한글로 메모를 하자. 그 내용을 토대로 선택지에서 정답을 고르도록 하자.

問題2 問題2では、まず質問を聞いてください。そのあと、問題用紙のせんたくしを読んでください。読む時間があります。それから話を聞いて、問題用紙の1から4の中から、最もよいものを一つ選んでください。

1 ◎ 32

1 インターネットや携帯を使って知り合いを増やすこと

2 インターネットで知らない人とコミュニケーションすること

3 インターネットが現実からの逃げ場になっていること

4 会ったこともない人に、ほんとうの気持ちを伝えること

2 ◎ 33

1 磁石が埋め込まれていること

2 肩こりによく効くこと

3 一目で磁気ネックレスだとわかること

4 だれも磁気ネックレスだとわからないこと

3 ◎ 34

1 仕事に疲れているから

2 上司に言いたいことが言えないから

3 上司に悪口を言われるから

4 仕事が効率的ではないから

問題2 問題2では、まず質問を聞いてください。そのあと、問題用紙のせんたくしを読んでください。読む時間があります。それから話を聞いて、問題用紙の1から4の中から、最もよいものを一つ選んでください。

1 ◎ 35

1 男の人とケンカしたから

2 お酒を飲みすぎて頭が痛いから

3 恋人に会いに行ったから

4 宿題がたまっているから

2 ◎ 36

1 お金がたまったから

2 クイズに当たったから

3 親戚が結婚するから

4 杉山さんの友達が行けなくなったから

3 ◎ 37

1 隣の犬が出産するので、喜んでいる

2 女の人が運動をしないので、悲しんでいる

3 女の人の言うことが前と違うので、あきれている

4 女の人が昔のことを言うので、怒っている

4 ◎ 38

1 今週の火曜日までに返さなければならない

2 今週の水曜日までに返さなければならない

3 今週の木曜日までに返さなければならない

4 今週の金曜日までに返さなければならない

5 ◎ 39

1 古いことと駅から遠いこと

2 狭いことと駅から遠いこと

3 日当たりと水回りが悪いこと

4 ペットが飼えないこと

6 ◎ 40

1 食糧を作るには大量の水が必要なこと

2 日本の食糧自給率が低いこと

3 世界の水不足が深刻なこと

4 食糧の輸入と世界の水不足には関係があること

7 ◎ 41

1 言葉を豊かにしてくれるから

2 読書は気が重くなるから

3 興味がない分野のことも教えてくれるから

4 最新の情報や知識が得られるから

問題2 問題2では、まず質問を聞いてください。そのあと、問題用紙のせんたくしを読んでください。読む時間があります。それから話を聞いて、問題用紙の1から4の中から、最もよいものを一つ選んでください。

1 ◎ 42

1 新幹線が去年より込んでいたこと

2 家族の看病で疲れたこと

3 おかゆを作って右手をやけどしたこと

4 やけどの痛みを我慢しなければならなかったこと

2 ◎ 43

1 それぞれの生徒が自分の考えを持っていること

2 いいリーダーがいてよくまとまっていること

3 わがままな生徒よりも個性的な生徒が多いこと

4 騒がしくても、すぐ静かになること

3 ◎ 44

1 いろいろなタイプの手帳を使う

2 スケジュールを上手に管理する

3 目標を書き込んで達成度を見る

4 1年後と5年後のスケジュールを比較する

4 ◎ 45

1 ガソリン代や維持費が高くつくから

2 交通機関が便利で安くなったから

3 修理が面倒だから

4 若者が車に興味を持たなくなったから

5 ◎ 46

1 ときどき大声を出して、声を出す筋肉を鍛える

2 毎日規則的に声を使い、のどには負担を与えない

3 乾燥した部屋の中には入らない

4 できるだけ小さな声で話す

6 ◎ 47

1 どんな方向から見ても美しい女の人

2 誰が見てもきれいだと思える女の人

3 誰に対しても愛想がいい女の人

4 嫌われるのが嫌な男の人

7 ◎ 48

1 長い間修理の必要がない風車を作ること

2 政府が補助金を出して風車メーカーを育てること

3 政府が外国の技術を導入すること

4 メーカーが努力して風力発電を普及させること

문제2. 문제2에서는 먼저 질문을 들으세요. 그 후, 문제지의 선택지를 읽으세요. 읽을 시간이 있습니다. 그리고 이야기를 듣고 문제지의 1~4 중에서 가장 적당한 것을 하나 고르세요.

1 〇 32

テレビで女の人が、高校生について話しています。女の人は、何が一番の問題だと言っていますか。

女 高校生というのは、大人に比べて実際の知人や友人は少ないかもしれませんが、インターネットを通してたくさんの人とコミュニケーションする力は大人以上です。ただ、携帯やインターネットの上では、自分が関係したい人だけを選べるので、そこにはもちろんプラスの面もありますが、マイナスの面も伴います。例えば、自分と同じような言葉を使い、同じような価値観を持っている人に、実際に会ったことはないけれど、ほんとうの気持ちを打ち明ける。もちろんこれは、良い面にもなるでしょう。ただそうすると、同級生や家族など、周りの人に自分の感じていることを話す必要がなくなってしまうのです。インターネットでのコミュニケーションを、現実の人間関係からの逃げ場にする。そういう方向に偏ってしまうというのは、よくないと思うのです。

女の人は、何が一番の問題だと言っていますか。
1 インターネットや携帯を使って知り合いを増やすこと
2 インターネットで知らない人とコミュニケーションすること
3 インターネットが現実からの逃げ場になっていること
4 会ったこともない人に、ほんとうの気持ちを伝えること

텔레비전에서 여자가 고등학생에 대해서 이야기하고 있습니다. 여자는 무엇이 가장 문제라고 말하고 있습니까?

여 고등학생은 어른에 비해 실제로 지인이나 친구는 적을지도 모르지만, 인터넷을 통해서 많은 사람과 커뮤니케이션 하는 힘은 어른 이상입니다. 단, 휴대전화나 인터넷상에서는 자신이 사귀고 싶은 사람만을 고르기 때문에 그곳에는 물론 플러스적인 면도 있지만, 마이너스 면도 수반합니다. 예를 들면 자신과 같은 말을 사용하고 같은 가치관을 가지고 있는 사람과 실제로 만난 적은 없지만 진심을 털어놓는다. 물론 이것은 좋은 면이 될 수도 있겠지요. 단 그렇게 하면 동급생이나 가족 등 주변 사람에게 자신이 느끼고 있는 것을 이야기할 필요가 없어져 버리는 것입니다. 인터넷에서의 커뮤니케이션을 현실의 인간관계로부터의 도피처로 삼는다. 그런 방향으로 기울어져 버린다는 것은 좋지 않다고 생각합니다.

여자는 무엇이 가장 문제라고 말하고 있습니까?
1 인터넷이나 휴대전화를 사용하여 지인을 늘리는 것
2 인터넷에서 모르는 사람과 커뮤니케이션 하는 것
3 인터넷이 현실로부터의 도피처가 되고 있는 것
4 만난 적도 없는 사람에게 본심을 전하는 것

정답 3

2 〇 33

男の人がネックレスの説明をしています。このネックレスは、どこが優れていると言っていますか。

男 見てください、この金のネックレス。上品なデザインで、おしゃれですよね。小さな金のボールをつないでできているネックレスなんですが、その一つ一つに磁石が埋め込まれているんです。実はこれ、肩こりのための健康商品で、これをつけていると、肩のこりがスーッと楽になるんです。よく、街で年配の方が、大きなボールの磁気ネックレスをしてらっしゃいますが、それと同じ効果があるんですね。大きなものだと一目で磁石だとわかりますが、これならもう、だれも磁気ネックレスだと気がつかない。このすばらしい商品をぜひお試しください。

このネックレスは、どこが優れていると言っていますか。
1 磁石が埋め込まれていること

남자가 목걸이에 대한 설명을 하고 있습니다. 이 목걸이는 어떤 점이 우수하다고 말하고 있습니까?

남 보세요, 이 금목걸이. 고상한 디자인으로 세련되었죠? 작은 금 볼을 이어서 만든 목걸이입니다만, 그 하나하나에 자석이 박혀 있습니다. 사실은 이것 어깨 결림을 위한 건강상품으로 이것을 차면 어깨 결림이 싹 낫습니다. 종종 거리에서 나이가 지긋하신 분들이 큰 볼의 자기 목걸이를 하고 계시는데, 그것과 같은 효과가 있습니다. 큰 것은 한눈에 자석인 것을 알 수 있지만, 이것이라면 아무도 자기 목걸이라고는 눈치채지 못합니다. 이 훌륭한 상품을 꼭 시험해 보세요.

이 목걸이는 어떤 점이 우수하다고 하고 있습니까?
1 자석이 박혀 있는 것

2 肩こりによく効くこと
3 一目で磁気ネックレスだとわかること
4 だれも磁気ネックレスだとわからないこと

2 어깨 결림에 잘 듣는 것
3 한눈에 자기 목걸이라는 것을 알 수 있는 것
4 누구도 자기 목걸이라는 것을 알 수 없는 것

정답 4

3 ◎ 34

女の人と男の人が酔っ払いについて話しています。女の人は、日本人がお酒に酔っ払うのは、どうしてだと言っていますか。

女 いやー。また、酔っ払い。お酒くさーい。
男 まあ、まあ。仕事で疲れてるから飲んじゃうんだよ、きっと。気にしないで行こうよ。
女 ほらまた、そうやって同情する。だから日本人は酔っ払いに甘いって言われるんだよ。
男 まあ、そうだねえ。日本人の悪いところかもしれないねえ。
女 酔っ払いって、仕事で言いたいことを言えないから、お酒の席で上司の悪口を言ってストレス発散するんでしょ?
男 そうかもしれないけど…まあ、言いたいことが言えたら、誰も苦労しないよね。
女 でも、酔っ払ったって、問題は解決しないし。効率悪いよね。
男 でも、まあ、気持ちはすっきりするんだからいいじゃないの。

女の人は、日本人がお酒に酔っ払うのは、どうしてだと言っていますか。
1 仕事に疲れているから
2 上司に言いたいことが言えないから
3 上司に悪口を言われるから
4 仕事が効率的ではないから

여자와 남자가 술에 취한 사람에 대해서 이야기하고 있습니다. 여자는 일본인이 술에 취하는 것은 어째서라고 말하고 있습니까?

여 아~ 정말 또 술 취한 사람. 술 냄새나.
남 그럴 수도 있지. 일에 지쳐서 마시는 거야. 분명. 신경 쓰지 말고 가자.
여 이거 봐 또, 그렇게 동정한다. 그러니까 일본인은 술 취한 사람에게 관대하다는 소리를 듣는 거야.
남 뭐 그렇지. 일본인의 나쁜 점일지도 모르겠네.
여 술에 취한 사람이라는 건, 일하면서 할 말을 못하니까, 술자리에서 상사의 험담을 하며 스트레스 발산하는 거지?
남 그럴지도 모르지만… 뭐 할 말을 다 할 수 있다면 아무도 고생하지 않을 거야.
여 그렇지만 술에 취한다 해도 문제는 해결되지 않잖아. 비효율적이야.
남 하지만 뭐 속이 시원해지니까 좋지 않아?

여자는 일본인이 술에 취하는 것은 어째서라고 말하고 있습니까?
1 일에 지쳐 있기 때문에
2 상사에게 하고 싶은 말을 못하기 때문에
3 상사가 험담을 하니까
4 일이 효율적이지 않으니까

정답 2

문제2. 문제2에서는 먼저 질문을 들으세요. 그 후, 문제지의 선택지를 읽으세요. 읽을 시간이 있습니다. 그리고 이야기를 듣고 문제지의 1~4 중에서 가장 적당한 것을 하나 고르세요.

1 ◎35

女の人と男の人が話しています。佐藤さんは、どうして来ないのですか。

女 あれ、佐藤くんはどうしたの。いっしょじゃないの？
男 それがね…。
女 ケンカでもしたの？それとも勉強で忙しいとか？
男 いや、それはないよ。宿題がたまってるとは言ってたけど。それで友だちとの約束をすっぽかすようなやつじゃないでしょ。
女 そりゃそうだけど。
男 実は、きのう、佐藤の彼女と3人でお酒を飲みに行ったんだけどね。
女 うん。
男 ぼくがトイレから戻ると2人の仲がおかしくなっていて…。
女 ケンカしたんだ。
男 そう。だから、きょうはどうしても仲直りしたいって、彼女のとこへ。
女 ふーん。ほんとは、お酒、飲みすぎたんじゃないの？
男 いやいや本当なんだって。あいつ今、ほかんことは何にも考えられないんだよ。

佐藤さんは、どうして来ないのですか。
1 男の人とケンカしたから
2 お酒を飲みすぎて頭が痛いから
3 恋人に会いに行ったから
4 宿題がたまっているから

여자와 남자가 이야기하고 있습니다. 사토 씨는 왜 안 온 겁니까?

여 어! 사토 군은 어떻게 된 거야? 같이 온 거 아니었어?
남 그게 말이지….
여 싸우기라도 했어? 아니면 공부로 바쁘다던가?
남 아니 그건 아니야. 숙제가 밀려 있다고는 했지만. 그걸로 친구와의 약속을 어길만한 녀석은 아니잖아.
여 그건 그렇지만.
남 실은 어제 사토의 여자친구와 세 명이서 술 마시러 갔는데.
여 응.
남 내가 화장실에 갔다 오니까 두 사람 사이가 이상해져서….
여 싸웠구나.
남 응. 그래서 오늘은 꼭 화해하고 싶다고 해서 여자 친구 만나러.
여 흠. 사실은 술, 너무 많이 마신 거 아냐?
남 아냐, 아냐~. 정말이라니깐! 그 녀석 지금 딴생각은 전혀 할 수 없어.

사토 씨는 왜 안 온 겁니까?
1 남자와 싸웠기 때문에
2 술을 너무 마셔서 머리가 아프기 때문에
3 애인 만나러 갔기 때문에
4 숙제가 밀렸기 때문에

정답 3

어휘 ケンカ 싸움, 다툼 | 約束 약속 | すっぽかす (해야 할) 약속·일 따위를 하지 않고 제쳐 놓다. 어기다 | 宿題 숙제 | たまる 쌓이다. 밀리다 | 戻る 되돌아 가(오)다 | 仲 사이 | 仲直り 화해

해설 사토 씨가 안 온 이유에 대한 답 찾기! 약속 자리에 사토 군이 오지 않음 → 여자가 이유를 물음 → 남자는 어제 술자리에서 사토 군과 사토의 여자 친구가 싸웠고, 오늘 화해하러 갔다고 함 → 여자는 과음해서가 아니냐고 물음(어디까지나 추측) → 남자는 아니라고 여자의 말에 강하게 부정. 사토 군과 함께 있었던 것은 남자이며, 여자는 묻고 있는 입장이므로 남자의 말에 집중해야 한다.

2 ◎36

男の人と女の人が話しています。女の人はどうしてハワイに行くことになったのですか。

男 どうしたの？そんなにニコニコして。気味が悪いなあ。
女 えへん。私ハワイに行くの。来週、杉山さんと。

남자와 여자가 이야기하고 있습니다. 여자는 왜 하와이에 가게 된 겁니까?

남 무슨 일이야? 좋아서 싱글벙글이네. 기분 나쁜데.
여 에헴. 나 하와이에 가거든. 다음 주, 스기야마 씨하고.

男 へえー。金持ちはいいなぁ。

女 それが、タダなの、実は。あのね、杉山さんの友達で大野さんって人がいるんだけど、この人がクイズでハワイ旅行に当たっちゃって、そこまでは良かったんだけど、大野さん、親戚の結婚式か何かと重なっちゃって、行けなくなっちゃったの。それで、そのお鉢がわたくし、秋山に回ってきたって、まあそういうわけなのよ。吉田さんも行きたいでしょ？じゃあね、アロハー。

女の人はどうしてハワイに行くことになったのですか。

1 お金がたまったから
2 クイズに当たったから
3 親戚が結婚するから
4 杉山さんの友達が行けなくなったから

남 와~. 부자는 좋겠네.

여 그게 말이지, 실은 공짜야. 저기, 스기야마 씨 친구인 오노 씨라는 사람이 있는데, 이 사람이 퀴즈로 하와이 여행에 당첨되어서, 거기까진 좋았는데 오노 씨의 친척 결혼식하고 겹쳐서 갈 수 없게 되어 버렸거든. 그래서 그 순번(기회)이 나, 아키야마에게 돌아왔지 뭐야. 뭐, 그렇게 된 거야. 요시다 씨도 가고 싶지? 그럼 안녕~. 알로하~.

여자는 왜 하와이에 가게 된 겁니까?

1 돈이 모였기 때문에
2 퀴즈에 당첨되었기 때문에
3 친척이 결혼하기 때문에
4 스기야마 씨의 친구가 갈 수 없게 되었기 때문에

정답 4

어휘 ニコニコ 생긋생긋, 싱글벙글 | 気味 기미, 경향, 기색, 기분 | 気味が悪い 어쩐지 기분 나쁘다, 어쩐지 무서운(싫은) 느낌이 들다 | タダ 공짜 | 旅行 여행 | 当たる 당첨되다 | 親戚 친척 | 重なる 겹치다, 거듭되다 | お鉢が回ってくる 순번이 돌아오다

해설 여자가 하와이에 가게 된 이유 찾기! 스기야마 씨와 하와이 여행을 가게 된 여자를 남자가 부러워함 → 스기야마 씨의 친구인 오노 씨가 퀴즈로 하와이 여행에 당첨되었지만, 친척 결혼식과 겹쳐서 못 가게 되어 자신 즉, 아키야마에게 순번이 돌아왔다고 함. 즉, 스기야마 씨의 친구인 오노 씨가 못 가게 되어서 대신 가게 된 것이다.

---

3 (◎) 37

女の人と男の人が話しています。男の人は、どう感じていますか。

女 秋よね。
男 なんだよ、急に。あやしいなあ。
女 お隣のシロちゃん、来月出産ですって。子犬が生まれたら、うちにくれないかなぁ。
男 何、言ってんだよ、今ごろ。
女 だってかわいいじゃない。
男 庭がないからかわいそうだし、家が汚れるのが嫌だって、あれほど言ってたくせに。何だよ、今さら。
女 一緒に公園を散歩したら、運動にもなるし、いいじゃない。
男 言ってることが全然違うじゃん、前と。
女 「女心と秋の空。」って昔の人はいいこと言うわねー。
男 あー。もう、こりゃだめだ。

男の人は、どう感じていますか。

1 隣の犬が出産するので、喜んでいる
2 女の人が運動をしないので、悲しんでいる
3 女の人の言うことが前と違うので、あきれている
4 女の人が昔のことを言うので、怒っている

여자와 남자는 이야기하고 있습니다. 남자는 어떻게 느끼고 있습니까?

여 가을이네.
남 뭐야~, 갑자기. 수상한 걸!
여 이웃집에 시로 짱, 다음 달 출산한대. 강아지가 태어나면 우리 집에 주지 않으려나?
남 무슨 소리 하는 거야. 뜬금없이.
여 왜냐면 귀엽잖아.
남 정원이 없어서 가엾고, 집이 더러워지는 것이 싫다고 입이 닳도록 말한 주제에. 뭐야~ 이제 와서.
여 같이 공원을 산책하면 운동도 되고 좋잖아.
남 말하는 게 전혀 다르잖아. 전과는.
여 '여자의 마음과 가을 하늘'이라고 옛 선인들은 말도 잘 하지~.
남 아~. 두 손 두 발 다 들었어!

남자는 어떻게 느끼고 있습니까?

1 이웃집 개가 출산하기 때문에 기뻐하고 있다.
2 여자가 운동을 하지 않기 때문에 슬퍼하고 있다.
3 여자가 말하는 것이 전과 달라서 어이없어 하고 있다.
4 여자가 옛날 일을 말해서 화를 내고 있다.

정답 3

어휘 隣 이웃, 옆 | 出産 출산 | 子犬 강아지 | 嫌 싫음 | くせに ~인 (한)주제에 | 散歩 산책 | 全然 전연, 전혀 | 違う 다르다 | 女心と秋の空 여자의 마음과 가을 하늘(변하기 쉬운 것의 비유) | 喜ぶ 기뻐하다 | 悲しむ 슬퍼하다 | あきれる 어이없다, 기가 막히다 | 怒る 화내다

해설 남자의 감정 상태 찾기! 여자는 이웃집 개가 출산하면 강아지를 얻고 싶어 함 → 전에는 여자가 정원이 없고 집이 더러워지는 게 싫어서 개를 키우는 건 싫다고 했음 → 남자는 전과 달라진 여자의 태도에 어쩔 수 없다고 체념함. 즉, 전과 달라서 어이없어한다는 3번이 정답이다. 평소에 사람의 성격이나 감정 상태를 나타내는 형용사를 숙지해 둘 것!

---

4 ◎38

留守番電話のメッセージです。松田さんは本をどうしなければなりませんか。

女1 （9月3日月曜日、午後1時40分のメッセージです）
女2 こんにちは。こちらは東町図書館です。松田様がお借りになっている本の返却日が過ぎておりますので、今週金曜日までにお返しください。本のご返却は、開館時間が過ぎましても返却ポストの方にお入れいただければそれで結構です。開館時間は朝9時半から夜6時半までです。なお、館内一部改修工事のため、今週の木曜日と金曜日は臨時休館日とさせていただきますので、休館中は返却ポストをご利用ください。それでは、よろしくお願いいたします。

松田さんは本をどうしなければなりませんか。
1 今週の火曜日までに返さなければならない
2 今週の水曜日までに返さなければならない
3 今週の木曜日までに返さなければならない
4 今週の金曜日までに返さなければならない

자동 응답 전화의 메시지입니다. 마쓰다 씨는 책을 어떻게 해야 합니까?

여1 (9월 3일 월요일, 오후 1시 40분 메시지입니다)
여2 안녕하십니까. 여기는 히가시초 도서관입니다. 마쓰다 님께서 빌리신 책의 반납일이 지났으므로, 이번 주 금요일까지 반납해 주십시오. 책 반납은 개관시간이 지나도 반납 포스트에 넣어 주시면 됩니다. 개관 시간은 아침 9시 반부터 저녁 6시 반까지입니다. 또한 관내 일부 개수공사로 이번 주 목요일과 금요일은 임시 휴관일이오니, 휴관 중에는 반납 포스트를 이용해 주십시오. 그럼, 잘 부탁드리겠습니다.

마쓰다 씨는 책을 어떻게 해야 합니까?
1 이번 주 화요일까지 반납해야 한다.
2 이번 주 수요일까지 반납해야 한다.
3 이번 주 목요일까지 반납해야 한다.
4 이번 주 금요일까지 반납해야 한다.

정답 4

어휘 留守番電話 자동 응답 전화 | メッセージ(Message) 메시지 | 図書館 도서관 | 返却 반납 | 改修工事 보수 공사 | 臨時休館日 임시 휴관일

해설 책을 어떻게 해야 하는가를 찾기! 책의 반납일은 금요일까지이며 개관 시간이 지나거나 임시 휴관일 중에는 반환 포스트를 이용하면 된다. 선택지를 보면 반납 기한을 묻고 있으므로 즉, 반납 방법은 신경 쓸 필요가 없다.

---

5 ◎39

女の人と男の人が話しています。女の人は部屋について何が不満だと言っていますか。

男 いい部屋、見つかった?この前話してた部屋に決めたの?
女 うん、それがね、不動産屋で話を聞いたときはよかったんだけど、実際に見てみるといろいろと…。
男 日当たりも良さそうだし、ペットも飼えるしって喜んでたじゃない。

여자와 남자가 이야기하고 있습니다. 여자는 방에 대해서 무엇이 불만이라고 말하고 있습니까?

여 좋은 방 찾았어? 요전에 이야기했던 방으로 정한 거야?
여 응, 그게 말이야~. 부동산에서 이야기를 들었을 때는 좋았는데, 실제로 보니 여러 가지로….
남 볕도 잘 드는 것 같고, 애완 동물도 키울 수 있다고 해서 기뻐하지 않았어?

女 うん、それはよかったんだけれど。話では最寄り駅まで徒歩10分だったのが、実際は20分近くかかるのよ。

男 それって、良くあることなんだってね。

女 うん、まあ、ありがちなことなんだけど。あと、私、服やかばんがたくさんあるから、それがね・・・。全部ちゃんと収納できるかどうか心配。

男 いっそのこと、これを機会にいろいろ処分しちゃえば?

女 えー!それはできないわよ。あの部屋、水回りもそこそこだし、新築だし・・・。いい物件なんだけどな。

女の人は部屋について何が不満だと言っていますか。
1 古いことと駅から遠いこと
2 狭いことと駅から遠いこと
3 日当たりと水回りが悪いこと
4 ペットが飼えないこと

여 응, 그건 좋았지만, 말로는 가장 가까운 역까지 도보로 10분이었던 것이 실제로는 20분 가까이 걸리는 거 있지.

남 그런 건 흔히 있는 일이라며.

여 응, 뭐 흔히 있을법한 일이지만. 그것 말고도 나는 옷이나 가방이 많이 있어서 그게 말이지…. 전부 제대로 수납할 수 있을 지 없을지 걱정이야.

남 차라리 이번 기회에 이래저래 처분해 버리는 게 어때?

여 뭐~. 그렇게는 할 수 없어. 그 방은 배수 설비도 그럭저럭 괜찮고, 신축이고…. 좋은 물건인데.

여자는 방에 대해서 무엇이 불만이라고 합니까?
1 낡은 것과 역에서 먼 것
2 좁은 것과 역에서 먼 것
3 볕 드는 것과 배수 설비가 나쁜 것
4 애완 동물을 키울 수 없는 것

정답 2

어휘 部屋(へや) 방 | 不満(ふまん) 불만 | 不動産屋(ふどうさんや) 부동산 소개업자 | 実際(じっさい) 실제 | 日当(ひあ)たり 볕이 듦 | ペット(pet) 애완용 동물 | 飼(か)う 키우다 | 喜(よろこ)ぶ 기뻐하다 | 最寄(もよ)り 가장 가까움, 근처 | 駅(えき) 역 | 徒歩(とほ) 도보 | 동사의 ます형, 명사+がち ~하는 경향이 있다, ~하기 십상이다 | ちゃんと 정확히, 확실히 | 収納(しゅうのう) 수납 | いっそ(のこと) 차라리, 도리어 | 機会(きかい) 기회 | 処分(しょぶん) 처분 | 水回(みずまわ)り 싱크대나 화장실 주변 배수에 관련된 설비 | そこそこ 그럭저럭, ~될까 말까 | 新築(しんちく) 신축 | 物件(ぶっけん) 물건

해설 여자의 불만 찾기! 남자가 여자에게 방에 대해 물음 → 가장 가까운 역이 실제로 도보 20분 정도 걸리고 여자는 자신의 물건을 다 수납할 수 있을 지 걱정 즉, 방과 역과의 거리와 방의 크기에 불만을 가지고 있다. 여자의 불만만 찾으면 되므로 장점은 중요하지 않다.

---

6 ◎ 40

男の人が話しています。男の人が驚いたのは何についてですか。

男 いやあ、知りませんでした。全く。これからは世界のあちこちで水が不足して水のために戦争も起こりかねないということや、日本が食糧の半分以上を輸入に頼っていることは知っていましたが、この二つの間に関係があるとは知りませんでした。いや、昨日のテレビ番組で知ったんですがね、日本は世界一の水の輸入国だそうなんですよ。そうでしょう。日本はこんなに水に恵まれているのにですよ。ただ、これは飲み水ではなくて、バーチャルウォーターといって目に見えない水のことで、1キロのとうもろこし、1キロの牛肉を作るにも大量の水が必要になるので、食糧というのは結局「水」なんですね。だから、たくさんの食糧を輸入することは、たくさんの水を輸入することと同じになるわけですよ。日本は海外の水に依存して、世界の水不足と直接つながっていたんですね。いやあ、そうだったんだーって、認識を新たにしました。

남자가 이야기하고 있습니다. 남자가 놀란 것은 무엇에 대해서입니까?

남 아~, 전혀 몰랐습니다. 앞으로는 세계 여기저기에서 물이 부족해서 물 때문에 전쟁도 일어날지도 모른다는 것이나 일본이 식량의 반 이상을 수입에 의존하고 있다는 것은 알고 있었지만, 이 두 가지 사이에 관계가 있다는 것은 몰랐습니다. 아니, 어제 텔레비전 프로그램에서 안 것입니다만, 일본은 세계 최고의 물 수입 국가라고 합니다. 그렇죠. 일본은 이렇게 물이 풍부한데도 말이죠. 단지 이것은 마시는 물 뿐만 아니라 버추얼 워터(가상적인 물)라고 해서 눈에 보이지 않는 물로 1Kg의 옥수수, 1Kg의 쇠고기를 만드는 데도 대량의 물이 필요하기 때문에 식량이라는 것은 결국 '물'인 거죠. 그러므로 많은 식량을 수입하는 것은 많은 물을 수입하는 것과 같은 것이 되는 셈입니다. 일본은 해외의 물에 의존하기에 세계의 물 부족과 직접 연관되어 있었던 거죠. 아~, 그랬구나 하고 인식을 새로이 했습니다.

男の人が驚いたのは何についてですか。
1 食糧を作るには大量の水が必要なこと
2 日本の食糧自給率が低いこと
3 世界の水不足が深刻なこと
4 食糧の輸入と世界の水不足には関係があること

남자가 놀란 것은 무엇에 대해서입니까?
1 식량을 만드는 데는 대량의 물이 필요한 것
2 일본의 식량 자급률이 낮은 것
3 세계의 물 부족이 심각한 것
4 식량의 수입과 세계의 물 부족에는 관계가 있는 것

정답 4

어휘 全く 전혀 | 世界 세계 | 不足 부족 | 戦争 전쟁 | ~かねない ~할 지도 모른다 | 食糧 식량 | 輸入 수입 | 頼る 의지하다 | 関係 관계 | 番組 프로그램 | 恵む (은혜를) 베풀다 | バーチャルウォーター(virtual water) 가상의 물 | とうもろこし 옥수수 | 牛肉 쇠고기 | 大量 대량 | 結局 결국 | 海外 해외 | 依存 의존 | 直接 직접 | つながる 연결되다 | 認識 인식 | 新に 새로이

해설 남자가 놀란 이유 찾기! 앞으로 세계는 물 부족으로 전쟁도 일어날 수 있음 → 일본은 식량의 반 이상을 수입 → TV에서 일본은 세계최고의 물 수입국이라고 함 → 마시는 물 뿐만 아니라 눈에 보이지 않는 물(1kg의 옥수수, 1kg의 쇠고기 등 식량을 만드는 데 드는 대량의 물)이 필요 → 식량 = 물이므로 식량 수입 = 물 수입 → 세계의 물 부족과 관계 있음. 즉 남자가 놀란 것은 식량 수입과 세계 물 부족과 관계가 있음을 새로이 인식했기 때문이다.

---

7 🎧 41

男の人が話しています。男の人が新聞を読むことを勧める一番の理由は何ですか。

남자가 이야기하고 있습니다. 남자가 신문을 읽기를 권하는 가장 큰 이유는 무엇입니까?

男 えー、本をたくさん読みなさいと言うと気が重くなる人もいらっしゃいますが、新聞なら毎日気軽に手に取ることができますよね。毎日、新聞を読むことのいい点は、無意識のうちに言葉の勉強が続けられることです。新聞には、政治・経済からスポーツ、家庭生活に至るまで、あらゆる分野の記事が掲載されています。ただ、自分はこの分野には興味がない、などと言っていては、言葉を豊かにすることはできません。広告も含めて、一面から全部のページに目を通したいものです。新聞の広告には、新しい流行語や、詩のようにすぐれた表現も使われるので、これもいい勉強になります。もちろん、新聞が最新の情報や知識を得る上でも欠かせないことは言うまでもありませんが。

남 에, 책을 많이 읽으라고 하면 마음이 무거워지는 사람도 있으시겠지만, 신문이라면 매일 부담없이 손에 쥘 수 있습니다. 매일 신문을 읽는 것의 좋은 점은 무의식중에 단어 공부를 계속할 수 있는 것입니다. 신문에는 정치 · 경제부터 스포츠, 가정생활에 이르기까지 모든 분야의 기사가 게재되어 있습니다. 단지, 자신은 이 분야에 흥미가 없다는 식으로 말해서는 단어를 풍부하게 할 수 없습니다. 광고 포함해서 1면부터 전 페이지를 훑어보았으면 합니다. 신문 광고에는 새로운 유행어나 시 같은 훌륭한 표현도 사용되기 때문에 이것도 좋은 공부가 됩니다. 물론, 신문이 최신 정보나 지식을 얻는 데에도 빼놓을 수 없다는 것은 말할 필요도 없습니다만.

男の人が新聞を読むことを勧める一番の理由は何ですか。
1 言葉を豊かにしてくれるから
2 読書は気が重くなるから
3 興味がない分野のことも教えてくれるから
4 最新の情報や知識が得られるから

남자가 신문을 읽기를 권하는 가장 큰 이유는 무엇입니까?
1 단어를 풍부하게 해 주기 때문에
2 독서는 마음이 무거워지기 때문에
3 흥미가 없는 분야의 것도 가르쳐 주기 때문에
4 최신 정보나 지식을 얻을 수 있기 때문에

정답 1

어휘 気が重い 마음이 무겁다 | 気軽に 선뜻, 부담없이 | 手に取る 손에 잡다 | 無意識 무의식 | 言葉 말, 단어 | 続ける 계속하다 | 政治 정치 | 経済 경제 | 家庭 가정 | ~に至るまで ~에 이르기까지 | あらゆる 모든, 온갖 | 分野 분야 | 記事 기사 | 掲載 게재 | 興味 흥미 | 豊な 풍족한, 풍부한 | 広告 광고 | 含める 포함하다, 포함시키다 | 一面 일면, 신문

의 첫 페이지 | **目を通す** 대충 훑어보다 | **流行語** 유행어 | **表現** 표현 | **情報** 정보 | **知識** 지식 | **欠かす** 빠뜨리다, 빼다 |
~**までもない** ~할 것까지도 없다, ~할 필요도 없다

해설 신문 읽는 것을 권유하는 가장 큰 이유 찾기! 책을 읽으라고 하면 마음이 무거워지지만 신문이라면 가볍게 볼 수 있음 → 신문을 읽는 좋은 점은 무의식중에 언어, 단어 공부를 할 수 있음 → 신문에는 여러 분야의 기사가 게재되어 있으므로 전 페이지를 훑어보는 것으로 공부가 됨 → 광고에도 훌륭한 표현(말)을 사용 → 좋은 공부가 됨, 남자가 반복해서 주장하는 것은 「**言葉**(단어)」이며, 선택지에 보기로 나온 내용이 대화에 섞여 나오는데 그것에 휘말리면 안 된다.

확인문제 3

문제2. 문제2에서는 먼저 질문을 들으세요. 그 후, 문제지의 선택지를 읽으세요. 읽을 시간이 있습니다. 그리고 이야기를 듣고 문제지의 1~4 중에서 가장 적당한 것을 하나 고르세요.

1 ◎ 42

女の人と男の人が話しています。男の人は何が一番大変だったと言っていますか。

女 お正月の休みは実家に帰ったの?
男 うん、毎年帰ってるんだけど、大変だったよ、今回は。
女 どうしたの?新幹線が込んでたの?
男 それは毎年のことだから、覚悟してたよ。
女 じゃ、何?
男 うん。嫁さんと子供が順番に風邪で寝込んじゃって、その看病でうちの母親も倒れちゃってさ。しょうがないから、家族のためにおかゆでも作ってやろうと思ったら…ほら、これ。やけど。
女 わわ…気が付かなかった。右の手だから不便でしょう。
男 そうなんだよ。慣れないことはするもんじゃないね。それでね、近くの病院は、お正月で閉まっちゃってるてるし、あちこち探してやっと開いてるとこ一つ見つけて、そこ行ったんだけど、もう、すごい人で。これが一番まいっちゃったよ。痛いのがまんして。どのくらい待ったかなあ。

男の人は何が一番大変だったと言っていますか。
1 新幹線が去年より込んでいたこと
2 家族の看病で疲れたこと
3 おかゆを作って右手をやけどしたこと
4 やけどの痛みを我慢しなければならなかったこと

여자와 남자가 이야기하고 있습니다. 남자는 무엇이 가장 힘들었다고 합니까?

여 설 연휴는 본가에 갔어?
남 응, 매년 가긴 하는데, 힘들었어, 이번엔.
여 왜 그래? 신칸센이 붐볐던 거야?
남 그건 매년 있는 일이니까 각오했었어.
여 그럼, 뭐야?
남 응. 아내와 아이가 연이어 감기로 몸져누워 버려서, 그 간호로 어머니도 쓰러져서. 어쩔 수 없이 가족을 위해 죽이라도 만들어 줄려다가…. 이봐, 이거. 화상.
여 우와…. 몰랐어. 오른손이라 불편하겠다.
남 그래. 익숙하지 않은 일은 하는 게 아닌가 봐. 그래서 근처 병원은 설이라 닫혀 있고, 여기저기 찾아서 겨우 열려 있는 곳 하나 발견해서 거기에 가는데, 정말 사람이 많아서, 여기에 가장 질려 버린 거지. 아픈 거 참으며 얼마나 기다렸는지~.

남자는 무엇이 가장 힘들었다고 합니까?
1 신칸센이 작년보다 붐볐던 일
2 가족의 간병으로 지친 일
3 죽을 만들며 오른손에 화상입은 일
4 화상의 아픔을 참아야 했던 일

정답 4

어휘 **お正月** 정월, 설 | **実家** 본가 | **込む** 붐비다 | **覚悟** 각오 | **嫁さん** 아내, 며느리 | **順番** 순서 | **寝込む** 푹 잠들다, 몸져눕다 | **看病** 간병 | **おかゆ** 죽 | **やけど** 화상 | **慣れる** 익숙하다 | **やっと** 겨우

해설 남자가 무엇을 가장 힘들어했는가?
설 연휴에 본가에 갔는데 힘들었다고 함 → 신칸센이 붐비는 건 각오했다고 함(1번-×) → 죽을 끓이다가 오른손에 화상을 입었고 불편했다고 함 → 연휴라 겨우 병원을 찾아서 갔는데 사람이 많아서 기다렸다고 함.

2 🔘 43

中学校の職員室で女の先生と男の先生が話しています。女の先生は、C組の一番の長所は何だと言っていますか。

女　わたし、今年のC組にはちょっと期待しているんですよ。

男　えっ。C組はさわがしくて大変じゃないですか?言うことを素直に聞かない子とか、すぐに怒り出すような子もいましたけどねえ。

女　確かにそんな子もいるんですけど、リーダー格の子がいて、けっこうクラスをまとめてくれるんですよ。それから、「わー」って騒いでも、あとはちゃんと静かになるので、思ったほど大変じゃないですよ。

男　そうですか?

女　何よりもいいのは、みんな、一人ひとり自分の考えを持ってるんです。ホームルームの時間なんかに意見とか感想とか言わせると、大人顔負けの議論になることもありますし、みんな自分というものを持ってるんですよ。

男　ま、個性が強い子が多いのはたしかだけど、それはわがままなだけなのかもしれませんけどね。

女の先生は、C組の一番の長所は何だと言っていますか。
1 それぞれの生徒が自分の考えを持っていること
2 いいリーダーがいてよくまとまっていること
3 わがままな生徒よりも個性的な生徒が多いこと
4 騒がしくても、すぐ静かになること

중학교 교무실에서 여선생님과 남선생님이 이야기하고 있습니다. 여선생님은 C반의 가장 큰 장점은 무엇이라고 합니까?

여　난, 올해 C반에 좀 기대하고 있어요.

남　어, C반은 시끄러워서 힘들지 않습니까? 하는 말을 고분고분 듣지 않는 아이라든가, 걸핏하면 화를 내는 아이도 있는데요.

여　분명히 그런 아이도 있지만, 리더 격인 아이가 있어서 제법 반을 하나로 모아 주거든요. 그리고 '와~'하며 떠들어도 나중에는 확실히 조용해지기 때문에 생각만큼 힘들지 않아요.

남　그렇습니까?

여　무엇보다 좋은 것은 모두 한 사람 한 사람 자신의 생각을 가지고 있어요. 홈룸 시간 같은 데에서 의견이라든가 감상 같은 걸 물으면, 어른이 무색해질 정도의 토론이 될 때도 있고요, 모두 자신이라는 것을 가지고 있어요.

남　뭐, 개성이 강한 아이가 많은 것은 분명하지만, 그건 제멋대로 구는 것뿐인 것 같은데요.

여선생님은 C반의 가장 큰 장점은 무엇이라고 합니까?
1 각각의 학생이 자신의 생각을 가지고 있는 것
2 좋은 리더가 있어서 잘 통합되는 것
3 제멋대로인 학생보다도 개성적인 학생이 많은 것
4 시끄러워도 금방 조용해지는 것

정답 1

어휘 職員室 직원실 | 長所 장점 | 期待 기대 | 素直 고분고분함, 순진함, 솔직함 | リーダー(leader) 리더, 지도자 | ホームルーム(home room) 홈룸[중,고교에서 담임선생과 학생이 특정시간에 모여서 자율적 교육활동을 하는 것 또는 그 시간], 특활시간 | 顔負け 무색해짐 | 議論 토론, 논의 | 個性 개성

해설 여선생님이 생각하는 C반의 가장 큰 장점은 무엇인가?
여선생님이 C반에 기대를 하고 있으며 그 이유로는 리더 격인 아이가 반을 통합해 주며(2번−장점의 하나), 무엇보다도 좋은 것은 한 사람 한 사람이 자신의 생각이 있는 것이라고 함(1번) ⇒ 여자의 생각의 묻고 있으므로 여자의 말에 집중

3 🔘 44

ある講座の最初に、講師が手帳の使い方について話しています。この人はどのような手帳の使い方を勧めていますか。

男　最近はいろいろなタイプの手帳が売られていますが、有効に活用できている人は意外と少ないのではないでしょうか。スケジュール管理にお使いの方は多いと思いますが、それだけが手帳の役割ではありません。うまく活用すれば、あなたの夢をかなえるツールにすることができます。たとえば1年後、5年後に自分がどうなりたいかを考え、それ

어느 강좌의 시작 부분에 강사가 수첩의 사용법에 대해서 이야기하고 있습니다. 이 사람은 어떠한 수첩 사용법을 권하고 있습니까?

남　최근 여러 가지 타입의 수첩이 팔리고 있습니다만, 효율적으로 활용할 수 있는 사람은 의외로 적은 게 아닌가 합니다. 스케줄 관리에 사용하시는 분은 많을 거라고 생각합니다만, 그것만이 수첩의 역할은 아닙니다. 잘 활용하면 당신의 꿈을 이룰 수 있는 도구로 만들 수가 있습니다. 예를 들면 1년 후, 5년 후에 자신이 어떻게 되고 싶은지를 생각하고, 그것을 목

に向けて何をすればいいかを考えて、そのプロセスを一つ
ずつ具体的に書き込むのです。そして、週末や月末にはそ
れが達成できたかをチェックします。この講座では、こうし
た手帳の活用法についてお話しします。

この人はどのような手帳の使い方を勧めていますか。

1 いろいろなタイプの手帳を使う
2 スケジュールを上手に管理する
3 目標を書き込んで達成度をみる
4 １年後と５年後のスケジュールを比較する

표로 무엇을 하면 좋을지 생각해서 그 과정을 하나씩 구체적
으로 써 넣는 겁니다. 그리고 주말이나 월말에 그것이 달성
되었는지를 체크합니다. 이 강좌에서는 이러한 수첩 활용법
에 대해서 이야기하겠습니다.

이 사람은 어떠한 수첩 사용법을 권하고 있습니까?

1 여러 가지 타입의 수첩을 사용한다.
2 스케줄을 잘 관리한다.
3 목표를 기입해서 달성도를 본다.
4 1년 후와 5년 후의 스케줄을 비교한다.

정답 3

어휘 講座 강좌 | 講師 강사 | 手帳 수첩 | 勧める 권하다 | 有効 유효 | 活用 활용 | 意外 의외 | 管理 관리 | 役割
역할 | ツール(tool) 툴, 도구 | プロセス(process) 과정 | 具体的 구체적 | 達成 달성

해설 강사는 **어떤 수첩 사용법**을 권하고 있나?

수첩을 대부분 스케줄 관리에 사용하고 있는데 수첩의 역할은 그것만이 아니며 잘 사용하면 꿈을 이룰 수 있는 도구가 될
수 있다고 함 → 1년 후, 5년 후 자신이 되고 싶은 것을 적고 그것을 위해 해야 할 일을 구체적으로 적은 뒤 주말이나 월말에
그것을 달성했는가를 체크! ⇒ 어떤 방법을 물을 때는 「具体的に」「たとえば」라는 말에 주의!

4 ◎ 45

女の人と男の人が、車が売れなくなった理由について話してい
ます。女の人は何が一番大きい理由だと言っていますか。

女 最近、車が売れなくなってるんですってね。
男 そうらしいね。不景気だからかな。ガソリンも高いし、駐車
　　場とか維持費もかかるし。
女 それもあるんだけど、あのね、特に若い人が車に魅力を感
　　じなくなってるんだって。
男 へー、そうなんだ。昔はデートのときなんか、かっこいい車
　　に乗りたいって、みんな思ってたけどね。真っ赤なスポーツ
　　カーとかさ。
女 今の若い人たちは、車はエコじゃないし、渋滞とか修理と
　　かいろいろ面倒だって、嫌がるそうよ。免許を取る人も減っ
　　てるんだって。
男 一番車に乗るはずの世代が車に憧れなくなったら、そりゃ
　　売れないよな。
女 そうよね。それに、今はだいたいどこでも電車で間に合う
　　もんね。
男 まあ、昔に比べたら、電車や地下鉄も便利になったからな
　　あ。

女の人は何が一番大きい理由だと言っていますか。

1 ガソリン代や維持費が高くつくから
2 交通機関が便利で安くなったから
3 修理が面倒だから
4 若者が車に興味を持たなくなったから

여자와 남자가 차가 팔리지 않게 된 이유에 관해서 이야기하고
있습니다. 여자는 무엇이 가장 큰 이유라고 합니까?

여 최근 차가 팔리지 않게 되었다면서요?
남 그랬다나봐 불경기라서인가? 기름도 비싸고, 주차장이라든
　　가 유지비도 들고.
여 그런 이유도 있지만, 있지, 특히 젊은 사람이 차에 매력을 느
　　끼지 않게 되었대.
남 어~, 그렇구나. 옛날에는 데이트할 때 멋있는 차 타고 싶다
　　고 모두 그랬는데. 새빨간 스포츠카라든가 말이지.
여 요즘 젊은 사람들은 차는 친환경적이지도 않고, 정체라든지
　　수리라든지 여러 가지로 귀찮아서 싫어한대. 면허 따는 사람
　　도 줄고 있대.
남 가장 차를 많이 탈 법한 세대가 차를 동경하지 않게 되었다
　　면, 그야말로 팔리지 않는 거지.
여 그렇지. 게다가 지금은 대개 어디든 전철로 해결되니까.
남 뭐, 옛날과 비교하면 전철이나 지하철도 편리해졌기 때문이
　　지.

여자는 무엇이 가장 큰 이유라고 합니까?

1 기름 값이나 유지비가 비싸게 들기 때문에
2 교통기관이 편리하고 싸졌기 때문에
3 수리가 귀찮기 때문에
4 젊은이가 차에 흥미를 갖지 않게 되었기 때문에

정답 4

어휘 不景気 불경기 | ガソリン(gasoline) 가솔린, 휘발유 | 駐車場 주차장 | 維持費 유지비 | 魅力 매력 | エコ (eco) 환경, 생태 | 渋滞 정체 | 修理 수리 | 面倒 귀찮음, 성가심, 돌봄 | 免許 면허 | 憧れる 동경하다 | 間に合う 시간 에 대다. (급한 대로, 아쉬운 대로) 쓸 수 있다, 족하다

해설 여자가 생각하는 차가 안 팔리는 가장 큰 이유는?

차가 안 팔리는 이유로 남자는 비싼 가솔린+주차장+유지비라고 하고 여자는 '특히' 젊은 사람이 차에 매력을 느끼지 않게 되었음을 이유로 들고 있다. 차는 환경에 좋지 않고 정체나 수리 등이 귀찮고 싫어서 면허 따는 사람도 줄고 있고, 대신 전철로도 충분하다고 함 ⇒ '가장 큰 이유'를 묻고 있으므로 그에 상응하는 「特に」라는 말이 포인트!

5 (◎) 46

ラジオの番組で女の人が声について話しています。声を健康に 保つためにはどうしたらいいと言っていますか。

女 ご年配のみなさんは、若いころに比べて、声がかすれたり、 低くなったりしていませんか。これは、声を出すための筋肉 が衰え、声帯が縮まって、隙間が空いている状態になって いるからです。声を使わない生活をしていると、声の老化 も早まりますから、毎日2、3時間は誰かと話したりして、 声を使うようにしましょう。でも、大声を出したり必要以上 に大きな声で歌を歌ったりするのはよくありません。声帯 を無理に振動させると、傷つくことがあるからです。また、 乾燥した部屋の中に長時間いるのもよくありません。冬は 特に部屋の中が乾燥しやすいですから加湿器を使うなど の工夫も必要です。

声を健康に保つためにはどうしたらいいと言っていますか。
1 ときどき大声を出して、声を出す筋肉を鍛える。
2 毎日規則的に声を使い、のどには負担を与えない。
3 乾燥した部屋の中には入らない。
4 できるだけ小さな声で話す。

라디오 프로그램에서 여자가 목소리에 대해서 이야기하고 있 습니다. 목소리를 건강하게 유지하기 위해서 어떻게 하면 된 다고 합니까?

여 중년의 여러분은 젊은 시절에 비해서 목소리가 쉬었다거나 낮아지거나 하지 않았습니까? 이것은 소리를 내기 위한 근 육이 약해지고 성대가 수축해서 틈이 벌어진 상태가 되었기 때문입니다. 목소리를 사용하지 않는 생활을 하면, 목소리의 노화도 빨라지기 때문에 매일 2, 3시간은 누군가와 이야기 를 하거나 해서 목소리를 사용하도록 합시다. 하지만, 큰 소 리를 내거나 필요 이상으로 큰 소리로 노래를 부른다거나 하 는 것은 좋지 않습니다. 성대를 무리하게 진동시키면, 상처 가 날 수 있기 때문입니다. 또한, 건조한 방 안에 장시간 있 는 것도 좋지 않습니다. 겨울에는 특히 방 안이 건조하기 쉽 기 때문에 가습기를 사용하는 등의 궁리도 필요합니다.

목소리를 건강하게 유지하기 위해서 어떻게 하면 된다고 합니 까?
1 때때로 큰 소리를 내서 목소리를 내는 근육을 단련한다.
2 매일 규칙적으로 소리를 사용하고 목에는 부담을 주지 않는다.
3 건조한 방에는 들어가지 않는다.
4 되도록 작은 소리로 이야기한다.

정답 2

어휘 健康 건강 | 保つ 유지하다, 견디다 | 年配 연배, 중년 | かすれる (목이) 쉬다 | 低い 낮다 | 筋肉 근육 | 衰え る 쇠약하다, 쇠퇴하다 | 声帯 성대 | 縮まる 오그라(줄어)들다 | 隙間 (빈)틈 | 状態 상태 | 老化 노화 | 振動 진동 | 傷 つく 다치다, 상처를 입다 | 乾燥 건조 | 加湿器 가습기 | 工夫 궁리, 고안

해설 목소리를 건강하게 유지하기 위한 방법은?

목소리를 사용하지 않으면 퇴화가 되므로 매일 2~3시간씩 목소리 사용 → 큰 소리를 내거나 큰 소리로 노래 부르는 것 좋 지 않음(성대가 상처 입을 수 있음) → 건조한 방에 장시간 있는 것도 좋지 않음(겨울에는 가습기 사용) ⇒ 즉, 목소리의 규 칙적 사용+목에 부담 주지 않기(2번)

6 ◎47

男の人が女の人にことばの意味について聞いています。男の人は最初、どんな意味だと思っていましたか。

男 僕の会社に、すっごくきれいな女の先輩がいるんですけど、こないだその先輩に「ほんと、八方美人ですよね」って言ったら、なんか機嫌が悪くなっちゃって…。

女 えーっ、そりゃそうでしょ。ほめことばじゃないもの。

男 え？ほめことばじゃないんですか？でも、八方っていろんな方向、どこから見てもって意味ですよねぇ？

女 八方がいろんな方向っていうのはそうだけど、う～ん、誰に対してもっていう意味で、美人っていうのも、ここでは人当たりがいいとか、誰にでもいい顔をするとか。

男 いい顔をする？笑ったりして愛想のいいことですか？

女 愛想もそうだけど、うーん、難しいなあ。嫌われるのが嫌で、誰にでも気に入られようとする人っていうほうがぴったりくるかな。

男 ああ、じゃ、男の人にも使えるんですね。

女 ええ、そうよ。

男の人は最初、どんな意味だと思っていましたか。
1 どんな方向から見ても美しい女の人
2 誰が見てもきれいだと思える女の人
3 誰に対しても愛想がいい女の人
4 嫌われるのが嫌な男の人

남자가 여자에게 단어의 의미에 관해서 묻고 있습니다. 남자는 처음에, 어떤 의미라고 생각했습니까?

남 저의 회사에 굉장히 예쁜 여자 선배가 있는데, 요전에 그 선배에게 '정말 팔방 미인이네요'라고 말했더니, 왠지 기분 나빠해서.

여 앗~, 그야 그렇지. 칭찬하는 말이 아니니까.

남 네? 칭찬하는 말이 아닌가요? 하지만 팔방이란 여러 방향, 어디에서 봐도라는 의미죠?

여 팔방이란 여러 방향이란 것은 맞지만, 음~ 누구에 대해서나라는 의미이고, 미인이라는 것도 여기에서는 대인관계가 좋다던가 누구에게나 호의적인 얼굴을 한다던가.

남 호의적인 얼굴을 한다? 웃기도 하고 붙임성이 좋은 거 말입니까?

여 붙임성도 있지만, 음, 어렵네~, 미움 받는 게 싫어서 누구에게나 마음에 들려고 하려는 사람이라는 편이 이해하기 쉬울라나.

남 아아, 그럼, 남자에게도 사용할 수 있는 거네요.

여 어, 그렇지.

남자는 처음에, 어떤 의미라고 생각했습니까?
1 어떤 방향에서 봐도 아름다운 여자
2 누가 봐도 예쁘다고 여겨지는 여자
3 누구에 대해서도 붙임성이 좋은 여자
4 미움받는 것을 싫어하는 남자

정답 1

어휘 意味 의미 | 先輩 선배 | 八方美人 팔방미인 | 機嫌 기분 | ほめことば 칭찬하는 말 | 人当たり 응대하는 태도, 남에게 주는 인상, 대인관계

해설 남자가 말을 처음에 어떤 의미로 이해한 것인가?
남자는 예쁜 여자 선배에게 '팔방 미인'이라고 했는데 기분 나빠하는 것 같아서 여자에게 묻자 여자는 칭찬하는 말이 아니라고 함 → 이에 남자는 팔방이란 어느 방향, 어디에서 봐도라는 칭찬의 뜻이 아니냐고 묻는 대목에서 남자가 처음에 이해한 의미가 나온다(1번) ⇒ 포인트 이해에서는 무엇을 묻는가(질문)를 파악하고 듣는 게 중요!

7 ◎48

専門家が日本の風力発電について話しています。この人は今、何が一番必要だと言っていますか。

男 風力発電は風の力で巨大な風車を回して電気を作るわけですが、この風車は相当高いところにあるので、修理が難しい。ですから、20年ぐらいは壊れないようなものにする必要があります。日本の技術ではそれが可能なんですが、日本では、風力発電が普及していないため、メーカーが作っても売る所がないんです。ですから、政府が補助金を出して、風力発電を普及させ、風車メーカーを育てることが

전문가가 일본의 풍력 발전에 대해서 이야기하고 있습니다. 이 사람은 지금, 무엇이 가장 필요하다고 말하고 있습니까?

남 풍력발전은 바람의 힘으로 거대한 풍차를 돌려서 전기를 만드는 것이지만, 이 풍차는 상당히 높은 곳에 있어서 수리가 어렵기 때문에 20년 정도는 고장 나지 않는 것으로 만들 필요가 있습니다. 일본의 기술로는 그것이 가능하지만, 일본에서는 풍력발전이 보급되어 있지 않기 때문에 제조회사가 만들어도 팔 곳이 없는 것입니다. 때문에 정부가 보조금을 내서 풍력발전을 보급시켜 풍차 제조 회사를 육성하는 것이 지금

今一番必要なことだと私は思います。日本で、今風車を作っているのはヨーロッパのような専門のメーカーではないので、このままでは技術面でも外国との競争に負けてしまうことになりかねません。

この人は今何が一番必要だと言っていますか。
1 長い間修理の必要がない風車を作ること
2 政府が補助金を出して風車メーカーを育てること
3 政府が外国の技術を導入すること
4 メーカーが努力して風力発電を普及させること

가장 필요한 일이라고 저는 생각합니다. 일본에서 지금 풍차를 만들고 있는 것은 유럽 같은 전문 제조 회사가 아니기 때문에 이대로는 기술 면에서도 외국과의 경쟁에 지게 될지도 모릅니다.

이 사람은 지금, 무엇이 가장 필요하다고 말하고 있습니까?
1 오랫동안 수리가 필요 없는 풍차를 만드는 것
2 정부가 보조금을 내서 풍차 제조회사를 육성하는 것
3 정부가 외국의 기술을 도입하는 것
4 제조회사가 노력해서 풍력발전을 보급시키는 것

정답 2

어휘 専門家 전문가 | 風力発電 풍력발전 | 巨大 거대 | 風車 풍차 | 修理 수리 | 壊れる 부서지다, 고장나다 | 技術 기술 | 普及 보급 | メーカー(Maker) 메이커, 제조업체 | 政府 정부 | 補助金 보조금 | 競争 경쟁

해설 일본의 풍력 발전에 있어 무엇이 가장 필요한가?
풍력발전은 풍차를 돌려 전기를 만드는 것이며 일본은 기술은 있지만, 보급되어 있지 않아 만들어도 팔 곳이 없음 → 정부가 보조금을 내서 풍력 발전을 보급하고 회사를 육성하는 것이 가장 필요하다고 말함 ⇒「一番必要なこと」란 말이 문장의 앞이 아닌 뒤쪽에 도치되어 나오는 경우가 많으므로 주의!

問題3 ▶ 개요이해

내용 전체를 듣고 화자의 의도나 주장을 이해하는 문제로 처음에 문제가 나오지 않는다. 내용 형식은 주로 한 사람이 말하는 형식(부재중 전화 녹음, 텔레비전 아나운서가 말하는 장면 등)이 중심이다.

> 상황설명을 듣는다 ➡ 본문(주로 혼자 말하는 내용)을 듣는다
> ➡ 문제를 듣는다 ➡ 선택지를 듣고 정답을 고른다

본문을 듣기 전에는 문제를 모르는 상태이고, 문제가 음성으로 한 번 만 제시되기 때문에 문제의 난이도가 훨씬 높아진다.

포인트

포인트를 좁혀서 들으려고 하지 말고 전체적인 흐름을 생각하면서 대강의 요점을 파악한다. 질문의 형태는 크게 두 가지로 볼 수 있다. 하나는 이야기의 주제(theme)이고 또 하나는 말하는 이의 의견(opinion)이나 주장이다. 〈問題3〉에서는 내용 전체를 요약할 줄 알아야 하며 추상적인 주제가 많은 만큼 모르는 단어도 많아지고, 한 문장의 길이도 길어져 세세한 것까지는 의미를 모른다고 해도 전체적인 의미는 파악할 수 있어야 한다.

학습요령

선택지가 음성으로만 나오기 때문에 내용을 들으면서 꼭 메모를 해야 한다. 화자의 주장이나 의견이면 찬성 또는 반대, 긍정 또는 부정이냐를 파악해야 하고 대부분 결론이 후반부에 나오기 때문에 후반부에 나왔던 표현이 나오는 선택지가 정답 일 가능성이 많다. 그리고 이야기의 주제나 내용을 묻는 것이면 구체적인 숫자나 고유명사를 신경 쓰지 말고 이야기의 큰 줄거리를 메모하면 된다.

問題3 問題3では、問題用紙に何も印刷されていません。この問題は、全体としてどんな内容かを聞く問題です。話の前に質問はありません。まず話を聞いてください。それから、質問とせんたくしを聞いて、1から4の中から、最もよいものを一つ選んでください。

49~51

— メモ —

問題3 問題3では、問題用紙に何も印刷されていません。この問題は、全体としてどんな内容かを聞く問題です。話の前に質問はありません。まず話を聞いてください。それから、質問とせんたくしを聞いて、1から4の中から、最もよいものを一つ選んでください。

 52~57

— メモ —

問題3 問題3では、問題用紙に何も印刷されていません。この問題は、全体としてどんな内容かを聞く問題です。話の前に質問はありません。まず話を聞いてください。それから、質問とせんたくしを聞いて、1から4の中から、最もよいものを一つ選んでください。

 58~63

― メモ ―

확인문제 1

문제3. 문제3에서는 문제지에 아무것도 인쇄되어 있지 않습니다. 이 문제는 전체적으로 어떤 내용인가를 묻는 문제입니다. 이야기 전에 질문은 없습니다. 우선 이야기를 들으세요. 그리고 질문과 선택지를 듣고, 1~4 중에서 가장 적당한 것을 하나 고르세요.

1 ◎ 49

テレビで専門家が話しています。

男　今、果物に異変が起きています。今年は、例年より2倍近くも大きいものが見られるようになりました。なぜ果物のサイズがこのように変化したかといいますと、それは地球の温暖化と関係があると言われています。果物は農作物の中でも最も気温差に敏感であるため、温度変化の影響を受けやすいのです。果物はまず暖かくなってから花が咲き、暑い時期に実を太らせ、寒くなる頃赤や黄色に色づき、十分に気温が下がってから収穫されます。ところが、近年では、通常より早くから花が咲き、そして秋を過ぎてもなかなか寒くならないために、成長期間がのびて実が巨大化すると考えられます。

専門家の話のテーマは何ですか。
1 果物と季節との関係
2 果物を大きくする方法
3 果物が収穫されるまでの過程
4 温暖化が果物に与える影響

텔레비전에서 전문가가 이야기하고 있습니다.

남　지금 과일에 이변이 일어나고 있습니다. 올해는 작년보다 2배 가까이 큰 것을 볼 수 있게 되었습니다. 왜 과일의 사이즈가 이처럼 변화한 것인가 하면, 그것은 지구의 온난화와 관계가 있다고 합니다. 과일은 농작물 중에서도 가장 기온 차에 민감하기 때문에 온도변화의 영향을 받기 쉽습니다. 과일은 우선 따뜻해진 후부터 꽃이 피고, 더운 시기에 열매가 커져, 추워질 때쯤 빨갛거나 노란 색으로 물들어 충분히 기온이 떨어진 후에 수확됩니다. 하지만, 최근에는 통상보다 빨리 꽃이 피고 그리고 가을이 지나서도 좀처럼 추워지지 않기 때문에 성장 기간이 늘어나 열매가 거대화된다고 생각됩니다.

전문가의 이야기 테마는 무엇입니까?
1 과일과 계절과의 관계
2 과일을 크게 하는 방법
3 과일이 수확되기까지의 과정
4 온난화가 과일에 끼치는 영향

정답 4

2 ◎ 50

大学の先生が、自然科学について話しています。

男　私の専門は、自然科学の研究ですが、最近は、歴史などの社会科学についても研究を始めました。そんな私ですが、自然科学の勉強は、理科系の人だけでなく、どんな分野に進む人にも必要だと言いたいのです。たとえ、どんな生き方をするようになろうと、「本当のことと間違ったことを見分ける能力」が必要になることは間違いないのです。自然科学も、まだまだ不完全ですが、他に比べれば、ずっと納得しやすい分野です。だから、基礎をきちんと学んで、身につけるといいと思うのです。

先生が言いたいのはどのようなことですか。
1 多くの人たちに歴史を研究してほしい。
2 多くの人たちに社会科学を知ってもらいたい。
3 多くの人たちに自然科学を学んでほしい。
4 多くの人たちに勉強が好きになってもらいたい。

대학 교수가 자연과학에 대해서 이야기하고 있습니다.

남　제 전공은 자연과학 연구이지만, 최근에는 역사 등의 사회과학에 대해서도 연구를 시작했습니다. 그런 저 이지만 자연과학의 공부는 이과계의 사람뿐 아니라, 어떤 분야로 나갈 사람에게든 필요하다고 말하고 싶습니다. 설령 어떻게 살아가게 되든, '진짜와 틀린 것을 구분하는 능력'이 필요해지는 것은 틀림없습니다. 자연 과학도 여전히 불완전하지만 다른 것에 비하면 훨씬 납득하기 쉬운 분야입니다. 그러니 기초를 잘 배워서 익히면 좋을 것이라 생각합니다.

교수가 말하고 싶은 것은 어떤 것입니까?
1 많은 사람들이 역사를 연구했으면 한다.
2 많은 사람들이 사회과학을 알았으면 한다.
3 많은 사람들이 자연과학을 공부했으면 한다.
4 많은 사람들이 공부를 좋아하게 되었으면 한다.

정답 3

3 ◎51

男の人が、言葉について話しています。

男 言葉というものは、文化である前に、まず、生きていくための道具であります。だから、実際のところ、相手に通じればいいのです。例えば、海でおぼれているときに文法を気にして何も言えなければ、助かりません。大声で叫べばいいのです。病気のときは、痛いところを指で指し示す。そして、知ってる単語を並べれば、それでいい。なにも、完璧を目指すことはないのです。

男の人は、どう考えていますか。
1 言葉は、心の叫びである。
2 言葉は、単語を並べたものである。
3 言葉は、相手に通じることが大事だ。
4 言葉は、なるべく正しく使った方がいい。

정답 3

남자가 말에 대해서 이야기하고 있습니다.

남 말이라는 것은 문화이기 전에 우선 살아가기 위한 도구입니다. 따라서 실제로 상대에게 통하면 되는 것입니다. 예를 들어 물에 빠졌을 때 문법을 신경 써서 아무 말도 못하면 살 수 없습니다. 큰소리로 외치면 되는 것입니다. 병에 걸렸을 때는 아픈 곳을 손가락으로 가리킵니다. 그리고 알고 있는 단어를 나열하면 그것으로 됩니다. 특별히 완벽을 지향할 필요는 없습니다.

남자는 어떻게 생각하고 있습니까?
1 말은 마음의 외침이다.
2 말은 단어를 나열하는 것이다.
3 말은 상대방에게 통하는 것이 중요하다.
4 말은 가능한 한 정확하게 사용하는 것이 좋다.

확인문제 2

문제3. 문제3에서는 문제지에 아무것도 인쇄되어 있지 않습니다. 이 문제는 전체적으로 어떤 내용인가를 묻는 문제입니다. 이야기 전에 질문은 없습니다. 우선 이야기를 들으세요. 그리고 질문과 선택지를 듣고, 1~4 중에서 가장 적당한 것을 하나 고르세요.

1 ◎52

大学の先生が話しています。

男 では、特別講義の内容について、簡単に説明します。「人間は社会的な動物だ」と言われますが、これは私たちが日ごろの生活において、多くの人と接し、関係を持っているということです。この、人間が相互に影響を与える現象、つまり私たち人間が引き起こすさまざまな社会的行動は、どのようにして起こるのか。そのメカニズムに迫ります。具体的には、流行やブームはなぜ起こるのか、とか、第一印象は何で決まるのか、とか、集団や組織におけるリーダーとはどんな人か？それから、男女が恋に落ちる条件とは？などなど、幅広い問題について考察していきます。

この講義のテーマは何ですか。
1 人間と動物の共通点
2 リーダーたちの共通点
3 人間の社会行動のメカニズム
4 恋愛のメカニズム

대학 교수가 이야기하고 있습니다.

남 그럼, 특별 강의 내용에 대해서 간단하게 설명하겠습니다. '인간은 사회적 동물이다'라고 하는데, 이것은 우리가 평소 생활에서 많은 사람과 접하고 관계를 맺고 있다는 것입니다. 이러한 인간이 서로 영향을 주는 현상, 즉 우리 인간이 일으키는 여러 가지 사회적 행동은 어떻게 해서 일어나는 것인가? 그 메커니즘에 다가갑니다. 구체적으로는 유행이나 붐은 왜 일어나는 것인가, 첫인상은 무엇으로 결정되는 것인가, 집단이나 조직에 있어서 리더란 어떤 사람인가? 그리고 남녀가 사랑에 빠지는 조건이란? 등등, 폭넓은 문제에 대해서 고찰해 가겠습니다.

이 강의의 테마는 무엇입니까?
1 인간과 동물의 공통점
2 리더들의 공통점
3 인간의 사회행동의 메커니즘
4 연애의 메커니즘

정답 3

어휘 特別 특별 | 講義 강의 | 日ごろ 평소 | 接する 접하다 | 関係 관계 | 相互 상호 | 影響 영향 | 与える 주다 | 現象 현상 | 引き起こす 일으키다 | 行動 행동 | メカニズム(mechanism) 메커니즘, 구조 | 具体的 구체적 | 流行 유행 | ブーム(boom) 붐 | 第一印象 첫인상 | 集団 집단 | 組織 조직 | リーダー(leader) 리더, 지도자 | 条件 조건 | 幅広い 폭 넓다 | 考察 고찰

해설 강의 내용 설명 → '인간은 사회적 동물이다' → 우리는 평소 많은 사람과 접하며 상호 작용을 함 → 인간의 사회적 행동은 어떻게 일어나는가 메커니즘에 다가감 → 구체적으로는 유행, 붐, 첫인상의 결정, 어떤 사람이 리더인가, 사랑에 빠지는 조건 등, 따라서 강의 테마는 인간은 사회적 동물 → 사회적 행동 → 메커니즘으로 정리된다.

2 ◎ 53

政治家が景気対策について話しています。

男 えー、景気回復のためにはいろいろな対策が考えられますが、空港やダムを作るといったいわゆる公共事業では、もはや効果が望めなくなっています。もちろん必要な道路工事などの公共事業を今すぐ中止しろとは言いませんが、景気に新たな刺激を与えるとは、私は思いません。それよりも、現在のような経済状況では、個人消費を刺激することの方が大事で、たとえば、ハイブリッドや電気自動車のように、環境にやさしい車の税金を減らしたことは非常に効果的であったと思います。購入価格が安くなったことでエコカーの売れ行きは伸びていますし、自動車産業も活気を取り戻しています。

男の人は、どのような景気対策がいいと考えていますか。
1 自動車産業を育てること
2 税金をなくすこと
3 個人消費を刺激すること
4 公共事業を増やすこと

정치가가 경기대책에 대해서 이야기하고 있습니다.

남 음~, 경기회복을 위해서는 여러 가지 대책을 생각할 수 있습니다만, 공항이나 댐을 만드는 것과 같은 이른바 공공사업으로는 이젠 효과를 바랄 수 없게 되었습니다. 물론 필요한 도로공사 등의 공공사업을 지금 바로 중지하라는 건 아니지만, 경기에 새로운 자극을 주리라고는 저는 생각하지 않습니다. 그것보다도 현재와 같은 경제 상황으로는 개인 소비를 자극하는 일 쪽이 중요하고, 예를 들면 하이브리드나 전기 자동차같이 친환경적인 차의 세금을 줄인 일은 굉장히 효과적이었다고 생각합니다. 구입 가격이 싸져서 에코카의 팔림새는 증가하고 있고 자동차 산업도 활기를 되찾고 있습니다.

남자는 어떠한 경기 대책이 좋다고 생각하고 있습니까?
1 자동차 산업을 육성하는 일
2 세금을 없애는 일
3 개인 소비를 자극하는 일
4 공공사업을 늘리는 일

정답 3

어휘 景気 경기 | 回復 회복 | 対策 대책 | 空港 공항 | ダム(dam) 댐 | いわゆる 소위, 이른바 | 公共 공공 | 事業 사업 | もはや 벌써, 이미 | 効果 효과 | 望む 바라다, 기대하다 | 経済 경제 | 状況 상황 | 個人 개인 | 消費 소비 | 刺激 자극 | ハイブリッド(hybrid) 하이브리드 | 環境 환경 | 税金 세금 | 減らす 줄이다 | 非常に 대단히 | 購入 구입 | 価格 가격 | 売れ行き 팔림새 | 産業 산업 | 活気 활기 | 取り戻す 되찾다 | エコカー(eco car) 환경을 생각하는 차

해설 경기회복을 위해서는 공공사업으로는 효과를 바랄 수 없다 → 그것보다도 현재 같은 경제 상황에서는 개인 소비를 자극하는 일이 중요 → 환경친화적인 차의 세금을 줄인 것은 효과적이었고 에코카의 팔림새가 증가해 자동차 산업이 활기를 되찾고 있다는 예를 들면서 경기 대책으로 좋은 것은 개인 소비를 자극하는 것이라고 말하고 있다(내용 중 ～それよりも、～大事で、～効果的であった라는 문구를 사용해 강조).

3 ◎54

女の人が、話しています。

女 「朝バナナダイエット」っていうのを聞いたことがあると思いますが、これは朝食にバナナを食べて、食後に水を飲むというものなんですが、効果がある、効果はない、と賛否両論あるようです。朝、バナナを食べるだけで痩せられるなら、それに越したことはないのですが、ダイエットの効果は、人それぞれのようです。ただ、バナナそのものに脂肪を燃焼させて体重を減らす作用はありません。ですから、太っている人が朝ご飯をバナナだけで済ませば、体重は減るかもしれませんが、それがバナナのおかげかと言えば、それは疑問だと言うしかありません。

女の人は、どう考えていますか。
1 バナナはダイエットにとてもいい。
2 バナナはダイエットにかえってよくない。
3 バナナはダイエットにいいとは言えない。
4 朝、バナナを食べるのは健康にいい。

여자가 이야기하고 있습니다.

여 '아침 바나나 다이어트'라는 것을 들은 적이 있을 텐데요. 이것은 아침 식사로 바나나를 먹고 식후에 물을 마시는 것인데, 효과가 있다, 효과가 없다는 찬반양론이 있는 것 같습니다. 아침에 바나나를 먹는 것만으로 살이 빠질 수 있다면 그보다 좋을 순 없겠지만, 다이어트의 효과는 사람 각각 나름인 것 같습니다. 그저 바나나 그 자체에 지방을 연소시켜서 체중을 줄이는 작용은 없습니다. 그래서 살찐 사람이 아침밥을 바나나만으로 때우면 체중은 줄지 모르겠지만, 그것이 바나나 덕분이라고 말한다면, 그것은 의문이라고 할 수밖에 없습니다.

여자는 어떻게 생각하고 있습니까?
1 바나나는 다이어트에 아주 좋다.
2 바나나는 다이어트에 오히려 좋지 않다.
3 바나나는 다이어트에 좋다고는 할 수 없다.
4 아침에 바나나를 먹는 것은 건강에 좋다.

정답 3

어휘 ダイエット(diet) 다이어트 | 食後(しょくご) 식후 | 朝食(ちょうしょく) 조식, 아침 식사 | 効果(こうか) 효과 | 賛否両論(さんぴりょうろん) 찬반 양론 | 痩(や)せる 살이 빠지다 | 脂肪(しぼう) 지방 | 燃焼(ねんしょう) 연소 | 体重(たいじゅう) 체중 | 作用(さよう) 작용 | 済(す)ます 끝내다, 때우다, 해결하다 | 疑問(ぎもん) 의문 | ～に越(こ)したことはない ～하는 편이 좋다, ～보다 좋을 수는 없다

해설 아침 바나나 다이어트에 대한 찬반양론이 있음 → 효과는 사람마다 다름 → 바나나에 지방 연소의 효과는 없음 → 아침을 바나나로 때우면 체중이 줄지도 모르나 바나나 덕분인지는 모르겠다며 여자는 바나나 다이어트에 의문을 가지고 있다.

4 ◎55

男の人が話しています。

男 今日、私がお勧めしたいのはこの一冊です。第1章では、南米の森に住むミミナガザルの話が出てくるんですが、このサルは耳が大きく、オスは発情期になると、この耳が赤くなるんです。オスは気に入ったメスに、自分の耳の赤さをアピールして近づきます。第2章ではトリの例を紹介しています。北アフリカに住むキイロカンムリドリのオスは、恋の季節になると巣をつくり、その巣の周りを黄色い花で飾る習性があります。黄色い花をたくさん飾って巣を魅力的に見せ、メスを誘うわけですね。この本では、このようにさまざまな動物たちが異性をひきつけるために見せる面白い習性を紹介しています。

この本は、どのようなことについて書かれた本ですか。
1 猿と鳥の習性
2 猿と鳥の魅力

남자가 이야기하고 있습니다.

남 오늘 제가 추천하고 싶은 것은 이 한 권입니다. 제 1장에서는 남미 숲에 사는 미미나가 원숭이의 이야기가 나오는 건데요. 이 원숭이는 귀가 크고 수컷은 발정기가 되면 이 귀가 빨개집니다. 수컷은 마음에 드는 암컷에게 자신의 빨간 귀를 어필하며 접근합니다. 제 2장에서는 새에 대한 예를 소개하고 있습니다. 북아프리카에 사는 노랑머리 새의 수컷은 사랑의 계절이 되면 둥지를 만들어 그 둥지의 주변을 노란색 꽃으로 장식하는 습성이 있습니다. 노란색 꽃을 많이 장식해서 둥지를 매력적으로 보여서 암컷을 유혹하는 것입니다. 이 책에서는 이처럼 여러 가지 동물들이 이성을 매혹하기 위해 보이는 재미있는 습성을 소개하고 있습니다.

이 책은 어떠한 것에 대해서 쓰인 책입니까?
1 원숭이와 새의 습성
2 원숭이와 새의 매력

3 動物のオスとメス | 3 동물의 수컷과 암컷
4 動物の求愛行動 | 4 동물의 구애 행동

정답 4

어휘 勧める 권(유)하다 | 一冊 한 권 | 南米 남미 | 森 숲 | サル 원숭이 | オス 수컷 | 発情期 발정기 | 気に入る 마음에 들다 | メス 암컷 | アピール(appeal) 어필, 호소 | 近づく 접근하다 | トリ 새 | 例 예 | 紹介 소개 | 恋 사랑 | キイロカンムリドリ 노랑머리새 | 季節 계절 | 巣 둥지 | 周り 주변 | 黄色い花 노란색 꽃 | 飾る 장식하다 | 習性 습성 | 魅力的 매력적 | 誘う 권유하다, 유혹하다 | 動物 동물 | 異性 이성 | ひきつける 마음을 끌다, 매혹하다

해설 책의 제1장에서는 수컷 원숭이가 암컷에게 접근하는 방법이, 제2장에서는 수컷 새가 암컷을 유혹하는 방법이 나와 있고 남자가 이 책에서는 동물들이 이성을 매혹하기 위한 습성을 소개한다고 했다. 즉 동물의 이성을 매혹하기 위한 습성, 동물의 구애 행동에 대해 쓰인 책이다.

5 ◎ 56

女の人が話しています。

女 来年から全国の中学3年生を対象に国語と数学の学力を調査する学力テストが行われることになり、今その実施方法やそもそもテストを行うべきかどうかを巡ってさまざまな議論が起こっています。学力差が全国規模で数字となって確認できるのはいいといった賛成意見もありますし、テストにかかる莫大な費用を学校設備の拡充に回すべきだといった反対意見もあります。わたしもそんなお金があれば、学校の設備をもっとよくしてほしいとも思いますが、テストというものは、生徒の学力ばかりでなく先生方の指導力も測ることができるという意味で、実施を歓迎したいと思っています。

女の人は学力テストについてどう考えていますか。
1 賛成でも反対でもない。
2 どちらかといえば賛成だ。
3 どちらかといえば反対だ。
4 全面的に賛成だ。

여자가 이야기하고 있습니다.

여 내년부터 전국의 중학교 3학년생을 대상으로 국어와 수학 학력을 조사하는 학력 테스트를 시행하게 되어 현재 그 시행 방법이나 애초부터 테스트를 시행해야 하는지 아닌지를 둘러싸고 여러 가지 논의가 벌어지고 있습니다. 학력차를 전국 규모로, 숫자로 확인할 수 있는 것은 좋다는 찬성 의견도 있고, 테스트에 드는 막대한 비용을 학교 설비의 확충으로 돌려야 한다는 반대 의견도 있습니다. 저도 그러한 돈이 있다면 학교 설비를 좀 더 좋게 하길 바라지만, 테스트라는 것은 학생의 학력뿐만 아니라 선생님의 지도력도 가늠할 수 있다는 의미에서 시행을 환영하고 싶습니다.

여자는 학력 테스트에 관해서 어떻게 생각하고 있습니까?
1 찬성도 반대도 아니다.
2 어느 쪽인가 하면 찬성이다.
3 어느 쪽인가 하면 반대이다.
4 전면적으로 찬성이다.

정답 2

어휘 全国 전국 | 対象 대상 | 国語 국어 | 数学 수학 | 学力 학력 | 調査 조사 | 実施 시행, 실시 | 方法 방법 | そもそも 도대체 | ～巡って ~을 둘러싸고 | 議論 논의, 의론 | 規模 규모 | 数字 숫자 | 確認 확인 | 賛成 찬성 | 意見 의견 | 莫大 막대 | 費用 비용 | 設備 설비 | 拡充 확충 | 反対 반대 | 生徒 학생 | 指導力 지도력 | 測る 헤아리다, 가늠하다 | 歓迎 환영

해설 내년부터 전국 중학교 3학년생을 대상으로 학력 테스트를 시행 → 그것을 둘러싸고 찬반 의견이 있음 → 화자는 테스트에 드는 돈으로 학교 설비를 좋게 하는 것도 좋지만, 학생의 학력뿐만이 아닌 선생님의 지도력도 가늠할 수 있어 테스트 시행을 환영한다고 함. 중간에 학교 설비 확충도 바란다는 점에선 약간의 반대 의견도 말했지만, 결국 마지막에 시행을 환영한다는 말에서 찬성 쪽임을 알 수 있다.

6 ◎57

大学の先生が話しています。

男 えー、それでは今日は人工知能の問題について考えてみることにします。人工知能とは人間のように振舞う、あるいは人間の知的活動を助けるコンピューターのことを言いますが、人工知能は近年どんどん進化をして、ますます人間に近づいてきています。そのうち、何かを聞くとあらゆることを教えてくれ、あらゆることもアドバイスしてくれる人工知能が登場するかもしれません。ただ、ここで気をつけたいのは、何でも人工知能に代わりをやってもらおうとすると、人間の脳が退化してしまう恐れがあるということです。現在でもわれわれは、昔に比べて計算能力や記憶能力が弱くなってしまっています。そこで、今日の授業では人間の脳を退化させずに、人間ができないことを助けてくれる人工知能について、その望ましい研究開発の方向について考えてみたいと思います。

この授業でとりあげる内容はどのようなことですか。
1 人工知能の退化
2 人工知能を開発する必要性
3 人工知能を開発するときの課題
4 人工知能と人間の脳の違い

대학 교수가 이야기하고 있습니다.

남 음~, 그러면 오늘은 인공지능의 문제에 관해서 생각해 보기로 하겠습니다. 인공지능이란, 인간처럼 행동하는 혹은 인간의 지적 활동을 돕는 컴퓨터를 말하지만, 인공지능은 요 몇 년간 계속 진화를 해서 점점 인간에 가까워졌습니다. 머지않아 무언가를 물으면 그에 대한 모든 것을 가르쳐 주고, 무엇이든 충고해 주는 인공지능이 등장할지도 모르겠습니다. 단지 여기서 주의해야 하는 것은 무엇이든 인공지능이 대신해 주면 인간의 뇌가 퇴화해 버릴 우려가 있다는 겁니다. 현재에도 우리는 예전에 비해 계산능력이나 기억능력이 약해져 있습니다. 그래서 오늘 수업에서는 인간의 뇌를 퇴화시키지 않고 인간이 할 수 없는 일을 도와주는 인공지능에 관해서, 그 바람직한 연구개발 방향에 관해서 생각해 보고자 합니다.

이 수업에서 다루는 내용은 어떠한 것입니까?
1 인공지능의 퇴화
2 인공지능을 개발할 필요성
3 인공지능을 개발할 때의 과제
4 인공지능과 인간의 뇌의 차이

정답 3

어휘 人工知能 인공지능 | 振舞う 행동하다 | 知的活動 지적 활동 | どんどん 자꾸, 계속, 척척 | 進化 진화 | 近づく 접근하다 | あらゆる 모든, 온갖 | アドバイス(advice) 충고, 조언 | 登場 등장 | 脳 뇌 | 退化 퇴화 | ~の恐れがある ~할 우려가 있다 | 計算能力 계산능력 | 記憶能力 기억능력 | 望ましい 바람직하다 | 研究開発 연구개발 | 方向 방향

해설 인공지능이 진화해서 인간에 가까워짐 → 뭐든 인공지능이 대신하면 인간의 뇌는 퇴화 → 인간의 뇌를 퇴화시키지 않고 인간을 도와주는 인공지능의 바람직한 연구개발 방향에 대해 생각해 보고 싶음. 즉 개발할 때의 과제에 대해 말하고 있다.

확인문제 3

문제3. 문제3에서는 문제지에 아무것도 인쇄되어 있지 않습니다. 이 문제는 전체적으로 어떤 내용인가를 묻는 문제입니다. 이야기 전에 질문은 없습니다. 우선 이야기를 들으세요. 그리고 질문과 선택지를 듣고, 1~4 중에서 가장 적당한 것을 하나 고르세요.

1 ◎58

女の人が電話で友達に、ある読書サークルについて話しています。

女 あのね、こないだネットで見つけたんだけど、おもしろい読書サークルがあるのよ。あなたも入らない?あのね、前もって会員たちで読む本を決めて、参加者を募って、週末に

여자가 전화로 친구에게 어느 독서 서클에 관해서 이야기하고 있습니다.

여 저기 있지, 얼마 전에 인터넷에서 찾았는데 재미있는 독서 서클이 있어. 너도 가입할래? 사전에 회원들끼리 읽을 책을 정하고 참가자를 모집해서 주말에 모이는데, 매회 50명 정

集まるんだけど、毎回５０人ぐらい集まるんだって。５０人ってすごいでしょ。で、１０人ぐらいのグループに分かれて討論するんだって。私、本買っただけで机の上に置きっぱなしってことよくあるから、読書サークルに入って、期限ができれば頑張って読むことになるし。人と話すことで作品に対する理解も深まるし、いいんじゃないかなあって思ってるのよ。でも全然知らない人に会うのってちょっと恐いし、勇気要るでしょ？だから。

女の人はこの読書サークルについてどう思っていますか。
1 あまり入りたくない
2 もう一度よく考えてから入りたい
3 今すぐに入りたい
4 友達と一緒になら入りたい

도 모인대. 50명이라니, 대단하지? 10명 정도의 그룹으로 나눠서 토론한다고 해. 난 책은 사기만 하고 책상에 방치하는 일이 많으니까, 독서 서클에 들어가서 기한이 생기면 열심히 읽게 될 거고, 다른 사람과 이야기함으로써 작품에 대한 이해도 깊어지고 좋지 않을까 생각해. 하지만 전혀 모르는 사람을 만나는 게 조금 겁나기도 하고, 용기가 필요하겠지? 그래서….

여자는 이 독서 서클에 대해서 어떻게 생각하고 있습니까?
1 그다지 들고 싶지 않다
2 한 번 더 생각해 보고 나서 들고 싶다
3 지금 당장 들고 싶다
4 친구와 함께라면 들고 싶다

정답 4

어휘 読書 독서 | サークル(circle) 서클, 동호회 | 前もって 미리, 사전에 | 会員 회원 | 参加 참가 | 募る 모집하다, 모으다 | 討論 토론 | ～っぱなし ～인 채로 쭉 | 頑張る 분발하다, 노력하다 | 作品 작품 | 理解 이해 | 深まる 깊어지다 | 勇気 용기

해설 독서 서클에 대한 여자의 생각!
여자는 독서 서클에 친구에게 가입을 권하고 있음→ 자신은 책을 사서 방치해 둘 때가 많아서 여기에 가입하면 책을 읽게 되고 작품의 이해도 깊어져서 좋을 거라고 함 → 그러나 낯선 사람을 만나는 게 겁나고 용기가 필요할 거라고 함 → 그 말에 이에 '그래서～'라는 말을 한 건 결국, 함께 들었음 좋겠다는 뜻이 된다(4번) ⇒ 이야기의 흐름을 필기해 둘 것!

2 (◎)59

講演会で女の人が、話しています。

女 今、子どもの火遊びによる火災が問題になっています。その原因の多くが使い捨てライターによるもので、子どもが死亡するケースも多く、国が対策を急いでいます。使い捨てライターの中には、マンガのキャラクターが印刷されたものやライトがつくおもちゃのようなものも販売されていますが、これまで特に国の規制はありませんでした。外国では子どもが簡単に火をつけられないような構造ものが普及しており、日本でも同様の商品が販売されていますが、価格が高いため売れ行きはよくないということです。ただ、子どもにとって使いづらいものは、お年寄りや体の不自由な人にも使いづらいものとなりますから、この点には工夫が必要となりそうです。

女の人は使い捨てライターのどんな点が問題だと言っていますか。
1 簡単に火がつけられること
2 外国に比べて値段が高いこと
3 デザインが悪いこと
4 お年寄りが使いづらいこと

강연회에서 여자가 이야기하고 있습니다.

여 요즘, 아이들의 불장난으로 말미암은 화재가 문제되고 있습니다. 그 원인의 대부분이 일회용 라이터에 의한 것으로 아이가 사망하는 경우도 많아서 국가가 대책을 서두르고 있습니다. 일회용 라이터 중에는 만화 캐릭터가 인쇄된 것이나 불이 켜지는 장난감 같은 라이터도 판매되고 있습니다만, 지금까지 특별히 국가의 규제는 없었습니다. 외국에서는 아이가 쉽게 불을 붙일 수 없는 구조의 라이터가 보급되고 있고, 일본에서도 같은 상품이 판매되고 있습니다만, 가격이 비싸기 때문에 잘 팔리지 않는다고 합니다. 단, 아이가 사용하기 힘든 것은 노인이나 몸이 불편한 사람도 사용하기 힘들기 때문에 이 부분에서는 연구가 필요할 것 같습니다.

여자는 일회용 라이터의 어떤 점이 문제라고 말하고 있습니까?
1 간단히 불을 붙일 수 있는 것
2 외국에 비해 값이 비싼 것
3 디자인이 나쁜 것
4 노인이 사용하기 힘든 것

정답 1

어휘 講演会 강연회 | 火遊び 불장난 | 火災 화재 | 原因 원인 | 使い捨て 일회용 | ライター(lighter) 라이터 | 死亡 사망 | 対策 대책 | キャラクター(character) 캐릭터, 성격 | 印刷 인쇄 | 販売 판매 | 規制 규제 | 構造 구조 | 普及 보급 | 同様 같음 | 商品 상품 | 価格 가격 | 売れ行き 팔림새(팔리는 상태) | お年寄り 노인 | 不自由 부자유

해설 일회용 라이터의 문제점!
아이들의 불장난에 의한 화재가 문제 → 대부분의 원인이 일회용 라이터→ 일회용 라이터 중에는 만화캐릭터가 인쇄되어 있거나 불이 켜지는 장난감 같은 것도 판매되고 있으나 특별히 국가의 규제가 없음 → 외국의 경우는 아이가 쉽게 불을 붙일 수 없는 라이터가 보급되고 있지만, 일본에서는 비싸서 잘 팔리지 않음 → 아이가 사용하기 힘든 것은 노인이나 몸이 불편한 사람도 사용하기 어려우므로 연구가 필요 ⇒ 즉, 지금의 라이터는 쉽게 불을 붙일 수 있는 것이 문제

3　◎ 60

男の人が映画について話しています。

男　ゆうべテレビでおもしろい映画見ちゃったよ。「目黒のさんま」っていう映画でさ、久しぶりに映画見て泣いちゃったよ。映画のあちこちに落語が出てきて、笑えるところもいっぱいあるんだけど。高校１年の男の子の話でさ、背がちっちゃくて、いつもみんなからいじめられてるから、お笑いやったら友達できるかもしれないって考えて、落語習いに行くんだよ。最初はいらいらするぐらい下手なんだけど、ある日、目の見えないおじいちゃんと出会って、それからどんどん上手くなるんだ。で、それと同時に変わってくるんだよ、その子の顔が。ラストシーンは胸に迫るよ〜。うわあ、人間、ここまで変われるんだって。涙出ちゃったよ。

男の人が見た映画はどんな映画だったと言っていますか。
1 落語のおもしろさを紹介する映画
2 おじいさんの目が見えなくなる悲しい映画
3 高校生とおじいさんの友情を描いた映画
4 一人の高校生が成長していく感動的な映画

남자가 영화에 대해서 이야기하고 있습니다.

남　어젯밤에 텔레비전에서 재미있는 영화를 봤어. '메구로의 꽁치'라는 영화인데, 오랜만에 영화보고 울어버렸어. 영화 여기저기에 라쿠고가 나와서 웃기는 부분은 많이 있었지만, 고등학교 1학년인 남자아이 이야기로, 키가 작아서 항상 모두에게 따돌림 당하니까 웃기는 이야기를 하면 친구가 생길지도 모른다고 생각해서 라쿠고를 배우러 가는 거야. 처음엔 짜증날 정도로 서툴렀지만, 어느 날, 눈이 보이지 않는 할아버지를 만나서 그 뒤로 실력이 쑥쑥 느는 거야. 그리고 그와 동시에 변하기 시작하는 거야. 그 아이의 얼굴이. 마지막 장면은 가슴에 복받치는 거야. 우와~ 사람이 이렇게까지 바뀔 수 있구나 하고. 눈물이 났어.

남자가 본 영화는 어떤 영화였다고 말합니까?
1 만담의 재미를 소개하는 영화
2 할아버지의 눈이 보이지 않게 되는 슬픈 영화
3 고등학생과 할아버지의 우정을 그린 영화
4 한 명의 고등학생이 성장해 가는 감동적인 영화

정답 4

어휘 目黒 메구로(지명) | さんま 꽁치 | 落語 한 사람이 역할을 나누어 연기를 하고 해학적인 이야기를 하며 특별한 비약을 가진 결말을 내는 만담[*漫才 두 사람이 익살스럽게 주고받는 재담] | お笑い 만담, 웃음거리 | 胸に迫る 가슴 속 깊이 느끼다

해설 남자가 본 영화의 내용 찾기!
남자는 영화를 보고 울었는데, 내용은 고교 1학년인 남자아이가 키가 작아서 따돌림을 당하자 친구를 만들기 위해 만담을 배우러 감 → 서툴던 실력이 맹인 할아버지를 만난 이후 점차 능숙해지면서 아이의 얼굴(표정)이 변화 되어가는 그 부분에서 남자는 감동을 받음 ⇒ 영화나 소설이 나오면 내용 중심으로 필기할 것!

テレビの番組で男のお医者さんと女性アナウンサーが話しています。

男 失礼ですが、田中さんの平熱は何度ぐらいですか。

女 そうですね。だいたい35度台だと思いますけれど。

男 それはちょっと注意が必要ですね。実はガン細胞が最も活発に活動するのが35度台だと言われているんです。

女 え?そうなんですか。

男 ええ。日本人の、特に女性には、平熱が35度台のいわゆる低体温の方が多いと言われているんですが、理想的な体温というのは36度5分から37度ぐらいなんですね。それよりも体温が1度下がると、体を病気から守ってくれる免疫力が3割も下がり、病気になる確率が高くなるんです。逆に体温が1度上がると、どうなると思いますか。

女 免疫力が3割上がるんでしょうか。

男 実はそれ以上で、5割から6割ぐらいアップします。風邪をひいたときなどに発熱するのは、そのためなんですね。

お医者さんは何について話していますか。

1 風邪と発熱の関係
2 ガン細胞と風邪の関係
3 体温と免疫力の関係
4 日本人女性の体温

텔레비전 프로그램에서 남자 의사와 여자 아나운서가 이야기하고 있습니다.

남 실례지만, 다나카 씨의 평상시 체온은 몇 도 정도입니까?

여 글쎄요. 대략 35도 대인 것 같은데요.

남 그렇다면 약간의 주의가 필요하겠네요. 실은 암세포가 가장 활발하게 활동하는 것이 35도 대라고 하거든요.

여 에? 그렇습니까?

남 예. 일본인, 특히 여성에게는 평상시 체온이 35도 대인 이른바 저체온인 분이 많다고 합니다만, 이상적 체온이라는 것은 36도 5분에서 37도 정도거든요. 그보다도 1도 내려가면 몸을 병으로부터 지켜주는 면역력이 30%나 내려가, 병에 걸릴 확률이 높아지게 되는 겁니다. 반대로, 체온이 1도 올라가면 어떻게 될 것 같습니까?

여 면역력이 30% 오르는 겁니까?

남 실은 그 이상으로 50~60% 정도 올라갑니다. 감기에 걸렸을 때 열이 나는 것은 그 때문인 겁니다.

의사는 무엇에 관해서 이야기하고 있습니까?

1 감기와 발열의 관계
2 암세포와 감기의 관계
3 체온과 면역력의 관계
4 일본인 여성의 체온

정답 3

어휘 番組 프로그램 | アナウンサー(announcer) 아나운서 | 平熱 평상시 체온 | 癌 암 | 細胞 세포 | 活発 활발 | いわゆる 이른바, 소위 | 低体温 저체온 | 理想的 이상적 | 免疫力 면역력 | 確率 확률 | 逆に 반대로 | 発熱 발열

해설 내용의 주제 찾기!
여자 아나운서의 평상시 체온이 35도라고 하자 남자 의사는 암세포가 활발하게 활동하는 온도이므로 주의가 필요하다고 한다. 이상적인 체온은 36도 5분에서 37도 정도, 그보다 낮아지면 면역력이 낮아져 병에 걸리기 쉽고 반대로 올라가면 면역력이 올라간다고 함 ⇒ 주제(테마)를 묻는 문제는 구체적인 것보다 전체적인 흐름이 중요

ある会合で男の人が話しています。

男 今、この地球からなくなりつつあるものは、野生動物や植物ばかりではありません。数千種類もあるという人間の言葉もどんどんなくなっています。世界各地のジャングルや山の奥地に暮らす人たちの言葉です。言葉は毎日の生活の中で、親や周りの大人たちが子供に話して伝えなければなりませんが、世界中で経済開発が進む中、未開部族や少数民族の共同体はどんどん姿を消しています。動物や植物と同じで、言葉は一度失われると取り戻すことは不可能になります。なんとかならないものかとは思いますが…。これが人間の文明の進歩というものなのでしょうかねえ。

어느 모임에서 남자가 이야기하고 있습니다.

남 지금, 이 지구에서 사라져 가는 것은 야생동물이나 식물만은 아닙니다. 수천 종류나 있다는 인간의 언어도 점점 사라지고 있습니다. 세계 각지의 정글이나 산속 오지에 사는 사람들의 언어입니다. 언어는 매일의 생활 속에서 부모나 주변의 어른들이 아이에게 말을 해서 전해야 하지만, 전 세계에서 경제 개발이 진행되는 가운데 미개 부족이나 소수민족의 공동체는 점점 모습을 감추고 있습니다. 동물이나 식물과 마찬가지로 언어는 한번 잃게 되면 되찾는 것은 불가능해집니다. 어떻게 할 수 없는 것일까 하고 생각하지만, 이것이 인간 문명의 진보라는 것이겠죠.

男の人は言葉がなくなることについてどう思っていますか。
1 そのうち何とかなると思っている
2 さびしいことだと思っている
3 当たり前だと思っている
4 くだらないと思っている

남자는 언어가 없어지는 것에 관해서 어떻게 생각하고 있습니까?
1 머지않아 어떻게든 될 거라고 생각하고 있다
2 섭섭한 일이라고 생각하고 있다
3 당연한 일이라고 생각하고 있다
4 시시하다고 생각하고 있다

정답 2

어휘 会合 회합, 집회, 모임 | 地球 지구 | ～つつある ～해 가고 있다 | 野生動物 야생 동물 | 植物 식물 | 種類 종류 | 世界各地 세계각지 | ジャングル(jungle) 정글, 밀림 | 奥地 오지 | 経済開発 경제개발 | 未開部族 미개부족 | 少数民族 소수민족 | 共同体 공동체 | 失う 잃다 | 取り戻す 되찾다, 회복하다 | 可能 가능 | 文明 문명 | 進歩 진보

해설 말이 없어지는 것에 대한 남자의 생각!
지구상에서 야생동물이나 식물만 사라져 가는 것이 아니라 인간의 언어도 사라지고 있음 (특히 오지에 사는 사람들의 언어가 그러함) → 언어는 생활 속에서 전해지는 것인데 경제개발과 함께 미개 부족과 소수민족이 사라지고 있으며 한번 잃게 된 말은 되찾기 힘듦 → 어떻게든 하고 싶지만, 이것이 인간 문명의 진보임 ⇒ 「なんとかならないものかとは思いますが」이란 대목에서 서운한 마음을 알 수 있다.

6 ◎ 63

講演会で大学の先生が話しています。

강연회에서 대학의 선생님이 이야기하고 있습니다.

男 えーみなさんは買い物のときに、「限定100個」とか「5割引」などという宣伝文句に惹かれて、思わぬものを買ってしまったということがおありではないでしょうか。私たちの消費は、いつも、常に理性的だとは限らないのです。はるか大昔から、人間は目の前においしそうな動物や木の実があるのを見つけると、毒があってもとにかくすぐに取ったり食べたりするのが、生存競争に勝つために必要なことでした。現在の我々の消費行動も、おいしそうなものに弱いのは昔と同じです。私は人間のこのような心理的な要因も取り入れた消費者行動論という、経営学の一分野の研究をしています。

남 에~여러분은 쇼핑할 때 '한정 100개'라든가 '50% 할인' 등의 선전 문구에 끌려서 생각지도 않은 것을 사버린 적이 있지 않으신가요? 우리들의 소비는 언제나, 늘 이성적이라고는 할 수 없습니다. 아득히 먼 옛날부터 인간은 눈앞에 맛있어 보이는 동물이나 나무 열매가 있는 걸 발견하면, 독이 있어도 일단 당장 따거나 먹거나 하는 것이 생존경쟁에 이기기 위해 필요한 것이었습니다. 현재의 우리들의 소비 행동도 맛있어 보이는 것에 약한 것은 옛날과 마찬가지입니다. 저는 인간의 이러한 심리적 요인까지 도입한 소비자 행동론이라는 경영학의 한 분야의 연구를 하고 있습니다.

この先生は何について研究をしていると言っていますか。
1 経営学の歴史
2 経営学全般
3 消費者のさまざまな行動
4 心理学と人間行動学

이 선생님은 무엇에 관해서 연구하고 있다고 합니까?
1 경영학의 역사
2 경영학 전반
3 소비자의 여러 가지 행동
4 심리학과 인간 행동학

정답 3

어휘 講演会 강연회 | 限定 한정 | 割引 할인 | 宣伝文句 선전문구 | 惹かれる (마음 등이) 끌리다 | 消費 소비 | 常に 항상, 늘 | 理性的 이성적 | 毒 독 | 生存競争 생존경쟁 | 勝つ 이기다 | 心理的 심리적 | 要因 요인 | 取り入れる 도입하다, 받아들이다 | 行動論 행동론 | 経営学 경영학 | 分野 분야 | 研究 연구

해설 연구내용 찾기!
선전문구에 끌려 생각지도 않은 것을 산 경험이 있듯이 우리의 소비는 늘 이성적이지 않음 → 옛날부터 인간은 맛있어 보이는 것을 우선 취하고 보며 이것은 생존경쟁에 이기기 위해 필요한 것 → 현재의 소비 행동도 옛날처럼 맛있는 것에 약한 것은 같으며 이러한 인간의 심리를 도입한 소비자 행동론이라는 경영학의 한 분야를 연구하고 있음.

問題4 즉시응답

문제유형 **즉시응답 (13 또는 14문항)**

2016년 2차 시험까지는 14문항이 출제되었지만, 2017년 1차 시험에서는 13문항으로 축소되었다.

> 짧은 문장의 말을 듣는다 ➡ 세 개의 선택지를 듣고, 정답을 고른다

포인트

짧은 시간에 문제가 끝나고 다음 문제로 바로 넘어가기 때문에, 정답에 확신이 안설 경우라도 미련 두지 말고 바로 다음 문제에 집중해야 한다. 그렇지 않으면 더 많은 문제를 놓치게 된다.

학습요령

이 문제는 짧은 문장을 듣고 적절한 응답을 찾으면 되는데 자신의 반사적인 직감을 믿고 정답이 1이라고 생각되면 2, 3은 듣지 않는 등 정답이라고 생각되는 것 이외의 것은 과감히 버리는 것도 한 방법이 될 수 있다.

직장 상사와 부하, 선생님과 학생, 부부나 친구 사이에 하는 짧은 대화가 많이 나오므로 평소 일상생활 장면에서 많이 쓰이는 말은 꼭 기억해 두는 것이 좋다.

問題4 問題4では、問題用紙に何も印刷されていません。まず文を聞いてください。それから、それに対する返事を聞いて、1から3の中から、最もよいものを一つ選んでください。

 **1~23** ◎ 64~86

― メモ ―

問題4　問題4では、問題用紙に何も印刷されていません。まず文を聞いてください。それから、それに対する返事を聞いて、1から3の中から、最もよいものを一つ選んでください。

― メモ ―

問題4 問題4では、問題用紙に何も印刷されていません。まず文を聞いてください。それから、それに対する返事を聞いて、1から3の中から、最もよいものを一つ選んでください。

1~14 ◎ 101~114

― メモ ―

확인문제 1

문제4. 문제 4에서는 문제지에 아무것도 인쇄되어 있지 않습니다. 먼저 문장을 들으세요. 그리고 그것에 대한 대답을 듣고, 1~3 중에서 가장 적당한 것을 하나 고르세요.

1 ◎ 64

男 もし、よかったら、いっしょに夕食でもいかがですか？
女 1 どうぞ、おかまいなく。そろそろ失礼しますので。
　　2 どうぞ、ごえんりょなく。冷めないうちに。
　　3 どうぞ、お気をつけて。行ってらっしゃい。

1　　　　　　　　　　　　　　　정답 1

남 혹시 괜찮다면 저녁식사 같이 어떠세요？
여 1 아무쪼록 개의치 마세요. 이제 그만 실례할게요.
　　2 아무쪼록 사양하지 마시고, 식기 전에 드세요.
　　3 아무쪼록 조심해서 다녀오세요.

2 ◎ 65

男 君の言ったとおり、とちゅうで雨にぬれちゃったよ。
女 1 いやな思いをさせて、ごめんなさい。
　　2 たまたま、予想が当たっただけですよ。
　　3 だから、傘を持って行った方がいいって言ったのに。

2　　　　　　　　　　　　　　　정답 3

남 네가 말한 대로 도중에 비에 젖어버렸어.
여 1 안 좋은 기분 들게 해서 미안해요.
　　2 우연히 예상이 들어맞은 것뿐이에요.
　　3 그러니까 우산 가지고 가는 편이 좋을 거라고 말한건데.

3 ◎ 66

男 悪いけど、机、動かすの、手伝ってくれる？
女 1 ほんとうに、悪いですね。
　　2 いえ、悪くないですよ。
　　3 はい、すぐ行きます。

3　　　　　　　　　　　　　　　정답 3

남 미안하지만 책상 옮기는 것 도와줄래？
여 1 정말 나쁘네요.
　　2 아니요 나쁘지 않아요.
　　3 네. 금방 갈게요.

4 ◎ 67

男 ほんと、田中さんの作る料理は、さすがですね。
女 1 いえ、それほどでも…
　　2 そんなにまずいですか？
　　3 ええ、まあまあです。

4　　　　　　　　　　　　　　　정답 1

남 정말 다나카 씨가 만든 요리는 역시 (맛있)네요.
여 1 아니요 그 정도는…
　　2 그렇게 맛없나요？
　　3 네, 그럭저럭이네요.

5 ◎ 68

女 だいじょうぶ？血が出てるんじゃない？
男 1 これぐらい、どうってことないよ。
　　2 どういたしまして。けっこうです。
　　3 おかげさまで、元気です。

5　　　　　　　　　　　　　　　정답 1

여 괜찮아？ 피 나는 것 아냐？
남 1 이 정도 아무것도 아냐.
　　2 천만에요. 괜찮습니다.
　　3 덕분에 건강합니다.

6 ◎ 69

女 車で行くのは、やめたら？まんいち、事故にあわないとも限らないから。
男 1 車がないと、不便だね。
　　2 そんなに心配しなくても、だいじょうぶだよ。
　　3 わかった。じゃあ、あいつに運転させるよ。

6　　　　　　　　　　　　　　　정답 2

여 차로 가는 것은 그만 두는 것이 어때？ 만에 하나, 사고가 나지 않는다고도 단정할 수 없잖아.
남 1 차가 없으면 불편하네.
　　2 그렇게 걱정하지 않아도 괜찮아.
　　3 알았어. 그럼 그 녀석에게 운전시킬게.

7 ◎ 70

男 写真を見ただけでは、何とも言えないね。
女 1 それなら、言わないほうがいいわね。

7　　　　　　　　　　　　　　　정답 2

남 사진을 본 것만으로는 뭐라고도 할 수 없네요.
여 1 그렇다면 말하지 않는 편이 좋네요.

2 本物を見てからでないとね。
3 口では表せないぐらい、すばらしいね。

8 ◎ 71

男 お手数ですが、明日の午前中に、再度、お電話をいただきたく存じます。
女 1 はい、お電話、待ってます。
　　2 いえ、何もあげられませんよ。
　　3 じゃあ、明日、午前中に。

9 ◎ 72

女 また、ここにゴミを捨てて行った人がいますよ。何とかなりませんかねえ。
男 1 ほんとうに、困ったもんですねえ。
　　2 いえ、私が捨てたのではありません。
　　3 いえ、何ともございません。

10 ◎ 73

男 調子悪そうだよ。一度、病院に行ってみたら?
女 1 おかげさまで。ちょっと忙しくて。
　　2 うん、ありがとう。そうしてみる。
　　3 どういたしまして。かまいません。

11 ◎ 74

女 早く寝なさいって、何度言ったらわかるの!
男 1 もう一回、言ってくれる?
　　2 はーい、ごめんなさい。
　　3 ごめん、よくわからないんだ。

12 ◎ 75

男 困ってるなら、相談してくれればよかったのに。
女 1 そうね。ほんとうによかったわ。
　　2 わかった。相談に乗るわよ。
　　3 でも、なかなか言い出せなくて…。

13 ◎ 76

男 ぼくが優秀だなんて、からかわないでくださいよ。
女 1 何、言ってるの。からかってなんかいないわよ。
　　2 やっぱり優秀じゃなかったのね。
　　3 どうして、優秀じゃないってわかったの?

14 ◎ 77

女 あ、田中くん、山田先生が、研究室に来るようにって、おっしゃってったわよ。
男 1 じゃあ、ちょっと行ってくるね。

---

2 실물을 보고 나서가 아니면….
3 말로는 표현할 수 없을 정도로 멋지네요.

8 　　　　　　　　　　　　　　　**정답** 3

남 수고를 끼쳐드립니다만, 내일 오전 중에 다시 한 번 전화 주셨으면 합니다.
여 1 네. 전화 기다리겠습니다.
　　2 아니요, 아무것도 줄 수 없습니다.
　　3 그럼 내일 오전 중에.

9 　　　　　　　　　　　　　　　**정답** 1

여 또 여기에 쓰레기를 버리고 간 사람이 있어요. 어떻게 안 될까요.
남 1 정말 곤란하네요.
　　2 아니요. 제가 버린 것은 아닙니다.
　　3 아니요. 아무렇지도 않습니다.

10 　　　　　　　　　　　　　　**정답** 2

남 몸이 안 좋아 보여요. 병원에 한번 가보는 것이 어때?
여 1 덕분에. 조금 바빠서.
　　2 응 고마워. 그렇게 해볼게.
　　3 천만에요. 괜찮습니다.

11 　　　　　　　　　　　　　　**정답** 2

여 빨리 자라고 몇 번 말해야 알겠니!
남 1 다시 한번, 말해 줄래?
　　2 네～, 죄송해요.
　　3 미안, 잘 모르겠어.

12 　　　　　　　　　　　　　　**정답** 3

남 힘들었다면, 의논해 줬으면 좋았을걸.
여 1 그렇네, 정말 다행이다.
　　2 알았어 상담에 응할게요. (들어줄게)
　　3 하지만 좀처럼 말을 꺼낼 수 없어서…

13 　　　　　　　　　　　　　　**정답** 1

남 내가 우수하다니, 놀리지 마세요.
여 1 무슨 말을 하는 거야. 놀리는 거 아니야.
　　2 역시 우수하지 않았네.
　　3 어째서 우수하지 않다는 것을 알았어?

14 　　　　　　　　　　　　　　**정답** 1

여 아, 다나카 군, 야마다 선생님이 연구실로 오라고 말씀하셨어.

남 1 그럼, 잠깐 갔다 올게.

2 いつ、いらっしゃるんだろうね。
3 じゃあ、君が行って来れば?

15 (◎) 78

女 さすが田中くん、だいぶ腕を上げたわね。
男 1 まだ、一番上まで上がらないんですよ。
　　2 さっき上げたところです。
　　3 いえ、まだまだです。

16 (◎) 79

男 ぼくが食事に誘ったんだから、払わなくてもいいよ。
女 1 それは悪いよ。別々にしましょう。
　　2 お金がないなんて、失礼ね。
　　3 そういえば、一回も払ったことがないね。

17 (◎) 80

男 調理師の免許を持ってるとは、知らなかったなあ。
女 1 まさか、信じられませんね。
　　2 もう5年になるんですよ。
　　3 きっと無理だと思います。

18 (◎) 81

女 山田さんの絵、いつも拝見して娘と感心しております。
男 1 それは、あんまりです。
　　2 それは、申し訳ありません。
　　3 それは、おそれいります。

19 (◎) 82

女 こんなときに、よくそんなのんきなこと言ってられるよね。
男 1 ええ、よく言ってるんですよ。
　　2 いえ、それほどでも。
　　3 すみません、そういう意味では…

20 (◎) 83

男 この前久しぶりに田中さんに会ったんだけどさ…いやー
　　変わったなんてもんじゃなかったよ。
女 1 へー、そんなに変わったの?
　　2 へー、やっぱり相変わらずなんだね。
　　3 へー、そういうもんじゃないんだね。

21 (◎) 84

男 山田さん、英語、得意だったよね。この翻訳、ぜひ山田さん
　　にお願いしたいんだけど。
女 1 えっ、翻訳なんか、けっこうですよ。
　　2 えっ、私にできるでしょうか。

---

2 언제 오시는 걸까.
3 그럼 네가 갔다 오면 어때?

15　　　　　　　　　　　　　　　　　정답 **3**

여 과연 다나카 군, 꽤 실력이 늘었네.
남 1 아직 제일 위에까지 올라가지 못해요.
　　2 조금 전에 올린 참이에요.
　　3 아니요. 아직이에요.

16　　　　　　　　　　　　　　　　　정답 **1**

남 내가 밥 먹자고 했으니까 돈은 내지 않아도 돼.
여 1 그건 미안해서 안돼. 각자 냅시다.
　　2 돈이 없다니 실례네요.
　　3 그러고 보니 한 번도 돈을 낸 적이 없네요.

17　　　　　　　　　　　　　　　　　정답 **2**

남 조리사 면허를 가지고 있다니, 몰랐네요.
여 1 설마. 믿을 수 없어요.
　　2 벌써 5년이나 되었어요.
　　3 분명 무리라고 생각해요.

18　　　　　　　　　　　　　　　　　정답 **3**

여 야마다 씨의 그림, 항상 보면서 딸과 감탄하고 있습니다.
남 1 그건 너무합니다.
　　2 그건 정말 죄송합니다.
　　3 그건 정말 황송합니다.

19　　　　　　　　　　　　　　　　　정답 **3**

여 이런 때에, 잘도 그런 한가한 소리를 하고 있는구나.
남 1 네, 자주 말하고 있어요.
　　2 아니요, 그 정도는 아니에요.
　　3 죄송합니다. 그런 의미는 아니었는데….

20　　　　　　　　　　　　　　　　　정답 **1**

남 일전에 오랜만에 다나카 씨를 만났는데… 변한 정도가 아니
　　었어
여 1 헤~ 그렇게 변했어?
　　2 헤~ 역시 변함없구나.
　　3 헤~ 그런 것이 아니구나.

21　　　　　　　　　　　　　　　　　정답 **2**

남 야마다 씨, 영어 잘하죠. 이 번역 꼭 야마다 씨에게 부탁하고
　　싶은데요.
여 1 에? 번역 같은 거, 됐어요.
　　2 에? 제가 할 수 있을까요.

3 えっ、そんなのやっていただけませんよ。

22 ◎ 85

男 あーあ、今日の午後は、社長の土産話のおかげで、仕事どころじゃなかったよ。

女 1 社長の話好きも困ったもんね。
　　2 へー、旅行の仕事じゃなかったの。
　　3 そう、それはよかったじゃない。

23 ◎ 86

男 ほんと、あんなことするなんてさ。あのときはどうかしてたんだな、僕たち。

女 1 うん、どうやってやったんだろうね。ほんとに。
　　2 うん、何かしてたんだろうね。ほんとに。
　　3 うん、何考えてたんだろうね。ほんとに。

---

3 에? 그런 것 해 주실 수 없어요.

22　　　　　　　　　　　　　　　**정답** 1

남 아~ 오늘 오후는 사장님의 여행담 덕분에 일할 수 있는 상황이 아니었어요.
1 사장님은 수다를 너무 좋아해서 곤란하다니까.
2 헤, 여행에 관한 일 아니었어?
3 그래, 그건 정말 잘됐네.

23　　　　　　　　　　　　　　　**정답** 3

남 정말 그런 일을 하다니. 그때는 어떻게 됐었나봐 우리들.

여 1 응, 어떻게 했을까. 정말로.
　　2 응, 뭔가 했었던 거네. 정말로
　　3 응, 뭘 생각했었던 거지. 정말로.

확인문제 2

문제4. 문제 4에서는 문제지에 아무것도 인쇄되어 있지 않습니다. 먼저 문장을 들으세요. 그리고 그것에 대한 대답을 듣고, 1~3 중에서 가장 적당한 것을 하나 고르세요.

1 ◎ 87

女 はい。こないだ頼まれた書類。全部書いて来ましたよ。
男 1 じゃ、全部書いて来てください。
　　2 書類は全部送りました。
　　3 わあ、助かりました。

여 예, 얼마 전에 부탁한 서류. 전부 써 왔어요.
남 1 그럼, 전부 써 오세요.
　　2 서류는 전부 보냈습니다.
　　3 와, 덕분에 살았어요. (도움이 됐어요).

정답 3
어휘 頼む 부탁하다 | 書類 서류 | 全部 전부 | 送る 보내디 | 助かる 살아나다, 구제되다, 도움이 되나
해설 부탁한 서류를 전부 써왔다는 말에 '도움이 되었다'는 뜻의 3번이 정답이다. 1번은 부적절하고, 2번은 서류는 어떻게 했냐는 질문에 대한 대답으로 적절하다.

2 ◎ 88

男 お客様がお探しの本は、今ちょっとありませんので、お取り寄せになりますが…。
女 1 そうですか。じゃ、けっこうです。
　　2 じゃ、ちょっと探してください。
　　3 じゃ、すぐ呼んで来てください。

남 손님이 찾으시는 책은 지금 없어서 주문하셔야 되겠는데요.

여 1 그렇습니까? 그럼, 됐습니다.
　　2 그럼, 좀 찾아 주세요.
　　3 그럼, 곧 불러와 주세요.

정답 1
어휘 探す 찾다 | 取り寄せる (주문하거나 말해서) 가져오게 하다 | けっこう 괜찮음, 이제 됐음
해설 책이 없어 주문해야 한다는 말에 '그럼, 됐습니다.'라고 정중히 사양하고 있는 1번이 정답이다. 2번은 책이 있다는 전제 하에 올 수 있는 대답이고, 3번은 부적절하다.

3 ◎ 89

男 いやー、結婚式のときの彼女の美しさといったら、そりゃ
　　あ、なかったよ。

女 1 そんなにきれいだったの。
　 2 そんなに美しくなかったのね。
　 3 そんな言い方したら、失礼よ。

남 야, 결혼식 때 그녀 정말 아름다웠어!

여 1 그렇게 예뻤어?
　 2 그렇게 아름답지 않았었군.
　 3 그런 말투는 실례야.

> **정답** 1

> **어휘** 結婚式 결혼식 | 美しさ 아름다움 | そりゃあ(それは) 정말로, 그야말로 | 言い方 말투, 말씨 | 失礼 실례

> **해설** 결혼식에서 그녀가 너무 아름다웠다고 감탄하는 말에 '그렇게 아름다웠냐'고 묻고 있는 1번이 정답이다. 2번과 3번은 부적절하다. 여기서「～といったらそない」는 도저히 말로 표현 못할 정도로 ~하다는 의미이다.

4 ◎ 89

女 新入社員の木村さんにこの仕事を任せるのは、ちょっと問
　　題なんじゃないでしょうか。

男 1 いや、そんなものはないと思いますよ。
　 2 いや、そんなことはないと思いますよ。
　 3 いや、木村さんには任せないと思いますよ。

여 신입 사원인 기무라 씨에게 이 일을 맡기는 건 좀 문제 있는
　 건 아닐까?

남 1 아니요, 그런 것은 없을 거예요.
　 2 아니요, 그런 일은 없을 거예요.
　 3 아니요, 기무라 씨에게 맡기지 않을 거라 생각해요.

> **정답** 2

> **어휘** 新入社員 신입사원 | 仕事 일 | 任せる 맡기다 | 問題 문제

> **해설** '신입 사원인 기무라 씨에게 일을 맡기는 것은 문제 있지 않을까'하고 불안해하는 질문에 '아니요, 그런 일은 없을 거예요'라고 하며 대답한 2번이 정답이다. 1번은「こと」가 아닌「もの」를 넣어 다른 뜻이 되어 버렸고, 3번은 답변으로 맞지 않다.

5 ◎ 91

男 あ、しまった。大変なことになっちゃった。

女 1 何時に閉まったの。
　 2 何?どこ行くの。
　 3 何?どうしたの。

남 아, 아뿔싸! 큰일 났다.

여 1 몇 시에 닫혔어?
　 2 뭐야? 어디 가는 거야?
　 3 뭐야? 왜 그래?

> **정답** 3

> **어휘** しまった 아차, 아뿔싸 | 大変 큰일, 대단히, 몹시 | 閉まる 닫다

> **해설** '아뿔싸, 큰일 났다'하면서 당황해하는 말에 무엇 때문에 그러는지 묻는 3번이 정답이다. 1번은「しまった」를 동음인「閉まった」로 착각한 것이므로 오답이며, 2번은 답변으로 적절하지 않다.

6 ◎ 92

女 そうそう。おいしいコーヒーがあるんですよ。今、入れます
　　ね。

男 1 どうぞ、よろしく。
　 2 どうぞ、おかまいなく。
　 3 ごちそうさまでした。

여 아, 참! 맛있는 커피가 있어요. 지금 끓일게요.

남 1 잘 부탁합니다.
　 2 (저는) 조금도 신경 쓰지 마세요.
　 3 잘 먹었습니다.

정답 2

어휘 そうそう 그래 그래, 아! 참(긍정할 때 또는 생각이 떠올랐을 때 하는 말) | お構い 염두에 둠, 꺼림

해설 커피를 끓인다고 하는 것은 상대에게 대접하겠다는 말이므로, 자신은 신경 쓰지 말라고 응답한 2번이 정답이다. 3번은 뭔가를 다 먹고 난 뒤에 대답하는 말이며, 1번은 어떤 일을 잘 부탁한다는 의미이다.

---

7 ◎ 93

男 あ、ちょっとお待ちください。お泊りのホテルまで車でお送りしますので。

女 1 おそれいります。
　　2 失礼します。
　　3 ごめんください。

남 아, 잠시 기다려 주세요. 머무시는 호텔까지 차로 바래다 드리겠습니다.

여 1 황송합니다(고맙습니다).
　　2 실례합니다.
　　3 실례합니다.

정답 1

어휘 泊まり 묵음, 묵는 곳, 머무는 곳 | 恐れ入る 황송하다, 송구스러워하다

해설 숙박하는 곳까지 바래다 주겠다는 말에 죄송해하며 감사해하는 1번이 정답이다. 2번은 작별, 가벼운 사과, 부탁 등에 사용하는 말이며, 3번은 방문이나 사과를 할 때 사용하는 말이다.

---

8 ◎ 94

女 ねえ、だめでもともとなんだから、山口さんに一度お願いしてみたら？

男 1 そうだね。やっぱりだめだよね。
　　2 そうだね。山口さんに頼んでみるか。
　　3 山口さんには昨日お願いしたしね。

여 있지, 밑져야 본전이니 야마구치 씨에게 한 번 부탁해 보는 게 어때?

남 1 그렇네. 역시 안 되네.
　　2 그렇지. 야마구치 씨에게 부탁해 볼까?
　　3 야마구치 씨에게는 어제 부탁했어.

정답 2

어휘 だめでもともと = 駄目元 밑져야 본전 | 一度 한번 | 頼む 부탁하다 | だめ 소용없음 | お願い 부탁

해설 밑져야 본전이니 야마구치 씨에게 부탁해 보라고 권유하자 '부탁해 볼까'라고 대답한 2번이 정답이다. 2번과 3번은 부적절하다.

---

9 ◎ 95

男 いやあ、こう毎日暑くちゃかないませんね。

女 1 ほんとに、きりがありませんね。
　　2 ほんとに、しょうがありませんね。
　　3 ほんとに、たまりませんね。

남 야~, 이렇게 매일 더워서는 견딜 수가 없네요.

여 1 정말로 끝이 없네요.
　　2 정말로 어쩔 수 없네요
　　3 정말로 견디지 못하겠네요.

정답 3

어휘 ～てはかなわない(～ちゃかなわない) ～해서는 견딜 수가(참을 수가) 없다

해설 더워서 견딜 수 없다는 말에 '정말로 견디지 못하겠다'고 맞장구 친 3번이 정답이다. 1번과 2번은 답변으로 부적절하다.

10 ◎96

女 ね、そうでしょ？このカメラ、高いだけのことはあったでしょ。

男 1 うん、買えばよかったね。
　　2 うん、買わなければよかったね。
　　3 うん、買ってよかったね。

여 그렇지? 이 카메라 비쌀 만하지?

남 1 응, 샀으면 좋았을걸.
　　2 응, 사지 않았으면 좋았을걸.
　　3 응, 사길 잘했어.

정답 3

어휘 カメラ 카메라 | 高い 비싸다 | ～だけのことはある ～만큼의 가치는 있다, ～할 만하다

해설 '이 카메라 비쌀 만하지?'라고 말한 건 비싼 만큼 그 값을 한다는 뜻이고, 그 말에 '사길 잘했어'라고 대답한 3번이 정답이다. 1번과 2번은 답변으로 부적절하다.

11 ◎97

男 これ、宅急便でお送りしましょうか。持って帰られるのは重いでしょうから。

女 1 じゃ、お言葉に甘えて。
　　2 どうぞお持ち帰りください。
　　3 重いなんてもんじゃありませんでしたよ。

남 이거, 택배로 보내드릴까요? 가지고 가시기엔 무거울 테니까요.

여 1 그럼, 염치없지만 그렇게 하겠습니다.
　　2 부디 가지고 돌아가십시오.
　　3 이만저만 무거운 게 아니에요.

정답 1

어휘 宅急便 일본의 야마토 운수가 제공하는 택배편 서비스 상품명, 일반적으로 宅配라고 함 | お言葉に甘えて 말씀을 고맙게 받아들여 | 甘える 응석부리다, (호의, 친절 등을) 스스럼없이 받아들이다 | 持ち帰る 가지고 돌아가다

해설 무거우니 택배로 보내주겠다고 하자 상대방의 배려에 그 호의를 받아들이겠다는 1번이 정답이다. 3번은 짐이 많이 무거운지 물었을 때의 대답으로 어울리고, 2번은 적절하지 않다.

12 ◎98

男 どうも長々とお邪魔をいたしました。
女 1 いいえ、邪魔じゃありませんよ。
　　2 いいえ、何のおかまいもしませんで。
　　3 まったく困ったもんですね。

남 너무 오랫동안 실례했습니다.
여 1 아니요, 방해 아닙니다.
　　2 아니요, 별다른 대접도 못했는데요.
　　3 정말 난처하군요.

정답 2

어휘 お邪魔する 실례하다, 방문하다(겸양표현) | ながなが 오랫동안 | おかまい 손님 접대, 대접

해설 너무 오랫동안 실례했다는 것은 방문해서 오래 있어서 폐를 끼쳤다는 뜻인데 오히려 '별다른 대접도 못했다'고 예의를 갖춰 말한 2번이 정답이다. 1번과 3번은 답변으로 적절하지 않다.

13 ◎99

男 あのさ、就職する時に車の免許証って、なくちゃいけないのかなあ。

女 1 そりゃ、あるに越したことはないわよ。
　　2 そりゃ、あるに決まってるわよ。
　　3 車の免許はあるにはあるわよ。

남 저 말이야, 취직할 때 운전 면허증, 있어야 하나?

여 1 그야, 있는 게 좋죠.
　　2 그야, 당연히 있지.
　　3 운전면허증은 있긴 있죠.

정답 1

어휘 就職 취직 | 免許証 면허증 | ～に決まっている ～로 정해져 있다(당연히 ～하다) | ～に越したことはない ～보다 더 좋을 수 없다. ～하는 편이 좋다

해설 취직할 때 운전면허증이 필요하냐는 질문에 '있는 게 좋다'고 대답한 1번이 정답이다. 2번과 3번은 운전면허증을 가지고 있냐는 질문에 대한 응답으로는 적절하다.

14 (◎) 100

女 ねえ、知ってた?うちの支店長、こんど本社に戻って取締役に昇進するんだって。

男 1 支店長も苦労ばっかりだね。
　 2 取締役になるんじゃないんだ。
　 3 それじゃ、お祝いしなきゃね。

여 저, 알고 있었어? 우리 지점장이, 이번에 본사로 돌아가서 이사로 승진한대.

남 1 지점장도 고생만 하는군.
　 2 이사가 되는 게 아니구나.
　 3 그럼, 축하해야겠네.

정답 3

어휘 支店長 지점장 | 本社 본사 | 戻る 돌아가(오)다 | 取締役 중역, 이사 | 苦労 고생 | 祝い 축하

해설 지점장이 이사로 승진한다는 것은 좋은 일이므로 그 말에 축하해야겠다고 대답한 3번이 정답이다. 1번과 2번은 부적절하다.

확인문제 3

문제4. 문제 4에서는 문제지에 아무것도 인쇄되어 있지 않습니다. 먼저 문장을 들으세요. 그리고 그것에 대한 대답을 듣고, 1~3 중에서 가장 적당한 것을 하나 고르세요.

1 (◎) 101

男 昨日どうしたの。来るって言ってたから待ってたのに。

女 1 はい、おまちどおさま。
　 2 だめですよ。早く帰っちゃ。
　 3 ちょっと急用ができちゃって。ごめんなさい。

남 어제 어떻게 된 거야? 온다고 해서 기다렸는데.

여 1 예, 오래 기다리게 해서 미안합니다.
　 2 빨리 돌아가지 않으면 안 됩니다.
　 3 잠시 급한 용무가 생겨서. 미안합니다.

정답 3

어휘 おまちどおさま 오래 기다렸습니다(상대방을 기다리게 해서 죄송하다는 뜻의 인사말) | 急用 급한 용무

해설 기다렸는데 왜 오지 않았느냐는 질문에 **못 오게 된 이유**를 설명한 3번이 정답이다.

2 (◎) 102

女 悪いけど、ちょっと買い物頼まれてくれる?

男 1 うん、誰に頼もうか?
　 2 じゃ、すぐ頼んでくるよ。
　 3 ちょっと、今、手が離せないんだけど。

여 미안하지만, 잠시 장보기 부탁해도 될까?

남 1 응, 누구에게 부탁할까?
　 2 그럼, 당장 부탁하고 올게.
　 3 좀, 지금 하는 일, 손을 뗄 수 없어서.

정답 3

어휘 手が離せない 손을 뗄 수 없다

해설 부탁의 질문에는 승낙의 대답이 많지만, 3번과 같이 거절의 대답이라도 자신이 하는 일이 바빠서 도와줄 수 없다는 이유가 나와 있기 때문에 정답이 될 수 있으며, 「頼まれてくれる?」는 '나의 부탁을 받아주지 않을래?'라는 의미이다.

3 ◎ 103

男 こんな面倒な仕事を引き受けてくれる人いるかなあ。
女 1 いいえ、それほどじゃありませんよ。
　　2 誰かいると思いますよ。
　　3 そんな必要はないと思いますよ。

남 이런 귀찮은 일을 맡아 줄 사람이 있을까?
여 1 아니요, 그 정도는 아닙니다.
　　2 누군가 있을 거라고 생각해요.
　　3 그럴 필요는 없을 거라고 생각해요.

정답 2

어휘 面倒 성가심, 귀찮음 | 引き受ける 맡다, 인수하다

해설 일을 맡아 줄 사람이 있을까 하고 걱정하고 있는 말의 대답으로 2번과 같이 안심시켜 주는 말이 적당하다.

4 ◎ 104

女 こないだの旅行、雨ばっかり降って大変だったんだって?
男 1 うん、行くんじゃなかったよ。
　　2 早く晴れるといいのにね。
　　3 行ってみなきゃわかんないよ。

여 얼마 전에 갔던 여행, 비만 내려서 힘들었다면서?
남 1 응, 가는 게 아니었어.
　　2 빨리 날이 개이면 좋을 텐데.
　　3 가 보지 않으면 몰라.

정답 1

어휘 こないだ 얼마 전에 | 晴れる (하늘이) 개다

해설 비 때문에 힘든 여행이라고 들었다는 질문에 후회하는 말인 1번이 정답으로 적당하다.

5 ◎ 105

男 今から行ったところでもう間に合わないんじゃないの?
女 1 それがそうもいかなくて。
　　2 ぎりぎりで間に合ったよ。
　　3 でも、行くだけ行ってみようよ。

남 지금부터 가 봤자 이미 시간에 맞출 수 없지 않아?
여 1 그게 그렇게 되지 않아서.
　　2 아슬아슬하게 시간 맞췄어. (늦지 않았어)
　　3 하지만, 갈 수 있을 만큼 가 보자.

정답 3

어휘 ～たところで ～해 봤자, ～해 본들 | 間に合う 시간에 대다 | ぎりぎり 빠듯함, 빠듯이

해설 이미 시간 안에 갈 수 없다는 것은 가 봤자 소용없다는 의미인데, 안 되겠지만 그래도 가 보자는 의미의 3번이 가장 적당하며, 2번은 아슬아슬하게 시간에 맞춰서 도착했다는 의미이기 때문에 적당하지는 않다.

6 ◎ 106

女 あーあ、このごろ何やってもうまくいかなくて、嫌んなっちゃう。
男 1 まあ、そんな時もあるよ。
　　2 そう。よく頑張ったね。
　　3 よく嫌にならないね。

여 아~아, 요즘, 뭘 해도 잘 안 돼서 지긋지긋해.
남 1 뭐, 그런 때도 있는 거야.
　　2 그래. 참 열심히 했네.
　　3 잘도 질리지 않네.

정답 1

어휘 頑張る 분발하다, 노력하다 | 嫌になる 싫어지다, 지겨워지다

해설 뭘 해도 잘 안 된다는 말에 그런 때도 있다는 위로의 말로 응대한 1번이 정답으로 적당하다.

7 ◎ 107

男 どうしたの?その指。包帯なんかして。けんかでもしたの?
女 1 怪我するからやめなさいよ。
　　2 そんなわけないでしょ。転んだの。
　　3 けんかするわけにはいかないよ。

남 왜 그래? 그 손가락. 붕대 같은 걸 감고, 싸움이라도 한 거야?
여 1 다치니까 하지마.
　　2 그럴 리가 없잖아? 넘어진 거야.
　　3 싸울 수는 없잖아.

정답 2

어휘 包帯 붕대 | 怪我 상처 | 転ぶ 넘어지다, 구르다 | ～わけにはいかない ～ 할 수는 없다

해설 붕대 감은 이유가 싸워서냐고 묻는 말에 그 때문이 아니라 넘어진 거라고 설명을 한 2번이 정답이다.

8 ◎ 108

女 日本へはよくお見えになるんですか。
男 1 はい、いつも拝見しております。
　　2 ええ、お目にかかります。
　　3 1年に4、5回参ります。

여 일본으로는 자주 오십니까?
남 1 예, 항상 보고 있습니다.
　　2 네, 찾아뵙겠습니다.
　　3 일년에 4, 5번 옵니다.

정답 3

어휘 お見えになる 오시다 | 拝見する 보다 | お目にかかる 뵙다 | 参る 가시다, 오시다

해설 일본에 자주 오냐는 질문에 일년에 4~5번 온다고 횟수를 말한 3번이 정답이며, 이 문제는 경어표현을 알고 있으면 간단히 풀 수 있다.

9 ◎ 109

男 今度の試験、難しいって聞いてたけど、どうってことなかっ
　　たね。
女 1 うん、別にたいしたことなかったね。
　　2 ほんとに何もなかったね。
　　3 うん、全然できなかったね。

남 이번 시험, 어렵다고 들었는데, 별거 아니었지.
여 1 응, 특별히 대단한 건 없었지.
　　2 정말로 아무것도 없었지.
　　3 응, 전혀 할 수 없었지.

정답 1

어휘 どうってことない 대수롭지 않다 | たいしたことない 대단한 것 없다 | 全然 전혀

해설 대수롭지 않았단 말에 '응'이라고 대답한 뒤 맞장구치는 1번이 정답이 되며, 3번은 어려웠다고 했을 때의 대답으로 적당하다.

10 ◎ 110

女 会社をやめるべきかどうかは、すぐに決めないでほかの人
の意見も聞いてみたら?

男 1 そんなにいろいろ聞かないでください。
　　2 それはいいチャンスですね。
　　3 その方がいいかもしれませんね。

여 회사를 그만둬야만 할지 말지는 당장 정하지 말고 다른 사람
의 의견도 들어 보는 게 어때?

남 1 그렇게 이것저것 묻지 말아 주세요.
　　2 그것은 좋은 기회네요.
　　3 그편이 좋을지도 모르겠네요.

정답 3

어휘 ~べき (응당) 그렇게 해야 함 | 意見 의견

해설 「~てみたら?」라고 충고하는 말에 3번처럼 「~方がいいかもしれない」라고 의견을 받아들이는 것이 대답으로 적당
하다.

11 ◎ 111

男 今、東京でマンション探してるんだけど、いやあ、高いの高
くないのって。

女 1 へー、そんなに高いんですか。
　　2 さすがに高いだけのことはありますね。
　　3 いくらするか聞いてみたらどうですか。

남 지금 도쿄에서 맨션을 찾고 있는데, 이건 말도 못하게 비싼
걸.

여 1 저런, 그렇게 비쌉니까?
　　2 역시 비싼 만큼의 가치가 있군요.
　　3 얼마 하는지 물어보면 어떻습니까?

정답 1

어휘 さすが 역시, 과연 | ~だけのことはある ~할 만한 가치는 있다, ~할 만하다 | ~の~ないのって 심하게
~인 상태

해설 「高いの高くないのって」는 '비싸다'를 강조한 회화체의 말이며 그에 어울리는 대답은 1번이다.

12 ◎ 112

女 山本さんが話してたこと、本当みたいですね。

男 1 本当に話が上手ですね。
　　2 ええ、うそじゃなさそうですね。
　　3 うそをつくのはよくないですね。

여 야마모토 씨가 얘기한 것, 정말인 것 같네요.

남 1 정말로 이야기를 잘 하네요.
　　2 네, 거짓말이 아닌 것 같아요.
　　3 거짓말하는 것은 좋지 않아요.

정답 2

어휘 うそをつく 거짓말 하다

해설 주관적 추측표현인 「みたい」를 사용해 '정말인 것 같다'라는 말에 양태표현인 「そうだ」를 사용해 '거짓말이 아닌 것
같다'라고 응대한 2번이 답으로 적당하다.

13 ◎ 113

男 いやあ、残念だったね。合格間違いなしと期待してたんだ
けどね。

女 1 ええ、みなさんのおかげです。
　　2 ご期待に添えず、申し訳ありません。
　　3 まことに恐れ入ります。

남 야~유감스럽네. 합격이 틀림없을 거라고 기대했는데.

여 1 네, 여러분 덕분입니다.
　　2 기대에 부응하지 못해서 죄송합니다.
　　3 정말로 황송합니다.

정답 2

어휘 残念 유감스러움 | 間違いなし 틀림없음 | 期待 기대 | ～に添えない ～에 부합되지 못하다, 따르지 못하다 | 恐れ入る 황송하다

해설 '합격이 틀림없을 거라고 기대했었는데'라는 것은 생각했던 것과는 달리 떨어졌다는 의미이므로, 상대방에 기대에 부응하지 못한 것에 대해 죄송해하는 2번이 정답이다.

14 ◎ 114

女 あの、先日の件ですが、あの話はなかったことにしてもら
　 いたいんですが…。
男 1 でも、そこまでしてもらっては。
　 2 それはないですよ、今さら。
　 3 思い出しても腹が立ちますね。

여 저, 일전의 건입니다만, 그 이야기는 없었던 걸로 했으면 합
　 니다만….
남 1 하지만, 그렇게까지 해 주면.
　 2 그건 아니죠. 이제 와서.
　 3 생각해도 화가 나네요.

정답 2

어휘 今さら 이제 와서, 새삼 | 思い出す 생각해 내다, 상기(회상)하다 | 腹が立つ 화가 나다

해설 '～한 것으로 하다'라는 뜻의「ことにする」는 '사실과는 반대로 취급'하는 것! 따라서 '없던 걸로 했으면 한다'는 것은 '실은 있었던 일'이며, 수긍했다면 그렇게 하겠노라고 했을 것이고, 그렇지 않다면 2번과 같이 부정으로 답하는 것이 적당하다.

問題5 ▶ 통합이해

다소 긴 내용을 듣고 복수의 정보를 비교 통합하면서 내용을 이해하는 문제로 크게
2 종류의 문제가 나온다.

(1)　상황설명을 듣는다　➡　본문대화를 듣는다　➡　문제를 듣는다

　➡　선택지를 듣고 정답을 고른다

(2)　상황설명을 듣는다　➡　한 사람이 무언가에 대해 말하는 내용을 듣는다

　➡　그 사람이 한 말에 대해 두 사람이 하는 대화를 듣는다

　➡　질문1,2 에 대한 문제를 듣고 문제지에 인쇄된 선택지에서 정답을 고른다

포인트

긴 내용의 문제라도 결국은 하고자 하는 말을 요약해서 들으면 된다. 본문 대화가
나온 후 문제가 나중에 나오기 때문에 조금 더 어렵게 느껴지지만 본문을 들으면서
포인트 부분을 잘 메모하면 그렇게 어렵지 않다.

학습요령

내용이 다소 길어 정보가 많기 때문에 메모하면서 들어야 한다. (1)형식의 패턴은
크게 두 가지이다. 하나는 등장인물 중 한 사람의 행동이나 생각에 대해서 나머지
사람들의 비판 또는 조언을 하는 패턴이고, 또 다른 한 가지는 의견 대립이 있는 두
사람 사이에서 한 사람이 중재를 하는 패턴이다. (2)형식은 방송이나 판매원 등의
이야기를 들은 남녀가 어떤 것을 선택할까 하는 패턴의 문제가 많다.

問題5 問題5では、長めの話を聞きます。この問題には練習はありません。メモをとっても
かまいません。

1番　2番

問題用紙に何も印刷されていません。まず話を聞いてください。それから、質問とせんたく
しを聞いて、1から4の中から、最もよいものを一つ選んでください。

◎ 115~116

― 　メモ　 ―

3番　4番　5番

まず話を聞いてください。それから、二つの質問を聞いて、それぞれ問題用紙の1から4の中から、最もよいものを一つ選んでください。

3 ◎117

質問1

1　第1位の理由	2　第2位の理由
3　第3位の理由	4　第5位の理由

質問2

1　第2位の理由	2　第3位の理由
3　第4位の理由	4　第5位の理由

4 ◎118

質問1

1　Aのタイプ	2　Bのタイプ
3　Cのタイプ	4　Dのタイプ

質問2

1　Aのタイプ	2　Bのタイプ
3　Cのタイプ	4　Dのタイプ

5 ◎119

質問1

1　1階	2　2階
3　3階	4　4階

質問2

1　1階	2　2階
3　3階	4　4階

問題5 問題5では、長めの話を聞きます。この問題には練習はありません。メモをとっても かまいません。

1番　2番

問題用紙に何も印刷されていません。まず話を聞いてください。それから、質問とせんたく しを聞いて、1から4の中から、最もよいものを一つ選んでください。

◎ 120~121

— メモ —

3番^{ばん}

まず、話^{はなし}を聞^きいてください。それから二^{ふた}つの質問^{しつもん}を聞^きいて、それぞれ問題用紙^{もんだいようし}の１から４の中^{なか}から、最^{もっと}もよいものを一^{ひと}つ選^{えら}んでください。

◎122

質問^{しつもん}1

1　森^{もり}の物語^{ものがたり}

2　月^{つき}の物語^{ものがたり}

3　風^{かぜ}の物語^{ものがたり}

4　星^{ほし}の物語^{ものがたり}

質問^{しつもん}2

1　森^{もり}の物語^{ものがたり}

2　月^{つき}の物語^{ものがたり}

3　風^{かぜ}の物語^{ものがたり}

4　星^{ほし}の物語^{ものがたり}

問題5　問題5では、長めの話を聞きます。この問題には練習はありません。メモをとっても
　　　かまいません。

1番, 2番

問題用紙に何も印刷されていません。まず話を聞いてください。それから、質問とせんたくしを聞いて、1から4の中から、最もよいものを一つ選んでください。

◎ 123~124

— メモ —

3番
<small>ばん</small>

まず、話を聞いてください。それから二つの質問を聞いて、それぞれ問題用紙の1から4の中から、最もよいものを一つ選んでください。

 125

質問1
<small>しつもん</small>

1 コンコンA

2 コンコンB

3 パル

4 スーパーパル

質問2
<small>しつもん</small>

1 コンコンA

2 コンコンB

3 パル

4 スーパーパル

문제5. 문제5에서는 좀 긴 이야기를 듣습니다. 이 문제에는 연습은 없습니다. 메모를 해도 됩니다.

1番 2番

問題用紙に何も印刷されていません。まず話を聞いてください。それから、質問とせんたくしを聞いて、1から4の中から、最もよいものを一つ選んでください。

1 ◎ 115

空港で、家族3人が話をしています。

男1 あっ、どうしよう！俺のパスポート、家に置いてきちゃった！
女 ええっ？あれだけ念を押してたのに、何やってんの！
男2 まあまあ、そう怒るなって。ばあちゃんに電話して、途中の駅まで持ってきてもらおう。
女 だめよ。足の悪いおばあちゃんに来させるなんて…
男1 俺、自分で取ってくるよ。リムジンバスに乗れば、2時間はかからないでしょ。
男2 バスの時間さえ合えばな。あ、あれ？今行ったの、リムジンバスか？あーあ、次は30分後だな。
女 ちょっとお金はもったいないけど、タクシーがいいんじゃない？
男1 そんなお金どこにあるの。じゃあ、電車で行くよ。
男2 電車じゃ、往復2時間以上はかかるだろ。それじゃ飛行機に遅れるぞ。
女 仕方ないわね。やっぱり届けてもらいましょう。
男1 じゃ、そこまでは電車で行けばいいね。

3人は、どうすることにしましたか。
1 男の子が、電車で家まで行く。
2 男の子が、タクシーで途中の駅まで行く。
3 祖母に、空港まで来てもらう。
4 祖母に、途中の駅まで来てもらう。

정답 4

2 ◎ 116

薬局で、男の人が店員と話しています。

男 (ゴホンゴホン)すみません。咳と熱によく効く薬が欲しいんですが。
女 風邪みたいですね。お薬のアレルギーはありませんか。
男 ええ。(ゴホンゴホン)
女 では、こちらのパボロンはどうですか。ちょっと眠くなりますけどね。眠くならないのだと…こちら、キューワックですね。朝昼2回だけ飲めば1日中よく効くので、こちらをお求めになる方も多いですよ。ただ、胃が弱い方は服用しないほうがいいですね。

1번 2번

문제지에 아무것도 인쇄되어 있지 않습니다. 먼저 이야기를 들으세요. 그리고 질문과 선택지를 듣고 1~4 중에서 가장 적당한 것을 하나 고르세요.

공항에서 가족 3명이 이야기하고 있습니다.

남1 앗! 어떡해! 나 여권 집에 놓고 와 버렸어!
여 에엣? 그렇게 몇 번이고 이야기를 했는데도 뭐 하는 거니!
남2 자자, 그렇게 화내지 말고, 할머니한테 전화해서 도중 역까지 가지고 와달라고 하자.
여 안돼. 다리가 불편한 할머니한테 오라고 하다니…
남1 나 직접 가지고 올께. 리무진버스 타면 2시간은 안 걸리지?
남2 버스 시간만 맞다면 말이야. 어? 지금 간 거 리무진 버스야? 아…. 다음은 30분 후지.
여 좀 돈이 아깝지만 택시가 낫지 않아?
남1 그럴 돈이 어딨어. 그럼 전철로 갈게.
남2 전철이라면 왕복 2시간 이상 걸리잖아. 그럼 비행기에 늦어.
여 할 수 없네. 역시 가지고 와 달라고 하자.
남 그럼 거기까지는 전철로 가면 되겠네.

3명은 내일 어떻게 하기로 했습니까?
1 남자아이가 전철로 집까지 간다.
2 남자아이가 택시로 도중 역까지 간다.
3 할머니에게 공항까지 가지고 오게 한다.
4 할머니에게 도중 역까지 가지고 오게 한다.

약국에서 남자가 점원과 이야기하고 있습니다.

남 (콜록 콜록) 죄송합니다. 기침과 열에 잘 듣는 약이 필요한데요.
여 감기 같네요. 약에 알레르기는 없습니까?
남 네 (콜록)
여 그럼 이쪽 파보론은 어떠세요? 좀 졸리겠지만. 졸리지 않는 것이라면… 이쪽, 큐워크에요. 아침 점심 두 번만 먹으면 하루 종일 효과가 있기 때문에 이쪽을 찾는 분도 많습니다. 단, 위가 약하신 분은 복용하지 않는 편이 좋습니다.

男 どっちも困るなぁ。(ゴホン)

女 そうですか…あとは、漢方薬か、ヘンザブロックくらいですかね…ヘンザブロックは、こちらの２つほど効果はありませんが、その代わり副作用も少ないですよ。

男 あのう、漢方薬って効くんですか。

女 ええ、ゆっくりですが、効きますよ。ちょっと苦いですけど。

男 苦いのも嫌だなぁ。じゃあ、そのよく効くのにしてください。胃薬も一緒につけてもらえますか。

男の人は、どの薬を買いますか。
1 パボロン
2 キューワック
3 漢方薬
4 ヘンザブロック

[정답] 2

3番 4番 5番
まず話を聞いてください。それから、二つの質問を聞いて、それぞれ問題用紙の１から４の中から、最もよいものを一つ選んでください。

3 (◎)117

男の人が、テレビで「独身男女の結婚しない理由」について話しています。

男1 このたび、30代の独身男女が結婚しない理由を調べてみました。その中で、最も多かった理由を１位から５位まで紹介します。まず第１位は、男女ともに「適当な相手にめぐり会わないから」という理由でした。つまり、「縁がないから、運がないから」ということですね。続いて、男性の第２位が「経済力がないから」、第３位が「趣味を楽しみたいから」、第４位は「自分の時間やお金が少なくなるから」という理由でした。女性の場合、この三つの順位がちょうど逆になっています。女性は、第２位が「時間とお金」、第３位が「趣味」で男性と同じ、第４位が「経済力」となっています。面白いのが第５位の理由です。男性の場合、「女性とうまく付き合えないから」という理由、女性の第５位は、「仕事に集中したいから」というものなんです。

男2 へえー。鈴木さんだったら、なんて答える?

女 別に結婚したくないわけじゃないけど…ひとつ選ぶなら、やっぱり仕事かな。１位は別として、２位から４位までの理由って、別に結婚の障害にはならないんじゃない?女性は、そこまで経済力がなくてもいいじゃない。

男2 そうだねえ。

女 で、田中くんはどうなの?もしかして第５位の理由じゃないでしょうね。

남 둘 다 곤란한데…(콜록)

여 그런가요… 그럼 한방약이나 헨자브록 정도네요. 헨자브록은 이쪽의 2개 만큼 효과는 없지만, 그 대신 부작용은 적습니다.

남 저, 한방약은 잘 듣나요?

여 네, 천천히지만 들어요. 좀 쓰지만.

남 쓴 것도 싫은데. 그럼 잘 듣는 것으로 주세요. 위장약도 같이 주시겠어요?

남자는 어떤 약을 구입합니까?
1 파보론
2 큐워크
3 한방약
4 헨자브록

3번 4번 5번
먼저 이야기를 들으세요. 그리고 두 개의 질문을 듣고 각각 문제지의 1~4 중에서 가장 적당한 것을 하나 고르세요.

남자가 텔레비전에서 '독신 남녀가 결혼하지 않는 이유'에 대해서 이야기하고 있습니다.

남1 이번에 30대 독신 남녀가 결혼하지 않는 이유를 조사해 보았습니다. 그 중에서 가장 많았던 이유를 1위에서 5위까지 소개하겠습니다. 우선 제 1위는 남녀 모두 '적당한 상대를 만나지 못했기 때문'이라는 이유였습니다. 즉 '인연이 없어서, 운이 없어서'라는 것이죠. 이어서 남성 제 2위가 '경제력이 없으니까', 제 3위가 '취미를 즐기고 싶으니까', 제 4위는 '자신의 시간이나 돈이 적어지니까'라는 이유였습니다. 여성의 경우, 이 세 가지 순위가 조금 거꾸로 되어있습니다. 여성은 제 2위가 '시간과 돈', 제 3위가 '취미'로 남성과 같고, 제4위가 '경제력'으로 되어있습니다. 재미있는 건 제 5위의 이유입니다. 남성의 경우 '여성과 잘 사귀지 못하니까'라는 이유, 여성의 제5위는 '일에 집중하고 싶으니까'라는 것입니다.

남2 헤~. 스즈키 씨라면 뭐라고 대답할래?

여 특별히 결혼하고 싶지 않은 것은 아니지만… 하나만 고른다면 역시 일이려나. 1위는 별개로 하고, 2위에서 4위까지의 이유는 별로 결혼에 장애는 안되잖아? 여성은 그렇게까지 경제력이 없어도 괜찮잖아.

남2 그렇네.

여 그래서 다나카 군은 어때? 혹시 제 5위의 이유인 건 아니야?

男2 まさかそんな。ちゃんと鈴木さんと付き合ってるじゃん。

女　それにしても、男の人の理由の第2位が「経済力がないから」っていうのは、いたたまれないなぁ。

男2 ほんとだよね。でも僕は、それよりも「自分の時間とお金を大事にしたい」って理由のほうが実感がわくな。まあ、どちらかというと、お金より時間の方を大事にしたいけど。

質問1 女の人が結婚しない理由は、どれですか。
1 第1位の理由　　　　　2 第2位の理由
3 第3位の理由　　　　　4 第5位の理由

質問2 男の人が結婚しない理由は、どれですか。
1 第2位の理由　　　　　2 第3位の理由
3 第4位の理由　　　　　4 第5位の理由

남2 설마 그럴리가. 스즈키 씨와 잘 사귀고 있잖아.

여　그렇다 해도 남자의 이유 제 2위가 '경제력이 없으니까'라는 것은 견딜 수 없네.

남2 정말로. 하지만 나는 그것보다 '자신의 시간과 돈을 소중히 하고 싶다'라는 이유 쪽이 실감이 나.
뭐 둘 중에 굳이 고르자면 돈보다는 시간 쪽을 소중히 하고 싶지만.

질문1　여자가 결혼하지 않는 이유는 무엇입니까?
1 제 1위의 이유　　　　2 제 2위의 이유
3 제 3위의 이유　　　　4 제 5위의 이유

질문2　남자가 결혼하지 않는 이유는 무엇입니까?
1 제 2위의 이유　　　　2 제 3위의 이유
3 제 4위의 이유　　　　4 제 5위의 이유

정답 〔1〕 4 〔2〕 3

4 ◎118

大学の先生が、人の心理について話しています。

女　人は、自分の希望がかなわなかったとき、自分をだますことで解決しようとします。この自分をだます方法ですが、4つのタイプに分けて考えてみましょう。まずAのタイプですが、これは、自分の欲求を抑え込んでしまうタイプで、はじめからなかったことにしてしまうのです。次に、Bのタイプは、なんでも自分に都合のいいように理由をつけてしまうタイプ。いいわけが上手なタイプですね。それからCは、欲求や不安の対象を別のものに置き換えてしまうタイプ。うまくいかないと家族に怒りをぶつけてしまうタイプがこれです。そして最後に、Dのタイプ。これは、うまくいかなかったとき、みんなに褒められるようないいことをして、社会的に認められようとするタイプです。もう一度言いますね。Aは抑え込むタイプ。Bは、都合のいい理由を考えるタイプ、Cは別のものに置き換えるタイプ、Dは褒められようとがんばるタイプです。

質問1 女優になりたかったがその夢がかなわなかった人が、一生懸命勉強していい大学に入る場合、どのタイプになると考えられますか。
1 Aのタイプ　　　　　2 Aのタイプ
3 Cのタイプ　　　　　4 Dのタイプ

質問2 ダイエットに失敗した人が、健康のためにダイエットをやめたと人に話す場合、どのタイプになると考えられますか。
1 Aのタイプ　　　　　2 Bのタイプ
3 Cのタイプ　　　　　4 Dのタイプ

대학 교수가 사람의 심리에 대해서 이야기하고 있습니다.

여 사람은 자신의 희망이 이루어지지 않았을 때, 자신을 속여서 해결하려고 합니다. 이 자신을 속이는 방법을 4가지 타입으로 나눠서 생각해 봅시다. 우선 A타입입니다만, 이것은 자신의 욕구를 억제해버리는 타입으로 처음부터 없었던 일로 해버리는 것입니다. 다음으로 B타입은 무엇이든 자신에게 유리하도록 이유를 붙여버리는 타입. 변명을 잘하는 타입입니다. 그리고 C는 욕구나 불안의 대상을 다른 것으로 바꿔버리는 타입. 잘되지 않으면 가족에게 화를 내버리는 타입이 이것입니다. 그리고 마지막으로 D타입. 이것은 잘 되지 않았을 때 모두에게 칭찬받을 만한 좋은 일을 하여 사회적으로 인정받으려고 하는 타입입니다. 다시 한번 말하겠습니다. A는 억제하는 타입. B는 유리한 이유를 생각하는 타입. C는 다른 것으로 바꾸는 타입. D는 칭찬받으려고 노력하는 타입입니다.

질문1 여배우가 되고 싶었지만 그 꿈을 이루지 못한 사람이 열심히 공부해서 좋은 대학에 들어가는 경우 어느 타입이라고 생각됩니까?
1 A 타입　　　　　　2 A 타입
3 C 타입　　　　　　4 D 타입

질문2 다이어트에 실패한 사람이 건강을 위해 다이어트를 그만두었다고 사람들에게 말할 경우, 어느 타입이라고 생각합니까?
　A 타입　　　　　　2 A 타입
3 C 타입　　　　　　4 D 타입

정답 (1) 4 (2) 2

5 (◎) 119

男の人と女の人が本屋で店のアナウンスを聞いています。

女1 本日は中村書店へご来店いただき誠にありがとうございます。当店の開店を記念いたしまして、1階から4階までさまざまなイベントを開催しております。1階雑誌売り場におきましては、本日ご来店の皆さまに当店特製カレンダーを無料でお配りしております。2階、絵本・児童書売り場内プレイルームにおきましては、絵本の読み聞かせを行います。お子様連れのお客様、ぜひご参加ください。3階文芸書売り場では、午後3時より人気作家浅井なおさんのサイン会を開催いたします。この機会にお買い求めください。4階、専門書売り場横の喫茶室では、コーヒーの半額サービスを行っております。ぜひご利用ください。

女2 サインほしいけど、まだ2時前かあ…。ちょっと疲れたし、コーヒーでも飲みに行こっか。

男 サインっていったって、本買わなきゃサインしてもらえないんだよ。それよりただでもらえるものはもらわないと。

女2 えー?カレンダーなんかうちにいっぱいあるから、いらないわよ。それより早く座りたいんだけど。

男 はいはい。でも、ちょっとだけ、カーライフって雑誌、見に行ってもいい?

女2 じゃ、私先に行ってるね。心理学の本買わなきゃいけないから、それ買ったら隣で待ってるから。

男 あれ?前に話してた子どもの絵本、見なくていいの?

女2 うん、それは、後でいっしょに行こうよ。

質問1 男の人はこのあと何階に行きますか。
1 1階　　　2 2階　　　3 3階　　　4 4階

質問2 女の人はこのあと何階に行きますか。
1 1階　　　2 2階　　　3 3階　　　4 4階

남자와 여자가 서점에서 안내 방송을 듣고 있습니다.

여1 오늘은 나카무라 서점에 내점해 주셔서 대단히 감사합니다. 본 점포의 개점을 기념하여 1층부터 4층까지 다양한 이벤트를 개최하고 있습니다. 1층 잡지 매장에서는 오늘 내점하신 여러분께 본 점포 특제 캘린더를 무료로 나눠 드리고 있습니다. 2층 그림책 · 아동도서 매장의 플레이 룸에서는 그림책 읽어 주기를 하고 있습니다. 자녀분을 동반하신 고객님 꼭 참가해 주세요. 3층 문예서 매장에서는 오후 3시부터 인기 작가 아사이 나오 씨의 사인회를 개최합니다. 이 기회에 구입해 주세요. 4층 전문서 매장 옆의 찻집에서는 커피 반값 서비스를 실시하고 있습니다. 꼭 이용해 주세요.

여2 사인 받고 싶은데 아직 2시 전이네… 좀 피곤하기도 하고 커피라도 마시러 갈까?

남 사인이라고 해도 책을 사지 않으면 사인 받을 수 없어. 그보다 공짜로 받을 수 있는 것은 받아야지.

여2 에? 캘린더는 우리 집에도 잔뜩 있으니까 필요 없어. 그것보다 빨리 앉고 싶은데.

남 알았어, 하지만 잠깐 카 라이프라는 잡지 보러 가도 될까?

여2 그럼 난 먼저 가 있을게. 심리학책 사야 하니까 그거 사서 옆에서 기다리고 있을 테니까.

남 어? 전에 이야기했던 아이들 그림책 보지 않아도 돼?

여2 응, 그건 나중에 같이 가자.

질문1 남자는 이 후에 몇 층에 갑니까?
1 1층　　　2 2층　　　3 3층　　　4 4층

질문2 여자는 이 후에 몇 층에 갑니까?
1 1층　　　2 2층　　　3 3층　　　4 4층

정답 (1) 1 (2) 4

확인문제 2

문제5. 문제5에서는 좀 긴 이야기를 듣습니다. 이 문제에는 연습은 없습니다. 메모를 해도 됩니다.

1番　2番
問題用紙に何も印刷されていません。まず話を聞いてください。それから、質問とせんたくしを聞いて、1から4の中から、最もよいものを一つ選んでください。

1번　2번
문제지에 아무것도 인쇄되어 있지 않습니다. 먼저 이야기를 들으세요. 그리고 질문과 선택지를 듣고 1~4 중에서 가장 적당한 것을 하나 고르세요.

1 ◎ 120

会社で上司の課長と部下が、新商品の企画について話しています。

男1 新商品の企画のことで、君たち二人の意見が合わないんだって？

男2 はい。ぼくは、販売の対象を地域に限定したほうがいいと思うんです。

男1 地域と言っても、どれくらいの規模で考えているのかな。

男2 はい。人口30万人前後の地方都市を考えています。

男1 ふーむ。で、佐藤さんのほうは？

女 わたしは、今後も高齢化は進む一方だから、高齢者を対象に開発するべきだと考えます。

男1 田中君は地域、佐藤さんは年齢というわけだな。確かに、日本はもう4分の1が高齢者の時代だからな。

女 そうです、課長。利益を上げるためには、マーケットは大きいほうがいいに決まっています。

男1 でも、その分、他社との競争も厳しくなるし、広告宣伝費も嵩むよね。……田中君の考え方は新しいと思うが、それで、利益は見込めるのかね。

男2 はい、課長。他社でも成功した例はいくつかあります。

男1 うーん。ぼくも、これからは地域社会がおもしろくなるんじゃないかと思うね。ただ、このことは上と相談しないと決められないからな。うん、一応、佐藤さんの意見も上に通してみて、それで、社の方針を決めてもらおう。いいね。

課長は、部下の意見について、どう考えていますか。
1 どちらかというと男性社員の意見に賛成である。
2 どちらかというと女性社員の意見に賛成である。
3 どちらの意見にも賛成である。
4 どちらの意見にも反対である

회사에서 상사인 과장과 부하가 신상품 기획에 관해서 이야기하고 있습니다.

남1 신상품 기획 건으로 자네들 두 사람의 의견이 맞지 않는다고?

남2 예, 저는 판매 대상을 지역으로 한정하는 편이 좋다고 생각합니다.

남1 지역이라고 하면, 어느 정도의 규모로 생각하고 있나?

남2 예. 인구 30만 명 전후의 지방도시를 생각하고 있습니다.

남1 흠, 그래서 사토 쪽은?

여 저는 향후에도 고령화가 계속 진행되니까 고령자를 대상으로 개발해야 한다고 생각합니다.

남1 다나카 군은 지역, 사토는 연령이라는 거군. 확실히 일본은 이미 4분의 1이 고령자인 시대니까.

여 그렇습니다. 과장님. 이익을 올리기 위해서는 시장은 당연히 큰 편이 좋습니다.

남1 하지만, 그만큼 타사와의 경쟁도 치열해질거고 광고 선전비도 늘겠군. …다나카 군의 생각은 새롭긴 하지만 그걸로 이익은 예상할 수 있을지.

남2 예, 과장님. 타사에서도 성공한 예는 몇 건인가 있습니다.

남1 음, 나도 이제부터는 지역사회가 좋아지지 않을까 하고 생각해. 단, 이 일은 윗선과 상담하지 않으면 결정할 수 없으니. 음, 일단 사토의 의견도 상부에 말해 보고, 그리고 회사의 방침을 정하도록 하지. (그럼) 됐지.

과장은 부하의 의견에 대해서 어떻게 생각하고 있습니까?
1 어느 쪽인가 하면 남성 사원의 의견에 찬성이다.
2 어느 쪽인가 하면 여성 사원의 의견에 찬성이다.
3 어느 쪽 의견에도 찬성이다.
4 어느 쪽 의견에도 반대이다.

정답 1

어휘 上司 상사 | 部下 부하 | 新商品 신상품 | 企画 기획 | 意見 의견 | 販売 판매 | 対象 대상 | 地域 지역 | 限定 한정 | 規模 규모 | 人口 인구 | 前後 전후 | 地方都市 지방도시 | 高齢化 고령화 | 進む 진행되다 | 開発 개발 | 年齢 연령 | 確か 확실함 | 時代 시대 | 利益 이익 | 他社 타사 | 競争 경쟁 | 広告 광고 | 宣伝 선전 | 嵩む 부피가 커지다, 불어나다 | 見込む 기대하다, 내다보다 | 成功 성공 | 方針 방침

해설 신상품 기획에서 부하 두 명의 의견이 다름 → 그 중 남자는 판매대상을 지역을 여자는 고령자를 대상으로 보고 있음 → 상사는 여자의 의견에 고령화 시대인 것을 인정하나, 타사와의 경쟁이 치열해지고 광고비가 늘어날 것으로 예상함 → 남자에게 이익의 전망을 묻자 남자는 성공 선례가 있다고 함 → 그에 상사는 자신도 지역사회가 좋아지지 않을까라고 생각함, 단 윗선과 상담 후에 정해야 한다고 함.
과장의 의견은 마지막에 남자 사원의 말에 '나도 지역사회가 좋아지지 않을까 라고 생각한다'고 하며 동의하고 있다.

家族三人が、娘のアルバイトについて話しています。

女1 ねえ、お母さん、わたし、アルバイト始めたいんだ。いいでしょう？

女2 そうねえ、まだ大学に入ったばかりなんだから、勉強の方、しっかりやったほうがいいんじゃないの。

女1 でも、友だちはみんなやってるし、お金も必要だし…。

女2 お金って、ちゃんとおこづかいあげてるでしょう？　お父さんも、言ってやってくださいよ。

女1 お父さんだって、学生時代、アルバイトをやってたんでしょう？

男 そうだな。でも、おまえは、授業料のために働くわけじゃないんだろう？

女1 そりゃ、そうだけど。サークルって、けっこうお金がかかるの。そのたびにお母さんに出してもらうわけにはいかないでしょう？

女2 じゃあ、サークルをやめたら？サークルなんて、遊びでしょう？

女1 もう！　これじゃ話にならないわ！

男 まあまあまあ、ふたりとも、けんかしないで。…わかった。こうしよう。アルバイトはしないで、お父さんの仕事を手伝ってくれ。コンピューターで原稿を打つの。1枚千円でどうだ。けっこう大変だぞ。

女1 えっ、ほんとに？　原稿ってたくさんあるの？

男 うん。月に5、60枚くらいにはなるよ。

女1 わかった。じゃあそうする。

女2 よかったわね、花子。それなら安心だわ。大学の勉強も忘れないでよ。

娘の花子さんは、なぜアルバイトをしないことにしましたか。
1 大学の勉強が忙しいから
2 サークルが忙しいから
3 母親に反対されたから
4 父親の仕事を手伝うから

가족 3명이 딸의 아르바이트에 대해서 이야기하고 있습니다.

여1 있지, 엄마. 나, 아르바이트 시작하고 싶어. 괜찮지?

여2 글쎄, 아직 대학에 들어간 지 얼마 안 되었는데 공부를 제대로 하는 편이 좋지 않을까?

여1 하지만, 친구들 모두 하고 있고, 돈도 필요하고….

여2 돈이라면 꼬박꼬박 용돈 주고 있잖니? 여보, 따끔하게 말좀 해요.

여1 아빠도 학창 시절 아르바이트를 했죠?

남 그렇지, 하지만 너는 수업료 때문에 일하는 건 아니잖아.

여1 그건 그렇지만, 서클에 돈이 꽤 든단 말이에요. 그때마다 엄마에게 달라고 할 수도 없잖아요.

여2 그럼 서클을 그만 두는 게 어때? 서클이라고 해도 노는 거잖아.

여1 정말! 이러면 대화가 되지 않아.

남 자자~, 둘 다 싸우지 말고, …알았다. 이렇게 하자. 아르바이트는 하지 말고 아빠 일을 도와줘! 컴퓨터로 원고를 치는 거야. 1장에 1,000엔이면 어때. 꽤 힘들거야.

여1 정말? 원고는 많이 있어요?

남 응, 한 달에 5~60장 정도는 돼.

여1 알았어요. 그럼 그렇게 할게.

여2 잘됐네, 하나코. 그거라면 안심이야. 대학 공부도 잊지 마.

딸 하나코는 왜 아르바이트를 하지 않기로 했습니까?
1 대학공부가 바쁘기 때문에
2 서클이 바쁘기 때문에
3 엄마가 반대하기 때문에
4 아버지의 일을 돕기 때문에

정답 4

어휘 家族 가족 | 娘 딸 | アルバイト 아르바이트 | 勉強 공부 | しっかり 단단히, 꽉, 똑똑히, 확고히 | 必要 필요 | おこづかい 용돈 | 学生時代 학창 시절 | 授業料 수업료 | 働く 일하다 | サークル(circle) 서클 | けっこう 꽤, 제법 | お金がかかる 돈이 들다 | ～たびに ～할 때마다 | ～わけにはいかない ～할 수는 없다 | 仕事 일 | 手伝う 돕다 | コンピューター(computer) 컴퓨터 | 原稿 원고 | 大変 엄청남, 매우, 대단함 | 安心 안심

해설 질문과 선택지가 이야기 후에 나오므로 대강의 흐름을 필기한다.
딸이 아르바이트를 하고 싶어 함 → 엄마는 공부에 신경 쓰길 바라며 반대 → 친구 모두가 하고 있고 서클 활동에 돈이 든다고 함 → 엄마는 서클을 그만두라고 함→ 둘의 대화를 듣던 아버지가 딸에게 자신의 일(컴퓨터로 원고를 치는 일)을 도와 달라고 함 → 그에 딸도 동의하고 엄마도 아르바이트를 하지 않아도 되어서 안심함. 하나코가 아르바이트를 안 하기로 한 이유는 아버지 일을 돕기로 했기 때문이다.

3番

まず話を聞いてください。それから、二つの質問を聞いて、それぞれ問題用紙の1から4の中から、最もよいものを一つ選んでください。

3 (◎) 122

女の人が、新しい香りの商品について話しています。

女1 こちらが今テレビでもおなじみの「アロマ物語」でございます。それぞれの香りが持ちます効果によって4つの種類がございます。まず、気持ちが落ち込んでいて元気になりたい、そんな方にお勧めしたいのが「森の物語」。森の木々に囲まれ、緑からパワーをもらって元気になる、そんな効果がございます。こちらは「月の物語」。これは落ち着いた気分になりたいときにお勧めです。夜お休みになる前に枕元に置かれるのもよろしいかと思います。さあ、仕事をするぞ、というときに、頭をすっきりさせる効果があるのがこちら「風の物語」です。ちょっと鼻にツーンと来るのが特徴で、眠気も吹き飛ばしてくれます。そして4つ目が「星の物語」。これはリラックス効果が高く、何かとストレスがたまりやすい方にお勧めです。ただし眠くなりますので車を運転なさる時にはお使いにならないでください。

男　へー、面白そうだね。1つずつ、買ってかない？最近、ストレス多くて疲れてるから、これかな、僕は。

女2 でもそれ、眠くなるからだめよ。あなた車乗ってる時間が長いんだから。こっちの方にしなさいよ。心を落ち着かせる効果があるって言ってたでしょ。

男　そうか。じゃ、これにするか。

女2 私も家事でストレス多いからなあ。よく眠れるようにこれにしよう。

男　えー！いつも気持ちよさそうに寝てますよ、いびきかいて。それより頭がすっきりする香りがいいんじゃないの？また、落ちたんでしょ、車の免許、筆記試験で。

女2 わかったわよ。じゃ、これにする。

質問1 この男の人は、どれを買いますか。
1 森の物語　　　　　　2 月の物語
3 風の物語　　　　　　4 星の物語

質問2 この女の人は、どれををを買いますか。
1 森の物語　　　　　　2 月の物語
3 風の物語　　　　　　4 星の物語

3번

먼저 이야기를 들으세요. 그리고 두 개의 질문을 듣고 각각 문제지의 1~4 중에서 가장 적당한 것을 하나 고르세요.

여자가 새로운 향기 상품에 대해서 이야기하고 있습니다.

여1 이쪽이 지금 텔레비전에서도 잘 알려진 '아로마 이야기'입니다. 각각의 향기가 가지는 효과에 따라서 네 종류가 있습니다. 우선, 기분이 침울해서 기운을 내고 싶다는 분에게 권해드리고 싶은 것이 '숲의 이야기'. 숲의 나무들에 둘러싸여 신록으로부터 힘을 얻어 기운이 나는 효과가 있습니다. 이쪽은 '달의 이야기'. 이것은 차분한 기분이 되고 싶을 때에 추천합니다. 밤에 주무시기 전에 머리맡에 두시는 것도 좋을 거라 생각합니다. 자아, 일을 해야지 할 때 머리를 상쾌하게 하는 효과가 있는 것이 이쪽의 '바람의 이야기'입니다. 약간 코를 톡 쏘는 것이 특징이라 졸음도 날려 줍니다. 그리고 네 번째가 '별의 이야기'. 이것은 긴장을 풀어 주는 효과가 높고, 여러모로 스트레스 쌓이기 쉬운 분에게 추천합니다. 단, 졸리기 때문에 차를 운전하실 때에는 사용하시지 말아 주세요.

남　에~, 재미있을 것 같군. 한 개씩 사 가지고 가지 않을래? 요즘에 스트레스도 많고 피곤하니까 이건가, 나는?

여2 하지만, 그거 졸리니까 안 돼. 당신은 차 타고 있는 시간이 기니깐. 이쪽에 있는 걸로 해. 마음을 안정시키는 효과가 있다잖아.

남　그런가. 그럼 이걸로 할까?

여2 나도 가사 일로 스트레스가 많으니까. 잠이 잘 오도록 이걸로 해야지.

남　에! 항상 기분 좋은 듯이 자고 있잖아, 코 골며. 그것보다 머리가 상쾌해지는 향기가 좋지 않겠어? 또 떨어졌잖아. 운전면허, 필기시험에서.

여2 알았어! 그럼 이걸로 할게.

질문1 이 남자는 어느 것을 삽니까?
1 숲의 이야기　　　　　　2 달의 이야기
3 바람의 이야기　　　　　4 별의 이야기

질문2 이 여자는 어느 것을 삽니까?
1 숲의 이야기　　　　　　2 달의 이야기
3 바람의 이야기　　　　　4 별의 이야기

정답 (1) 2　(2) 3

어휘 香り 향기 | 商品 상품 | おなじみ 잘 앎, 친숙함 | 物語 이야기 | 効果 효과 | 種類 종류 | 落ち込む (기분이)

침울해지다 | 元気(げんき) 원기, 기운 | 勧(すす)める 권하다, 추천하다 | 森(もり) 숲 | 囲(かこ)む 둘러싸다 | 緑(みどり) 녹색, 신록 | 落(お)ち着(つ)く (마음, 행동이) 침착하다 | 枕元(まくらもと) 머리맡, 베갯머리 | 仕事(しごと) 일 | すっきり 상쾌함 | 特徴(とくちょう) 특징 | 眠気(ねむけ) 졸음 | 吹(ふ)き飛(と)ばす 불어 날려 버리다, 물리치다 | リラックス(relax) 릴랙스, 긴장을 품 | 運転(うんてん) 운전 | 家事(かじ) 가사 | 免許(めんきょ) 면허 | 筆記(ひっき) 필기

해설 문제지에 선택지가 있으니 그 옆에 내용을 들으며 필기하며 듣기!

'아로마 향기'는 효과에 따라서 네 종류가 있다.
• 숲의 이야기 : 기분이 침울해서 기운 내고 싶을 때, • 달의 이야기 : 차분해지고 싶을 때, 머리맡에 두면 좋음, • 바람의 이야기 : 머리를 상쾌하게 하는 효과, 졸음도 날려 줌, • 별의 이야기 : 긴장을 풀어줌, 스트레스 쌓이기 쉬운 사람에게 좋음. 단, 졸리므로 운전할 때는 사용하면 안 됨.
남자는 최근 스트레스가 많고 피곤해서 '별의 이야기'로 하려다가 운전을 많이 하므로 졸리지 않고 마음을 안정시키는 '달의 이야기'를 선택했고 여자는 가사 일로 스트레스가 많아 잠이 잘 오는 '별의 이야기'로 하려다가 머리가 상쾌해지는 향기를 권하는 남자의 말대로 '바람의 이야기'를 선택했다.

확인문제 3

문제5. 문제5에서는 좀 긴 이야기를 듣습니다. 이 문제에는 연습은 없습니다. 메모를 해도 됩니다.

1番　2番

問題用紙に何も印刷されていません。まず話を聞いてください。それから、質問とせんたくしを聞いて、1から4の中から、最もよいものを一つ選んでください。

1 ◎ 123

兄二人と妹の3人兄弟が、あるアンケートの結果について話しています。

男1 へー。新聞におもしろいアンケートの結果が出てるよ。「増やしたい時間と減らしたい時間」だってさ。

女 ふうん。面白いアンケートねぇ。わたしが増やしたいのは趣味の時間かな。

男1 うん。このアンケートでも増やしたい時間の1位は趣味の時間だって。

男2 ええ?趣味なんかより、僕は寝る時間がほしいよ。

男1 うん。そうだな。オレも。

女 えー、お兄ちゃんたち、休みの日は昼まで寝てるじゃない?まだ足りないの?

男1 アンケートの第2位は睡眠・休息の時間だから、もっと寝たいって思っている人は多いんだよ。お気の毒様。

女 へー、そうなんだ。減らしたい時間の方は?わたし学校遠いから、通学時間減らしたいなあ。

男1 1位は仕事、次は家事・育児。3位が無駄な時間、だって。そりゃそうだよな。無駄な時間はいらないよな。

男 でも、たまにはぼーっとする時間も必要かも。

1번　2번

문제지에 아무것도 인쇄되어 있지 않습니다. 먼저 이야기를 들으세요. 그리고 질문과 선택지를 듣고 1~4 중에서 가장 적당한 것을 하나 고르세요.

오빠 2명과 여동생, 3남매가 어느 앙케트의 결과에 대해서 이야기하고 있습니다.

남1 헤~ 신문에 재미있는 앙케트 결과가 나와 있어.
'늘리고 싶은 시간과 줄이고 싶은 시간'이라네.

여 흠~, 재미있는 앙케트네. 내가 늘리고 싶은 건 취미 시간이랄까.

남1 응, 이 앙케트에서도 늘리고 싶은 시간의 1위는 취미 시간이래.

남2 에~? 취미 같은 것보다 나는 자는 시간을 갖고 싶어.

남1 응, 그래. 나도.

여 뭐~ 오빠들, 쉬는 날은 정오까지 자지 않아? 그래도 부족한 거야?

남1 앙케트의 제 2위는 수면·휴식 시간이니까 좀 더 자고 싶다는 사람은 많거든. 안 됐군!

여 아~ 그렇구나. 줄이고 싶은 시간 쪽은? 나는 학교가 멀기 때문에 통학 시간을 줄이고 싶어.

남1 1위는 일, 다음은 가사·육아. 3위가 쓸데 없는 시간이래. 그건 그래. 쓸데없는 시간은 필요 없지.

남2 하지만 가끔은 멍하니 있는 시간도 필요할지도.

兄たち二人が増やしたい時間は何ですか。

1 趣味の時間
2 睡眠時間
3 通学時間
4 無駄な時間

오빠 두 명이 늘리고 싶은 시간은 무엇입니까?

1 취미 시간
2 수면 시간
3 통학 시간
4 쓸데없는 시간

정답 2

어휘 趣味 취미 | 睡眠 수면 | 休息 휴식 | お気の毒様 안됐군요, 미안합니다 | 通学 통학 | 家事 가사 | 育児 육아 | 無駄 쓸데없음

해설 통합이해 유형 중 선택지가 없는 문제이며, 질문을 내용 다음에 들려주므로 전체적인 흐름을 필기!
'늘리고 싶은 시간과 줄이고 싶은 시간'이란 앙케트 조사 결과이며 삼남매(오빠2명+여동생)가 서로 자신의 의견을 주고 받는 상황임. → 늘리고 싶은 것에 대해 여동생은 취미 시간을 말했는데 결과에서 1위로 나왔고, 오빠 둘은 자는 시간을 늘리고 싶다고 했는데 이것이 결과의 2위임 → 줄이고 싶은 것에 대에 여동생은 통학 시간이라고 했으나 조사결과는 '일 - 가사, 육아 - 쓸데없는 시간' 순으로 나왔고 오빠 중 한 명은 쓸데없는 시간에 대해 필요 없다고 하고, 또 다른 한명은 때로는 필요할지도 모른다고 함 ⇒ 오빠들이 늘리고 싶어 하는 시간은 수면 시간

2 🎧 124

セールスマンが会社のパンフレットを見せながら、男の人と女の人に野菜の宅配を勧めています。

男1　私どもの会社は、このような建物の中で野菜を作って、直接各ご家庭にお届けしてるんですが、内部はご覧のように、土がありません。土を使わないことで、虫もつきませんし。

女　土を使わないで、どうやって野菜を育てるんですか。

男2　栄養入りの水で育てるんだろう？かえって栄養分は多いんじゃないの。

男1　おっしゃる通りです。栄養分を混ぜたきれいな水と、太陽代わりの照明の光で、一年中おいしい野菜の収穫ができるというわけなんです。

男2　ということは値段も安定しているってことですね。スーパーなんかより安いんですか。

男1　それは、ちょっと。野菜の種類によって、違ってくるんですが…。市販のものよりお安く出来るものもありますし…。

女　まあ、それは直接届けてくれるんだから、割高になるのはわかるんだけど…。でも、建物の中でずっと育てられるんでしょ。太陽の光、当たらないわよね。

男2　でも、衛生的でいいじゃないの。スーパーに買い物にいく手間も省けるし…

女　う～ん、そういうことじゃないのよ。

女の人が、気が進まない理由は何ですか。

1 栄養分が少ないから
2 自然の野菜の方がいいから
3 スーパーで買うより高いから
4 衛生的ではないから

세일즈맨이 회사 팸플릿을 보여 주면서 남자와 여자에게 채소 택배 배달을 권하고 있습니다.

남1　저희 회사는 이런 건물 안에서 채소를 만들어서 직접 각 가정에 보내드리고 있는데요, 내부는 보시는 바와 같이 흙이 없습니다. 흙을 사용하지 않으므로 벌레도 먹지 않습니다.

여　흙을 사용하지 않고 어떻게 채소를 키웁니까?

남2　영양이 들어 있는 물로 키우겠지? 오히려 영양분은 많은 거 아니야?

남1　말씀하신 대로입니다. 영양분을 섞은 깨끗한 물과 태양 대신에 조명 빛으로, 일 년 내내 맛있는 채소를 수확할 수 있는 것입니다.

남2　그렇다는 것은 가격도 안정적이라는 거네요. 슈퍼마켓 같은 곳보다 싼 겁니까?

남1　그건, 약간 채소 종류에 따라서 다른데요. 시판되는 것보다는 싸게 살 수 있는 것도 있고….

여　뭐, 그건 직접 배달해 주니까 비교적 비싸지는 건 이해하지만, 그래도 건물 안에서 쭉 키워지는 거잖아요. 태양 빛은 쬐지 못하는 거죠.

남2　하지만 위생적이어서 좋지 않아? 슈퍼마켓에 장 보러 가는 수고도 덜고.

여　음～, 그런 게 아니야

여자가 마음에 내키지 않는 이유는 무엇입니까?

1 영양분이 적기 때문에
2 자연의 채소 쪽이 좋기 때문에
3 슈퍼마켓에서 사는 것보다 비싸기 때문에
4 위생적이지 않기 때문에

정답 2

어휘 セールスマン(sales man) 세일즈맨 | パンフレット(pamphlet) 팸플릿 | 宅_{たく}配_{はい} 택배 | 直_{ちょく}接_{せつ} 직접 | 内_{ない}部_ぶ 내부 | 栄_{えいよう}養 영양 | 育_{そだ}てる 키우다 | 混_まぜる 섞다 | 照_{しょうめい}明 조명 | 光_{ひかり} 빛 | 収_{しゅうかく}穫 수확 | 安_{あんてい}定 안정 | 種_{しゅるい}類 종류 | 市_し販_{はん} 시판 | 割_{わりだか}高 (품질, 분량 따위에 비해) 값이 비쌈 | 衛_{えいせいてき}生的 위생적 | 手_て間_まを省_{はぶ}く 수고를 덜다

해설 통합이해 유형 중 선택지가 없는 문제이며 질문을 내용 다음에 들려주므로 전체적인 흐름을 필기! 세일즈맨이 여자와 남자에게 채소 택배를 권하고 있음. 건물 안에서 흙을 사용하지 않고, 영양분이 섞인 물과 조명 빛으로 키워 벌레도 먹지 않고, 일 년 내내 채소 수확을 할 수 있다고 함 → 그 말에 남자는 가격도 안정적이며 슈퍼보다 싸냐고 묻자 채소 종류에 따라 다르며, 싸게 살 수 있는 것도 있다고 함 → 비교적 비싼 것은 알겠지만 건물 안에 있으니 '태양빛을 쬘 수 없는 거네요'라고 여자가 강하게 확인을 하자, 위생적이고 수고도 덜고 좋지 않냐는 남자의 말에 여자는 그렇게 아니라고 함 ⇒ 즉, 여자가 내키지 않는 이유는 자연의 채소가 좋기 때문

3番

まず、話を聞いてください。それから二つの質問を聞いて、それぞれ問題用紙の1から4の中から、最もよいものを一つ選んでください。

3 ◎ 125

薬局の人が、風邪薬の説明をしています。

女1 風邪のお薬は今、「コンコン」とか「パル」とか売れてますね。こちらの、「コンコンA」は咳とかのどの痛みによく効きます。「コンコンB」は、アメのようになめるタイプのお薬で、咳よりはのどですね。それから、こっちの「パル」の方は風邪の熱によく効きます。「パル」も2種類あって、熱の他に体がだるい場合は、この「スーパーパル」がお勧めです。「パル」は、でも、ちょっと眠くなる方もいらっしゃるので、運転される場合は、避けたほうがいいですけどね。

女2 熱もあるんでしょ?

男 うん。熱も少しあるけど、咳が止まらなくて。のどもずっと痛いんだよ。

女2 いいかげんにたばこやめなさいよ。も一風邪ひいても吸ってるんだから。

男 ゴホンゴホン。とにかくじゃ、これにするよ。

女2 運転もやめた方がいいよ。

男 それはこっちじゃないでしょ。

女2 あ、そうだっけ。私もなんだかあなたの風邪、うつったみたいだから、このなめるやつ買っとこ。

質問1 この男の人はどれを買いますか。
1 コンコンA
2 コンコンB
3 パル
4 スーパーパル

質問2 この女の人はどれを買いますか。

3번

먼저 이야기를 들으세요. 그리고 두 개의 질문을 듣고 각각 문제지의 1~4 중에서 가장 적당한 것을 하나 고르세요.

약사가 감기약 설명을 하고 있습니다.

여1 감기약은 지금 '콘콘'이라든가 '팰'같은 것이 팔리고 있습니다. 이쪽의 '콘콘A'는 기침이라든가 목이 아플 때 잘 듣습니다. '콘콘B'는 사탕처럼 빨아 먹는 타입의 약으로 기침보다는 목입니다(목에 좋습니다). 그리고 이쪽의 '팰'은 감기의 열에 즉시. '팰'도 2종류가 있고, 열 외에 몸이 나른한 경우는 이 '슈퍼 팰'을 추천합니다. 하지만 '팰'은 졸리는 분도 계시기 때문에 운전하시는 경우에는 피하는 편이 좋겠습니다.

여2 열도 있지?

남 응, 열도 좀 있지만, 기침이 멈추지 않아서, 목도 계속 아프네.

여2 이제 슬슬 담배 끊어. 정말이지 감기 걸려도 피운다니까.

남 콜록콜록. 어쨌든, 그럼, 이걸로 할게.

여2 운전도 안 하는 게 좋아.

남 그건 이쪽이 아니잖아.

여2 아, 그랬던가. 나도 어쩐지 너한테 감기 옮은 것 같으니까 빨아 먹는 약 사둬야겠어.

질문1 이 남자는 어느 것을 삽니까?
1 콘콘A
2 콘콘B
3 팰
4 슈퍼 팰

질문2 이 여자는 어느 것을 삽니까?

1 コンコンA
2 コンコンB
3 パル
4 スーパーパル

1 콘콘A
2 콘콘B
3 팰
4 슈퍼 팰

정답 [1] 1　　[2] 2

어휘 薬局 약국 | 風邪薬 감기약 | 説明 설명 | 咳 기침 | のど 목 | なめる 빨다, 핥다 | 熱 열 | だるい 나른하다 | 避ける 피하다 | ゴホンゴホン 콜록콜록 | いいかげん 적당히, 어지간히

해설 통합이해 유형 중 선택지가 있는 문제이며 선택지에 직접 해당사항을 필기하면서 듣기!
콘콘A : 기침+목 아플 때, 콘콘B : 목(빨아 먹는 타입), 팰 : 열에 효과, 슈퍼 팰 : 나른할 때 하지만 팰 종류는 졸리므로 운전할 때는 피하는 편이 좋음. 남자는 열이 약간 나고, 기침이 멈추지 않아 목이 아픔 호소– 콘콘A / 여자는 남자의 감기가 옮은 것 같아 빨아 먹는 것으로 삼 – 콘콘B

問題1 ◎126

問題1では、まず質問を聞いてください。それから話を聞いて、問題用紙の1から4の中から、最もよいものを一つ選んでください。

1番

1 プロジェクターの設置をする

2 会場に来客の席を確保する

3 ネットで昼食の注文をする

4 社長に確認の電話を入れる

2番

1 上映する作品を変更したこと

2 予定の変更をニュースで確認すること

3 予定変更のために集まること

4 上映したい作品を部長に連絡すること

3番

1 この10年間の農家の調査

2 この10年間の消費者の調査

3 ブランド野菜コーナーの設置

4 野菜料理の実演販売の企画

4番

1 入試課の先生に報告する

2 別の大学の研究室を訪問する

3 研究計画書を完成させる

4 別の大学の先生にコンタクトをとる

5番

1 駅前の交通整理をする

2 警察に協力を依頼する

3 関係者に相談しに行く

4 ほかのメンバーに声をかける

6番

1 英語や中国語会話の勉強を始める

2 メニューをネットで紹介してもらう

3 メニューを3か国語に翻訳する

4 新しい魚料理のメニューを考える

問題2

問題2では、まず質問を聞いてください。そのあと、問題用紙のせんたくしを読んでください。読む時間があります。それから話を聞いて、問題用紙の1から4の中から、最もよいものを一つ選んでください。

1番

1 お金に換えて、生活費にすることができるから
2 被災者を能動的な立場にすることができるから
3 地域社会に全く新しい人間関係が生まれるから
4 保管して、他の地域への救援に利用できるから

2番

1 コストを削減して、保養所を維持する
2 外部の会員制サービス会社に委託する
3 インターネットで利用できるようにする
4 施設の料金やサービスの種類を見直す

3番

1 自分の欠点を直せるようになること

2 目標を決める必要がなくなること

3 自分の実力が正確にわかること

4 自分の長所を伸ばせるようになること

4番

1 効率化を追求し、収益力を上げること

2 正社員を増やし、社員のきずなを強めること

3 創業時の価値観を社員が共有すること

4 技術力を上げて、チャンスを増やすこと

5番

1 原作にない意外な結末を映像化した点

2 人間の微妙な心理を映像で表現した点

3 原作の内容に沿ってていねいに描写した点

4 有名な小説を自由に解釈して映像化した点

6番

1 アメリカの金融政策が失敗したから
2 新興国の実体経済が不況になったから
3 日本の公的機関が株を売ったから
4 下落の前に上がりすぎていたから

7番

1 母親がスポーツジムに誘って、いっしょに運動する
2 父親がジョギングに誘って、いっしょに運動する
3 母親が通っているヨガ教室に、一人で行かせる
4 友だちを誘わせて、一人でスポーツジムに通わせる

問題3

問題3では、問題用紙に何も印刷されていません。この問題は、全体としてどんな内容かを聞く問題です。話の前に質問はありません。まず話を聞いてください。それから、質問と選択肢を聞いて、1から4の中から、最もよいものを一つ選んでください。

―メモ―

問題4

問題4では、問題用紙に何も印刷されていません。まず文を聞いてください。それから、それに対する返事を聞いて、1から3の中から、最もよいものを一つ選んでください。

―メモ―

問題5

問題5では、長めの話を聞きます。この問題には練習はありません。メモをとっても かまいません。

1番、2番

問題用紙に何も印刷されていません。まず話を聞いてください。それから、質問と 選択肢を聞いて、1から4の中から、最もよいものを一つ選んでください。

―メモ―

정답 및 해설 p.143

3番

まず話を聞いてください。それから、二つの質問を聞いて、それぞれ問題用紙の1から4の中から、最もよいものを一つ選んでください。

質問1

   1   1番のＣＤ

   2   2番のＣＤ

   3   3番のＣＤ

   4   4番のＣＤ

質問2

   1   1番のＣＤ

   2   2番のＣＤ

   3   3番のＣＤ

   4   4番のＣＤ

문제 1 　 문제1에서는 우선 질문을 들으세요. 그리고 이야기를 듣고 문제지의 1~4 중에서 가장 적당한 것을 하나 고르게요.

1 ▶ 02:00

会社で女の人と男の人が話しています。男の人はこのあと
まず何をしますか。

女 明日の企画全体会議の件なんだけど、社長の入りは、
　 どうなった？

男 はい。先ほど、社長から連絡いただきまして、予定通
　 り第二部の頭から参加されるそうです。

女 そう。じゃあ、会場のセッティングのほうは？

男 それはあの……明日の朝一でも間に合うかな、と思っ
　 ていたんですが。今回はプロジェクターの設置だけだ
　 と聞いてたものですから。

女 いや、外部からのお客さんも参加するはずだから、受
　 付も通して、ちゃんと席の用意もしなきゃね。

男 そうなんですか。じゃあ、確認して、今日中に準備し
　 ておきます。

女 うん、それから、お昼なんだけど、こないだのネット
　 で注文できるのがあったでしょ。あれを人数分、頼ん
　 どいてくれると助かるんだけど。明日の会議だから早
　 いほうがいいかな。

男 承知しました。

女 こっちは、社長に連絡して、車の手配が要るかどうか
　 確認するから、よろしくね。

男 はい。

男の人はこのあとまず何をしますか。
1 プロジェクターの設置をする。
2 会場に来客の席を確保する。
3 ネットで昼食の注文をする。
4 社長に確認の電話を入れる。

회사에서 여자와 남자가 이야기하고 있습니다. 남자는 이후에
우선 무엇을 합니까?

여 내일 기획 전체 회의 건인데, 사장님 입장은 어떻게 하기로
　 되었지?

남 네. 조금 전에 사장님께 연락을 받는데, 예정대로 2부의
　 처음부터 참가하신다고 합니다.

여 그래. 그럼 회의장의 배치는?

남 그건 저… 내일 아침 일찍 하면 되지 않을까 생각했거든요.
　 이번에는 프로젝터 설치만 하면 된다고 들어서.

여 아니야. 외부에서 손님도 참가할 테니까 접수처와 제대로
　 좌석 준비도 해야 해요.

남 그렇습니까? 그럼, 확인하고 오늘 중으로 준비해 놓겠습니
　 다.

여 응, 그리고 점심인데, 요전에 인터넷으로 주문할 수 있는 게
　 있었지? 그것을 인원수만큼 주문해 주면 고맙겠어. 내일 회
　 의니까 빠른 편이 좋겠지.

남 알겠습니다.

여 이쪽은 사장님께 연락해서 차량 준비가 필요한지 확인할 테
　 니까 부탁해.

남 네.

남자는 이후에 우선 무엇을 합니까?
1 프로젝터 설치를 한다.
2 회의장에 방문객의 좌석을 확보한다.
3 인터넷으로 점심 식사 주문을 한다.
4 사장님께 확인 전화를 넣는다.

정답 3 　 **문제유형** 과제이해

어휘 連絡 확인 | 手配 준비 | 要る 필요하다 | 確認 확인 | 明日 내일 | 企画 기획 | 全体 전체 | 会議 회의 | 先ほど 조금 전 | 連絡 연락 | いただく 받다 | 予定通り 예정대로 | 参加 참가 | 会場 회의장 | セッティン 세팅, 배치함 | 朝一 아침에 제일 먼저 | 間に合う 시간에 대다 | プロジェクター 프로젝터, 영사기 | 設置 설치 | 外部 외부 | 受付 접수 | ちゃんと 분명히 | 用意 준비 | 確認 확인 | 今日中に 오늘 중으로 | 準備 준비 | お昼 점심 | 注文 주문 | 人数分 인원 수 | 頼んどく 부탁해 두다 | 助かる 살아나다, 도움이 되다 | 承知する 이해하다

해설 이 문제는 과제 수행자가 남자인 것을 파악하고 듣는 게 무엇보다 중요하다. 마지막의 여자의 대화 중 「あれを人数分, 頼んどいてくれると助かるんだけど (그것을 인원수만큼 주문해 주면 고맙겠어)」에서 여자는 과제 수행자인 남자에게 점심 식사 주문의 과제를 내고 있음을 알 수 있다.

2 ▶ 03:42

大学の「映画研究サークル」の部室で、女の学生と男の学生が話しています。女の学生はサークルの他のメンバーに何を伝えますか。

女 部長、この秋の映画の上映会なんですけど、予定してた作品は、どうも無理そうですね。

男 うん、僕もそう思う。あんなに大騒ぎになるとはね。みんなニュース見て知ってると思うけど。

女 ええ、女子の部員たちは、みんな連絡して、もうあきらめちゃってますよ。

男 だけど、一応、みんなの意見、確認しなきゃいけないから……

女 また、一から出直しですか。

男 ていうか、みんなで作品を決めたときに、第2候補も決めといたよね。

女 そっかあ。じゃ、あのドキュメンタリー作品で行くってことですね。

男 うーん、僕はそのつもりだけど、やっぱり全員に招集をかけないとね。上映したい作品を考えて来いって。みんな、いろいろあると思うよ。

女 そうですね。

男 じゃあ、みんなにメールで連絡しといてくれる？

女 はい。

女の学生はサークルの他のメンバーに何を伝えますか。
1 上映する作品を変更したこと
2 予定の変更をニュースで確認すること
3 予定変更のために集まること
4 上映したい作品を部長に連絡すること

대학 '영화 연구 동아리' 의 부실에서 여학생과 남학생이 이야기하고 있습니다. 여학생은 동아리의 다른 멤버에게 무엇을 전합니까?

여 부장님 올가을 영화 상영회 말인데요. 예정했던 작품은 아무래도 무리인 것 같아요.

남 응, 나도 그렇게 생각해. 그렇게 야단법석일 줄은. 모두 뉴스를 보고 알고 있다고는 생각하지만.

여 네, 여자 부원들은 모두 연락하여 벌써 단념하고 있어요.

남 하지만, 일단 모두의 의견 확인하지 않으면 안 되니까…

여 또 처음부터 다시 시작하나요?

남 아니, 그보다 모두가 작품을 정했을 때 두 번째 후보도 정해 뒀었지?

여 맞다, 그럼 그 다큐멘터리 작품으로 한다는 것이군요.

남 음, 나는 그럴 생각인데 역시 전원 소집해야지. 상영하고 싶은 작품을 생각해서 오라고 해. 모두, 여러 가지 있을 거라고 생각해.

여 그렇죠.

남 그럼, 모두에게 메일로 연락해 줄래?

여 네.

여학생은 동아리의 다른 멤버에게 무엇을 전합니까?
1 상영하는 작품을 변경한 것
2 예정 변경을 뉴스로 확인하는 것
3 예정 변경을 위해서 모이는 것
4 상영하고 싶은 작품을 부장에게 연락하는 것

정답 3   **문제유형** 과제이해

어휘 上映会 상영회 | 作品 작품 | どうも 아무래도 | 大騒ぎ 큰 소란 | 一応 일단 | 確認 확인 | 出直し 처음부터 다시 함 | 第2候補 제 2후보 | ドキュメンタリ 다큐멘터리 | 招集をかける 소집하다

해설 남자의 마지막 대화에서 정답의 힌트를 찾을 수 있다. 즉 「やっぱり全員に招集をかけないとね。上映したい作品を考えて来いって。みんな、いろいろあると思うよ (역시 전원 소집해야지. 상영하고 싶은 작품을 생각해서 오라고 해요. 모두 여러 가지 있을 거라고 생각해),」에서 남자는 여자에게 동아리 멤버에게 모이라고 연락하라는 과제를 내고 있는 것을 알 수 있다.

3 ▶ 05:24

スーパーで、女の店長と男の店員が話しています。男の店員はこのあと何をしますか。

女 きのうテレビでやってたけど、最近、大都市で農業を始める人が増えてるんだって。知ってた？　でね、うちでも地元で取れた、新鮮で、おいしくて、しかも安全な野菜のコーナーを作ろうと思うんだけど、まずは、市内の、そういう新規で、無農薬栽培の農家を調

슈퍼에서 여자 점장과 남자 점원이 이야기하고 있습니다. 남자 점원은 이후에 무엇을 합니까?

여 어제 텔레비전에서 했는데. 최근 대도시에서 농업을 시작하는 사람이 늘고 있대. 알고 있었어? 그래서 우리도 우리 고장에서 수확한 신선하고 맛있고 게다가 안전한 야채 코너를 만들려고 하는데. 우선은 시내의 그런 신규로 무농약 재배 농가를 조사해봐 주지 않겠어?

べてみてくれないかな。

男 あー、確か、10年前くらいに市内の農家について調べた資料があるはずなんで、それ以降、ということでいいでしょうか。

女 そうね。この10年で、この辺もずいぶん住宅地が増えて、客層が若返ってきてるし、最近の若い人は、健康志向で、食べ物の安全性には敏感でしょう？

男 なるほど。

女 地方で頑張ってる農家の野菜もいいけど、結局、運送料がかかって割高になっちゃうでしょ。

男 そうですね。じゃ、今やってる、産地直送のブランド野菜のコーナーは……

女 うん。それはそのまま継続。あ、それから、地元の野菜を使った実演販売も企画してるから、また相談に乗ってね。じゃ、さっき頼んだこと、お願いね。

男 はい、わかりました。やっておきます。

男の店員はこのあと何をしますか。
1 この10年間の農家の調査
2 この10年間の消費者の調査
3 ブランド野菜コーナーの設置
4 野菜料理の実演販売の企画

남 아~, 아마 10년 전쯤에 시내의 농가에 대해서 조사한 자료가 있을 테니까, 그 후부터라도 괜찮을까요?

여 그렇네. 최근 10년에 이 주변도 상당히 주택지가 늘고 손님층이 젊은 사람으로 바뀌고 있고 최근 젊은 사람은 건강 지향으로 음식의 안전성에는 민감하지?

남 그렇군요.

여 지방에서 애쓰는 농가의 야채도 좋지만, 결국 운송료가 들어서 가격이 비교적 비싸지고 말아요.

남 그렇군요. 그럼 지금 하고 있는 산지 직종 브랜드 야채 코너는…

여 응. 그건 그대로 계속. 아! 그리고 우리 고장의 야채를 사용한 실연(시식) 판매도 기획하고 있으니까 또 상담에 응해줘. 그럼 아까 부탁한 거 부탁해.

남 네, 알겠습니다. 해 놓겠습니다.

남자 점원은 이후에 무엇을 합니까?
1 최근 10년간의 농가 조사
2 최근 10년간의 소비자 조사
3 브랜드 야채 코너의 설치
4 야채 요리의 실연 판매 기획

정답 1 **문제유형** 과제이해

어휘 大都市 대도시 | 農業 농업 | 地元 그 고장 | 取れる 수확되다 | 新鮮 신선 | しかも 게다가 | 新規 신규 | 無農薬栽培 무농약 재배 | 農家 농가 | 調べる 조사하다 | 確か 확실히 | 資料 자료 | 以降 이후 | ずいぶん 상당히 | 住宅地 주택지 | 客層 손님 층 | 若返る 젊어지다 | 健康志向 건강지향 | 敏感 민감 | 地方 지방 | 運送料 운송료 | 割高 비교적 비쌈 | 産地直送 산지직송 | 継続 계속 | 実演販売 실연 판매(실제로 상품을 사용해 보이는 것) | 企画 기획 | 相談に乗る 상담에 응하다

해설 남자에게 과제를 내주는 여자의 처음 대화에서 정답을 찾을 수 있다. 즉 여자는 남자에게「まずは、市内の、そういう新規で、無農薬栽培の農家を調べてみてくれないかな (우선은 시내의 그런 신규로 무농약 재배 농가를 조사해봐 주지 않겠어?)」라고 말하고 있으므로 남자는 최근 10년간의 농가 조사를 한다는 것을 알 수 있다.

4 ▶ 07:23

大学で男の留学生と入試課の先生が話しています。男の留学生はこのあとまず何をしなければなりませんか。

男 先生。私は、いま、学部研究生なんですが、ですから、来年は大学院に進学しないといけないんですが、ほかの大学の大学院に進学しても大丈夫なんでしょうか。

女 えーと、ジョンさんは、指導教官は、商学研究科の田中先生でしたね。えー、基本的には、内部進学のほうが、いろいろ先生のアドバイスを受けられるので、安心だと思うのですが。

男 実は、私は、日本の流通業の研究をしたいと思って、改めて研究計画書を書き直しているのですが、今回の研究テーマの先生は、ほかの大学にいることがわかっ

대학에서 남자 유학생과 입시과 선생님이 이야기하고 있습니다. 남자 유학생은 이후에 우선 무엇을 해야 합니까?

남 선생님. 저는 지금 학부 연수생입니다만, 그래서 내년에는 대학원에 진학하지 않으면 안 되는데요, 다른 대학의 대학원에 진학해도 괜찮습니까?

여 음, 정 씨는 지도 교관이 상업학 연구과의 다나카 선생님이었죠. 에~, 기본적으로는 내부 진학 쪽이 여러 선생님의 조언을 받을 수 있기 때문에 안심이 되리라 생각합니다만.

남 사실은 저는 일본의 유통업 연구를 하고 싶어서 새롭게 연구 계획서를 다시 쓰고 있습니다만, 이번의 연구 주제의 선생님은 다른 대학에 있는 것을 알았습니다.

JLPT N1 청해 **123**

たんです。

女 そうですか。それは、田中先生もご存知なんですか。

男 はい、実は、田中先生からのご紹介なんです。流通業なら、その先生がいいだろうって。

女 うーん。じゃ、その先生とコンタクトをとったんですか。

男 それは、まだなんですが、先に、入試課の先生に相談するようにって、言われまして。

女 それなら、まず、その先生にメールを送って、研究室を訪問するんですね。もちろん、その前に研究計画書を仕上げて、ちゃんとメールに添付するんですよ。

男 はい。

女 じゃあ、その先生とコンタクトがとれたら、こちらにも報告してくださいね。

男 わかりました。

男の留学生はこのあとまず何をしなければなりませんか。

1 入試課の先生に報告する。
2 別の大学の研究室を訪問する。
3 研究計画書を完成させる。
4 別の大学の先生にコンタクトをとる。

여 그렇습니까? 그 일은 다나카 선생님도 알고 계십니까?

남 네, 사실은 다나카 선생님의 소개입니다. 유통업이라면 그 선생님이 좋을 거라고.

여 음, 그럼 그 선생님과 연락은 했습니까?

남 그건, 아직이지만. 먼저 입시과의 선생님께 상담드리라고 해서요.

여 그렇다면 우선 그 선생님께 메일을 보내서 연구실을 방문하세요. 물론 그 전에 연구 계획서를 완성하여 제대로 메일에 첨부하는 거예요.

남 네.

여 그럼, 그 선생님과 연락이 되면, 이쪽에도 보고해 주세요.

남 알겠습니다.

남자 유학생은 이후에 우선 무엇을 해야 합니까?

1 입시과 선생님께 보고한다.
2 다른 대학 연구실을 방문한다.
3 연구 계획서를 완성시킨다.
4 다른 대학 선생님께 연락한다.

정답 3 연구 계획서를 완성시킨다 **문제유형** 과제이해

어휘 学部研究生(がくぶけんきゅうせい) 학부 연구생 | 指導教官(しどうきょうかん) 지도교관 | 商学研究科(しょうがくけんきゅうか) 상학 연구과 | 基本的(きほんてき) 기본적 | 内部(ないぶ) 내부 | アドバイス 충고, 조언 | 流通業(りゅうつうぎょう) 유통업 | 改(あらた)めて 다시 | 書(か)き直(なお)す 다시 쓰다 | ご存知(ぞんじ)だ 알고 계시다 | コンタクトをとる 접촉을 하다 | 入試課(にゅうしか) 입시과 | ちゃんと 확실히, 분명히 | 添付(てんぷ) 첨부 | 報告(ほうこく) 보고

해설 과제를 내는 여자는 마지막 두 번째 대화에서 「まず、その先生にメールを送って、研究室を訪問するんですね。もちろん、その前に研究計画書を仕上げて、ちゃんとメールに添付するんですよ (우선 그 선생님께 메일을 보내서 연구실을 방문하세요. 물론 그 전에 연구 계획서를 완성하여 제대로 메일에 첨부하는 거예요.)」라고 말하고 있으므로 남자는 방문하기 전에 먼저 연구 계획서를 완성해야 함을 알 수 있다.

---

5 ▶ 09:37

地方の町で活動するボランティアサークルの男の学生と女の学生が話しています。男の学生はこれから何をしますか。

男 先輩、相変わらず、朝夕のラッシュ時の駅前は、車が渋滞して大変ですね。

女 うん。通勤通学の送り迎えの車がね。このままだと、マイカーの乗り入れを禁止するか、別のルートを作るかしかないのかな。

男 ほんと、バスの利用者が困りますよね。ほとんど動かなくなりますもんね。

女 チラシを配って呼び掛けたところで、運転してる人には声が届かないでしょうからね？
ねえ、あなたが、交通整理、やってみない？

지방 도시에서 활동하는 자원봉사 동아리의 남학생과 여학생이 이야기하고 있습니다. 남학생은 이제부터 무엇을 합니까?

남 선배님, 여전히 아침저녁 러시아워 때의 역 앞은 차가 정체되어 힘들군요.

여 응, 통근 통학의 송영(전송과 마중) 차가. 이 상태라면 자가용 타고 들어 오는 것을 금지하든지 다른 노선을 만들든지 할 수밖에 없겠어.

남 맞아요, 버스 이용자가 곤란해요. 거의 움직이지 않고 있어요.

여 전단지를 배포해서 호소한들, 운전하고 있는 사람에게는 목소리가 닿지 않으니까.
당신이 교통정리 해 볼래?

男 僕が手を振って「はーい、ここに車を止めて、先にバスを通して！」って、やるんですか。	남 제가 손을 흔들며 '네, 여기에 차를 멈추고 먼저 버스를 지나가게 해요'하는 건가요?
女 うーん、まずは、警察やバスの会社の協力をあおいだらどうかって案もあったんだけど。	여 응, 우선은 경찰과 버스 회사의 협력을 청하면 어떨까 하는 안도 있었는데.
男 そうですか。やってみますか。	남 그렇습니까? 해 볼까요?
女 ここは、やっぱりボランティアの出番じゃないかなあ。町民の意識を高めるためにもね。	여 여기는 역시 자원봉사가 나설 순서가 아닐까? 시민의 의식을 높이기 위해서라도.
男 たしかに。僕らが無償で動けば、利用者も協力してくれますよね。	남 맞아요. 우리들이 무보수로 움직이면 이용자도 협력해 줄 거예요.
女 最初は、みんな冷たいかもしれないけど、すぐに感謝されるようになると思うよ。	여 처음에는 모두 냉담할지도 모르지만 곧 감사하게 될 거라 생각해.
男 地域の皆さんのためですもんね。	남 지역의 모든 사람을 위해서니까요.
女 わたしのほうから、駅とか関係者には挨拶に行って話をつけとくから。	여 나는 역 관계자에게 인사하러 가서 이야기를 마무리 지어놓을 테니까.
男 けど、他のメンバーじゃなくて僕で良いんですか。	남 그런데, 다른 사람이 아니고 저로 괜찮겠습니까?
女 もちろーん。ほかのメンバーにも声をかけてみるけど、とりあえずは第一号ということで。	여 물론. 다른 멤버에게도 얘기해 보겠지만, 우선은 제 1호라고 하는걸로.
男 わかりました。	남 알겠습니다.

男の学生はこれから何をしますか。
1 駅前の交通整理をする。
2 警察に協力を依頼する。
3 関係者に相談しに行く。
4 ほかのメンバーに声をかける。

남자 학생은 이제부터 무엇을 합니까?
1 역 앞의 교통정리를 한다.
2 경찰에게 협력을 의뢰한다.
3 관계자에게 상담하러 간다.
4 다른 구성원에게 이야기를 건다.

정답 1 **문제유형** 과제이해

어휘 相変わらず 변함없이 | 朝夕 아침 저녁 | ラッシュ時 러시아워 | 渋滞 정체 | 通勤通学 통근 통학 | 送り迎え 송영(전송과 마중) | 乗り入れ禁止 차를 탄 채로 들어오는 것을 금지함 | ルートを作る 경로를 만들다 | 呼び掛ける 호소하다 | 声が届く 목소리가 닿다 | 交通整理 교통정리 | 手を振る 손을 흔들다 | 警察 경찰 | 協力をあおぐ 협력을 청하다 | ボランティア 자원봉사 | 出番 나설 차례 | 町民 마을 주민 | 意識を高める 의식을 높이다 | 無償 무상 | 話をつける 이야기를 마무리 하다 | 声をかける 말을 걸다

해설 여자의 대사 중「ここは、やっぱりボランティアの出番じゃないかなあ。町民の意識を高めるためにもね (여기는 역시 자원봉사가 나설 차례가 아닐까? 시민의 의식을 높이기 위해서라도)」라는 말에 남자는 「たしかに(분명히 그래요)」하고 여자의 말을 그대로 받아드리고 있는 것으로 보아 과제 수행자인 남자는 이 후에 역 앞의 교통정리를 한다는 것을 알 수 있다.

---

6 ▶▶ 11:55

日本料理店の店長が話しています。このあと店員はどうしますか。	일본 요리점 점장이 이야기하고 있습니다. 이후에 점원은 어떻게 합니까?
男 えー、ここのところ外国人観光客が急に増えて、皆さんも接客で困ることもあるかと思いますが、せっかく足を運んでくれた外国のお客さんですから、うまく対応できないと、店の評判に大きく響きます。みなさんに、一夜漬けで英語や中国語の勉強をしろとは言いませんが、ネットでグルメ情報を紹介している会社が、外国人のお客さん用に、メニューを英語、中国語、韓	남 에, 요즈음 외국인 관광객이 갑자기 늘어 여러분도 접객으로 힘든 일이 있을 거라고 생각합니다만, 모처럼 찾아와 준 외국 손님들이니까 잘 대응하지 못하면 가게의 평판에 크게 영향을 줍니다. 여러분에게 벼락치기로 영어와 중국어를 하라고는 말하지 않겠습니다만, 인터넷으로 음식 정보를 소개하고 있는 회사가 외국인 손님용으로 메뉴를 영어, 중국어, 한국어로 번역할 수 있는 서비스를 실시하고 있으니, 당장

国語に翻訳できるサービスを行っているので、さっそく利用してみてください。それができたら、さらに、この商店街のほかの店と協力して、外国人用の新メニューを用意しようと考えています。それで、うちの魚料理を食べた後に、となりの肉料理を食べられるようにするとかですね。では、さっそく、とりかかってみてください。

このあと店員はどうしますか。
1 英語や中国語会話の勉強を始める。
2 メニューをネットで紹介してもらう。
3 メニューを3か国語に翻訳する。
4 新しい魚料理のメニューを考える。

이용해 봐주세요. 그것이 가능해지면 그다음에 이 상점 가의 다른 가게와 협력하여 외국인용의 새로운 메뉴를 준비하려고 생각하고 있습니다. 그래서 우리 가게의 생선 요리를 먹은 후에 옆집의 고기 요리를 먹을 수 있도록 한다는 말이죠. 그럼 바로 시작해 보세요.

이 후에 점원은 어떻게 합니까?
1 영어나 중국어 회화 공부를 시작한다.
2 메뉴를 인터넷으로 소개받는다.
3 메뉴를 3개 국어로 번역한다.
4 새로운 생선 요리 메뉴를 생각한다.

정답 3　**문제유형** 과제이해

어휘 ここのところ 요즘 | 観光客(かんこうきゃく) 관광객 | 接客(せっきゃく) 접객 | 足を運ぶ(あしをはこぶ) 일부러 방문하다 | 対応(たいおう) 대응 | 評判(ひょうばん) 평판 | 響く(ひびく) 울리다 | 一夜漬け(いちやづけ) 벼락치기 | グルメ情報(じょうほう) 음식(요리) 정보 | 翻訳(ほんやく) 번역 | さっそく 즉시 | 商店街(しょうてんがい) 상점가 | 協力(きょうりょく) 협력 | 用意(ようい) 준비 | 取り掛かる(とりかかる) 착수하다

해설 남자는 설명의 중간 부분에서「メニューを英語、中国語、韓国語、に翻訳できるサービスを行っているので、さっそく利用してみてください。それができたら、さらに、」'메뉴를 영어, 중국어, 한국어로 번역할 수 있는 서비스를 실시하고 있기 때문에 당장 이용해 봐 주세요. 그것이 가능해 지면 그 다음에'라고 말하고 있는 것으로 보아 이후에 점원은 메뉴를 3개 국어로 번역해 보는 일을 제일 먼저 한다는 것을 알 수 있다.

문제 2　문제2에서는 우선 질문을 들으세요. 그후, 문제지의 선택지를 읽으세요. 읽을 시간이 있습니다. 그리고 이야기를 듣고 문제지의 1~4 중에서 가장 적당한 것을 하나 고르세요.

1　▶▶ 15:40

男の学生と女の学生が話しています。女の学生は、どうして救援物資の「耳かき」を一人に100個贈るのだと言っていますか。

男 林さんって、ボランティアやってるんだね。ブログ読んだよ。地震の被災地に救援物資とかも届けてるんだろう？　すごいね。
女 うん、当たり前のこと、してるだけだけどね。
男 でね、ブログに、例えば、「耳かき」が欲しいって人には、「耳かき」を100個届けるって書いてあったでしょ。あれって、どういう意味なのかな？
女 ああ、あれね。私たちのグループで、ずっとやってきたことなんだけどね。一人に1個で充分じゃないかって、ぜいたくじゃないかって言われたりするんだけど、ちがうんだよね。
男 残った99個をどうするかが問題だよね。ほかの人に売ってお金に換えてもらおうってこと？

남학생과 여학생이 이야기하고 있습니다. 여학생은 어째서 구원 물자인 '귀이개'를 한 사람에게 100개 보낸다고 말하고 있습니까?

남 하야시 씨는 자원봉사 하고 있지? 블로그 읽었어. 지진 피해 지역에 구원 물자 같은 것도 보내고 있지? 대단해.
여 응, 당연한 일 하고 있을 뿐인데.
남 그래서 말인데 블로그에 예를 들면 '귀이개'가 필요한 사람에게는 '귀이개'를 100개 보낸다고 쓰여 있었는데. 그건 어떤 의미야?
여 아~ 그거. 우리 그룹에서 쭉 해온 일인데. 한 사람에게 한 개로 충분하지 않나? 사치 아닌가? 하고 말들하곤 하는데 그게 아니야.

남 남은 99개를 어떻게 하는가가 문제네. 다른 사람에게 팔아서 돈으로 바꾸자는 의미인가?

女 じゃなくて、ただ配ってもらうのよ。っていうか、受けとった人は自然に周りの人に配るようになるのよ。そうしたら、ただ救援を待つだけだった人が、積極的に動いて支援する側になれるでしょ。そうやって、地域社会のつながりを取り戻すことができるようになるのよ。

男 なるほど。僕はまた、残りは取っといて、将来別のところで災害が起きたときに届けてもらうのかなあと思ったりして…?

女 えっ！そんな回りくどいことするわけないでしょ。

女の学生は、どうして救援物資の「耳かき」を一人に100個贈るのだと言っていますか。

1 お金に換えて、生活費にすることができるから
2 被災者を能動的な立場にすることができるから
3 地域社会に全く新しい人間関係が生まれるから
4 保管して、他の地域への救援に利用できるから

여 그게 아니고, 그냥 나누어 주게 한다고 할까? 받은 사람은 자연스럽게 주위 사람에게 나누어 주게 돼. 그렇게 하면 그저 도움을 기다리기만 했던 사람이 적극적으로 움직여서 지원하는 쪽이 될 수 있지. 그렇게 해서 지역사회의 관계를 되돌릴 수가 있게 되는 거야.

남 그렇군. 나는 또 남은 건 가지고 있다가 장래에 다른 곳에서 재해가 일어났을 때 보내라는 건가 하고 생각해서…

여 뭘! 그런 번거로운 일을 할 이유 없잖아.

여학생은 어째서 구원 물자인 '귀이지'를 한 사람에게 100개 보낸다고 말하고 있습니까?

1 돈으로 바꾸어 생활비로 할 수가 있기 때문에
2 이재민을 능동적인 입장으로 만들 수가 있기 때문에
3 지역 사회에 완전히 새로운 인간관계가 만들어 지므로.
4 보관하여 다른 지역으로의 구원에 이용할 수 있으므로.

[정답] 2 **[문제유형]** 포인트이해

[어휘] ボランティア 자원봉사 | ブログ 블로그 | 地震(じしん) 지진 | 被災地(ひさいち) 재해 지역 | 救援(きゅうえん) 구원 | 物資(ぶっし) 물자 | 耳(みみ)かき 귀이개 | ぜいたく 사치 | 受(う)けとる 받아들이다 | 救援(きゅうえん) 구원 | 積極的(せっきょくてき) 적극적 | 支援(しえん) 지원 | 地域社会(ちいきしゃかい) 지역사회 | 取(と)り戻(もど)す 되돌리다 | 将来(しょうらい) 장래 | 災害(さいがい) 재해 | 回(まわ)りくどい 번거롭다

[해설] 여자의 대화 중「ただ救援を待つだけだった人が、積極的に動いて支援する側になれるでしょ (그저 도움을 기다리기만 했던 사람이 적극적으로 움직여서 지원하는 쪽이 될 수 있지)」에서 귀이개를 한 사람에게 100개 보내는 이유는 재해 피해자들이 적극적인 입장이 될 수 있다고 생각해서 하고 있음을 알 수 있다.

---

2 ▶▶ 18:13

家電メーカーの社長が社員に話しています。社長は今後、会社の福利厚生をどのようにすると言っていますか。

男 これまで、わが社の福利厚生の目玉として多くの皆さんに利用してもらってきました軽井沢の宿泊施設ですが、不景気が続いて、多くの企業がコスト削減のため保養所を手放すなか、我が社は社員の皆さんのため、なんとか維持してきたわけですが、とうとうそれも見直す必要に迫られています。というのも、インターネットを利用した会員制のサービスをしている会社がありまして、そこに我が社の社員サービスをそっくりアウトソーシングすれば、会費はかかりますが、これまで以上に安いお値段で多様な福利厚生サービスを受けられることがわかったのです。

社長は今後、会社の福利厚生をどのようにすると言っていますか。

1 コストを削減して、保養所を維持する。
2 外部の会員制サービス会社に委託する。
3 インターネットで利用できるようにする。
4 施設の料金やサービスの種類を見直す。

가전 업체의 사장이 사원에게 이야기하고 있습니다. 사장은 앞으로 회사 복리 후생을 어떻게 한다고 말하고 있습니까?

남 이제까지 우리 회사의 복리 후생의 중심으로서 많은 여러분이 이용해 주신 가루이자와의 숙박 시설입니다만, 불경기가 계속되어 많은 기업이 비용 삭감을 위해서 휴양소를 처분하는 가운데 우리 회사는 사원 여러분을 위해서 어떻게든 유지해 왔습니다만, 결국 그것도 재고할 필요성에 직면해 있습니다. 왜냐하면 인터넷을 이용한 회원제 서비스를 하고 있는 회사가 있어서 그곳에 우리 회사의 사원 서비스를 모조리 용역을 주면 회비는 들겠습니다만, 어느 때보다 저렴한 가격으로 다양한 복리 후생을 받을 수 있는 것을 알았습니다.

사장은 앞으로 회사의 복리 후생을 어떻게 하겠다고 말하고 있습니까?

1 비용을 삭감하여 휴양 시설을 유지한다.
2 외부의 회원제 서비스 회사에 위탁한다.
3 인터넷으로 이용할 수 있게 한다.
4 시설 요금과 서비스의 종류를 재고한다.

정답 2 　**문제유형** 포인트 이해

어휘 福利厚生 복리 후생 | 目玉 가장 중심이 되는 것, 관심을 끄는 것 | 軽井沢 가루이자와 | 宿泊施設 숙박시설 | 不景気 불경기 | コスト 비용 | 削減 삭감 | 保養所 휴양소 | 手放す 손에서 놓다, 처분하다 | 維持 유지 | とうとう 마침내, 결국 | 見直す 재고하다, 다시 보다 | 迫る 닥쳐오다, 강요하다 | そっくり 그대로, 죄다 | アウトソーシング 아웃소싱 | 会費 회비 | 多様 다양함

해설 남자는 뒤 부분에서 「そこに我が社の社員サービスをそっくりアウトソーシングすれば、会費はかかりますが (그곳에 우리 회사의 사원 서비스를 모조리 용역을 주면 회비는 들겠습니다만)」이라고 말하고 있는 것으로 보아 회사의 복리 후생은 외부에 위탁하여 진행하겠다는 것을 알 수 있겠다.

---

3 ▶ 20:00

大学受験の説明会で先生が話しています。先生はフィードバックの一番の利点はどんなことだと言っていますか。

女 よく、春先に進学希望を聞きますと、何も考えずに有名大学の名前を挙げる人がいます。ほとんどは、自分を客観的に評価できず、実力とはかけ離れた場合が多いと言えるでしょう。ただ、大学ならどこでもいいと、目標もなく勉強するよりは良いのかもしれません。そこで、皆さんにお勧めするのがフィードバックです。例えば、3か月ごとの目標を決めて、結果がどれだけ最初の目標と違っているか確かめます。そうして、何が良かったのか悪かったのかを振り返るのです。そうすることで、自分にできること出来ないことが客観的に見えてきて、確実な評価ができるようになるというわけです。

先生はフィードバックの一番の利点はどんなことだと言ってますか。
1 自分の欠点を直せるようになること
2 目標を決める必要がなくなること
3 自分の実力が正確にわかること
4 自分の長所を伸ばせるようになること

대학 수험 설명회에서 선생님이 이야기하고 있습니다. 선생님은 피드백의 가장 큰 이점은 어떤 것이라고 말하고 있습니까?

여 흔히, 이른 봄에 진학 희망을 물으면 아무 생각 없이 유명 대학의 이름을 올리는 사람이 있습니다. 대부분은 자신을 객관적으로 평가하지 못해 실력과는 동떨어진 경우가 많다고 말할 수 있겠죠. 대학이라면 어디라도 좋다고, 목표도 없이 공부하는 것 보다는 좋을지도 모르겠습니다. 그래서 여러분께 권해 드리는 것이 피드백입니다. 가령 3개월마다 목표를 정해서 결과가 어느 정도 처음 목표와 다른지 확인합니다. 그렇게 하여 무엇이 좋았고 나빴는지를 되돌아보는 것입니다. 그렇게 함으로써 자신이 할 수 있는 것과 할 수 없는 것이 객관적으로 보이기 시작해 확실한 평가를 할 수 있게 되는 것입니다.

선생님은 피드백의 가장 큰 이점은 어떤 것이라고 말하고 있습니까?
1 자신의 결점을 고칠 수 있게 되는 것
2 목표를 정할 필요가 없어지는 것
3 자신의 실력을 정확하게 알 수 있는 것
4 자신의 장점을 신장시킬 수 있게 되는 것

정답 3 　**문제유형** 포인트이해

어휘 春先 이른 봄 | 名前を挙げる 이름을 거론하다 | 客観的 객관적 | 評価 평가 | 実力 실력 | 目標 목표 | 勧める 권하다 | フィードバック 피드백 | 振り返る 뒤돌아보다 | 確実 확실함

해설 여자는 설명의 마지막 부분에서 「自分にできること出来ないことが客観的に見えてきて、確実な評価ができるようになるというわけです (자신이 할 수 있는 것과 할 수 없는 것이 객관적으로 보이기 시작해 확실한 평가를 할 수 있게 되는 것입니다)」라고 이야기하고 있는 것으로 보아 피드백의 가장 큰 이점은 자신의 실력을 정확히 알 수 있는 것임을 알 수 있다.

会社で男の人と女の人が話しています。女の人は、この会社には、何が大事だと言っていますか。

男 グローバル化の時代を生き抜くためには、どうしたらいいんだろうね。競争は激しくなるばかりだし。

女 確かに、今さら効率化ばかりを追求しても、収益力が上がることは望めない状態だと思います。経費削減はもう限界まで来ているようです。

男 そうか。そこに来て、経営トップからは「自社の強みに立ち返るべし」という指示が下りてきてるわけだよね。

女 そうですね。この会社も元々は、社員同士の濃密な人間関係があって、その中で起こった問題はどんどん解消して成長するというシステムがあったはずなんですよね。

男 それが、正社員のリストラや派遣社員の導入で、機能しなくなったしまった。

女 それなら、そもそも自分たちは何を大切にする会社なのかという「企業の価値観」をもう一度社員の間で共有することから始める以外にないんじゃないでしょうか。

男 もはや技術力で勝負する時代でもないということかな。

女 「企業のＤＮＡ」というか、この会社を創った当時の理念を社員が再認識することで、またチャンスが巡ってくると思うんです。

男 なるほど。そういうもんかねえ。

女の人は、この会社には、何が大事だと言っていますか。
1 効率化を追求し、収益力を上げること
2 正社員を増やし、社員のきずなを強めること
3 創業時の価値観を社員が共有すること
4 技術力を上げて、チャンスを増やすこと

회사에서 남자와 여자가 이야기하고 있습니다. 여자는 이 회사에는 무엇이 중요하다고 말하고 있습니까?

남 글로벌화 시대를 살아가기 위해서는 어떻게 하면 좋을까? 경쟁은 치열해지기만 하고.

여 맞아요. 이제 와서 효율화만을 추구해도 수익 능력이 올라가는 것은 기대할 수 없는 상태라고 생각합니다. 경비 삭감은 이제 한계까지 와 있는 것 같습니다.

남 그런가? 그 시점에 와서 경영자들로부터는 '자사의 강점으로 되돌아가야 한다'라는 지시가 내려지겠지.

여 맞아요. 이 회사도 원래는 사원들끼리 깊은 인간관계가 있어 그 안에서 일어난 문제는 순조롭게 해결하여 성장하는 시스템이 있었을 거에요.

남 그게, 정사원의 구조 조정과 파견 사원의 도입으로 기능하지 않게 되어 버렸지.

여 그렇다면 도대체 자신들은 무엇을 소중하게 여기는 회사인가 하는 '기업의 가치관'을 다시 한번 사원들 간에 공유하는 것부터 시작하는 것 이외에는 없지 않을까요?

남 이제는 기술력으로 승부하는 시대도 아니라는 것이군.

여 '기업의 DNA'라고 할까? 이 회사를 창업한 당시의 이념을 사원이 재인식함으로써 다시 기회가 돌아오리라고 생각합니다.

남 맞아요. 그러한 것일 거예요.

여자는 이 회사에는 무엇이 중요하다고 말하고 있습니까?
1 효율화를 추구하여 수익 능력을 올리는 것
2 정사원을 늘리어 사원의 결속을 강화하는 것
3 창업 시의 가치관을 사원이 공유하는 것
4 기술력을 올리어 기회를 늘리는 것

정답 3 **문제유형** 포인트이해

어휘 グローバル化(か) 글로벌화 | 生(い)き抜(ぬ)く 살아 나가다 | 競争(きょうそう) 경쟁 | 激(はげ)しい 격렬하다 | 今(いま)さら 이제 와서 | 効率化(こうりつか) 효율화 | 追求(ついきゅう) 추구 | 収益力(しゅうえきりょく)が上(あ)がる 수익 능력을 올리다 | 望(のぞ)む 희망하다 | 状態(じょうたい) 상태 | 経費(けいひ) 경비 | 削減(さくげん) 삭감 | 自社(じしゃ) 자사 | 強(つよ)み 강점 | 立(た)ち返(かえ)る 되돌아 가다 | 指示(しじ)が下(お)りる 지시가 내려오다 | 元々(もともと) 원래 | 濃密(のうみつ) 농밀함 | 解消(かいしょう) 해소 | 成長(せいちょう) 성장 | リストラ 구조 조정 | 派遣(はけん) 파견 | 導入(どうにゅう) 도입 | 機能(きのう) 기능 | そもそも 도대체 | 価値観(かちかん) 가치관 | もはや 이제는 | 技術力(ぎじゅつりょく) 기술력 | 勝負(しょうぶ) 승부 | 会社(かいしゃ)を創(つく)る 회사를 창업하다 | 理念(りねん) 이념 | 再認識(さいにんしき) 재인식

해설 이 문제는 여자의 마지막 대화에서 힌트를 얻을 수 있다. 즉「この会社を創った当時の理念を社員が再認識することで、またチャンスが巡ってくると思うんです (이 회사를 창업한 당시의 이념을 사원이 재인식함으로써 다시 기회가 돌아오리라고 생각합니다)」에서 창업 시의 가치관을 사원이 공유하는 것이 중요하다고 말하고 있는 것을 알 수 있다.

5 ▶ 24:14

ラジオで、アナウンサーが映画大賞の受賞について話して
います。この映画作品はどんな点が評価されて受賞しまし
たか。

男　映画監督のオナガさんが、小川一郎の長編小説、『悲
しみの街』を映画化して今年の映画大賞を受賞しまし
た。原作には描かれていなかった結末を、だれも思い
つかなかったような展開で映像化したことが受賞につ
ながったとのことです。オナガさんはこれまで、原作
に忠実に登場人物の心理をていねいに描いた作品が評
価されていましたが、前回の作品あたりから、原作を
自由に解釈して独特の世界観を表して賞の候補に挙げ
られるようになり、今回さらに飛躍して受賞となりま
した。

この映画作品はどんな点が評価されて受賞しましたか。
1 原作にない意外な結末を映像化した点
2 人間の微妙な心理を映像で表現した点
3 原作の内容に沿ってていねいに描写した点
4 有名な小説を自由に解釈して映像化した点

라디오에서 아나운서가 영화 대상 수상에 대해서 이야기하고
있습니다. 이 영화 작품은 어떤 점이 평가되어 수상했습니까?

남　영화감독인 오나가 씨가 오가와 이치로의 장편소설 '슬픔의
거리'를 영화화하여 올해에 영화 대상을 수상했습니다. 원
작에는 그려지지 않았던 결말을 아무도 생각하지 못한 전개
로 영화화한 것이 수상으로 이어졌다고 합니다. 오나가 씨
는 지금까지 원작에 충실하게 등장인물의 심리를 꼼꼼하게
그린 작품이 평가받았었지만, 저번 작품쯤부터 원작을 자유
롭게 해석하여 독특한 세계관을 표현하여 수상의 후보로 거
론되게 되어 이번에 더욱 활약하여 수상하게 되었습니다.

이 영화 작품은 어떤 점이 평가되어 수상했습니까?
1 원작에 없는 의외의 결말을 영상화한 점
2 인간의 미묘한 심리를 영화로 표현한 점
3 원작의 내용에 따라 꼼꼼하게 묘사한 점
4 유명한 소설을 해석하여 영상화한 점

정답 1　**문제유형** 포인트이해

어휘 映画監督 영화감독 | 長編小説 장편소설 | 悲しみの街 슬픔의 거리 | 大賞 대상 | 受賞 수상 | 描く 그리다,
묘사하다 | 結末 결말 | 思いつく 생각나다 | 忠実 충실 | 登場人物 등장인물 | ていねいに 정성스럽게 | 評価 평가 |
前回 전번 | 解釈 해석 | 独特 독특함 | 世界観 세계관 | 表す 표현하다 | 候補を挙げる 후보를 거론하다 | 飛躍 활약

해설 남자는 앞부분에서 「原作には描かれていなかった結末を、だれも思いつかなかったような展開で映像化したこと
が受賞につながったとのことです (원작에는 그려지지 않았던 결말을 아무도 생각하지 못한 전개로 영화화한 것이 수상으
로 이어졌다고 합니다)」라고 설명하고 있는 것으로 보아 원작에 없는 의외의 결말을 영상화한 점이 평가되어 수상하게 된
것을 알 수 있다.

6 ▶ 25:54

ラジオでニュースの解説者が話しています。日本の株価が
下がったのはどうしてだと言っていますか。

女　今回の株価の下落は世界的なもので、アメリカの金利
が上がったからだとか、中国の金融政策によるものだ
とか、いろいろ憶測を呼んでいますが、どうやら中国
を含め新興国の実体経済が低迷していることに真の原
因があるようです。その中で、日本の株価が世界の主
要国に比べ、最も下がっているのは、その前に、日本
銀行などの公的機関が株を買い支えて、異常に高い値
を示していたためであって、市場心理を考えると今後
も下がり続けることが予想されます。

日本の株価が最も下がったのはどうしてだと言っています
か。

라디오에서 뉴스 해설자가 이야기하고 있습니다. 일본의 주가
가 내려간 것은 무엇 때문이라고 말하고 있습니까?

여　이번의 주가의 하락은 세계적인 것으로 미국의 금리가 올랐
기 때문이라든가 중국의 금융 정책에 따른 것이라든가 여러
억측을 부르고 있습니다만, 아무래도 중국을 포함한 신흥
국가의 실물경제가 저조하고 있는 것에 진정한 원인이 있
는 것 같습니다. 그중에서 일본의 주가가 세계의 주요국과
비교해서 제일 하락하게 된 이유는 그 전에 일본은행 등 공
적 기관이 주식을 적극 매입하여 비정상적으로 높은 가격을
나타냈었기 때문이며, 시장 심리를 생각하면 앞으로도 계속
내려갈 것이 예상됩니다.

일본의 주가가 제일 하락한 것은 무엇 때문이라고 말하고 있습
니까?

1 アメリカの金融政策が失敗したから	1 미국의 금융 정책이 실패했기 때문에
2 新興国の実体経済が不況になったから	2 신흥 국가의 실체 경제가 불황이 되었기 때문에
3 日本の公的機関が株を売ったから	3 일본의 공적 기관이 주식을 팔았기 때문에
4 下落の前に上がりすぎていたから	4 하락 전에 너무 올라 있었기 때문에

정답 4 **문제유형** 포인트이해

어휘 株価 주가 | 下落 하락 | 世界的 세계적 | 金利 금리 | 金融政策 금융정책 | 憶測 억측 | どうやら 아무래도 | 含める 포함하다 | 新興国 신흥 국가 | 実体経済 실물경제 | 低迷 저조 | 真の原因 진정한 원인 | 主要国 주요 국가 | 比べる 비교하다 | 最も 가장, 제일 | 日本銀行 일본은행 | 公的機関 공적 기관 | 買い支える (주식, 외화등의 거래에서 시세가 떨어지려 할 때) 적극 매입하여 하락을 막는 것 | 異常に 비정상적으로 | 市場心理 시장심리 | 予想 예상

해설 여자는 설명의 마지막 부분에서 「日本銀行などの公的機関が株を買い支えて、異常に高い値を示していたためであって (일본은행 등 공적 기관이 주식을 매입에 나서 비정상적으로 높은 가격을 나타내고 있었기 때문이고)」라고 이유를 설명하는 것으로 보아 주가가 하락한 원인은 이미 그 전에 너무 주가가 올라 있었기 때문인 것을 알 수 있겠다.

6 ▶ 27:32

家で母親と父親が話しています。二人はどうやって弟に運動をさせることにしましたか。

女 ねえ、二郎のことなんだけど、最近ちょっと太り気味なんじゃないかな?

男 そういえば、二郎が中学に入ってから、運動してるところは見たことがないなあ。一郎が中学だったころは、僕もいっしょにジョギングして、汗を流してたけどなあ。

女 お兄ちゃんは、あれでけっこうスポーツもできたからね。今は、受験でそれどころじゃないけど。

男 少しは一郎も運動したほうがいいんじゃないかい?

女 お兄ちゃんはいいのよ。緊張して、頭を使って、エネルギー消耗してるから、心配要らないけど…。
部活も文化部で、ほとんど活動してない、幽霊部員みたいなもんだっていうし…。

男 うーん。僕がもう少し、元気だったら、いっしょにスポーツジムにでも行くんだがな。

女 そうね。お父さんがいくら口で言ったって、自分一人でやるようにはならないだろうし。お父さんの散歩につきあう気にもならないだろうし…。私が通ってるヨガ教室に誘ってみるかなあ。

男 どうせなら、ジムのほうがいいと思うよ。ヨガはねえ。遠慮するんじゃないかな。

女 そうね。じゃあ、私もやろうかな。二郎の友達を誘ってもいいからって言えば、ついてくるかもね。そうしよう。

二人はどうやって弟に運動をさせることにしましたか。
1 母親がスポーツジムに誘って、いっしょに運動する。
2 父親がジョギングに誘って、いっしょに運動する。

집에서 어머니와 아버지가 이야기하고 있습니다. 두 사람은 어떻게 해서 남동생에게 운동을 시키기로 했습니까?

여 여보, 지로 말인데요, 요즘 좀 살찐 느낌이지 않아요?

남 그러고 보니, 지로가 중학교에 들어가고 나서 운동하는 것을 본적이 없네. 이치로가 중학생이었을 때는 나도 함께 조깅하면서 땀을 흘렸는데.

여 형은 그래서 제법 스포츠도 잘했었지요. 지금은 시험 준비로 그럴 상황이 아니지만.

남 조금은 이치로도 운동하는 게 좋지 않을까?

여 형은 괜찮아요. 긴장하면서 머리를 사용하고 에너지를 소모하고 있으니까, 걱정할 필요 없지만…부서 활동도 문화부로 거의 활동하지 않는 유령 부원 같은 거라고 하니까.

남 음, 내가 좀 기운이 있다면 함께 스포츠센터라도 갈 텐데.

여 맞아요. 당신이 아무리 말해봤자 자기 혼자 하게 되지는 않을 테고, 당신 산책에 같이 할 마음도 들지 않을 거고, 내가 다니고 있는 요가 교실에 권해 볼까?

남 어차피 그럴 거라면 스포츠센터가 좋다고 생각하는데. 요가는 꺼리지 않겠어?

여 그렇네요. 그럼 나도 할까? 지로에게 친구를 데리고 와도 좋다고 하면 따라 올지도. 그렇게 해요.

두 사람은 어떻게 하여 남동생에게 운동을 시키기로 했습니까?
1 어머니가 스포츠센터를 권유하여 함께 운동한다.
2 아버지가 조깅을 권유하여 함께 운동한다.

3 母親が通っているヨガ教室に、一人で行かせる。
4 友だちを誘わせて、一人でスポーツジムに通わせる。

3 어머니가 다니고 있는 요가 교실에 혼자 가게 한다.
4 친구를 권유하여 혼자서 스포츠센터에 다니게 한다.

[정답] 1 　**[문제유형]** 포인트이해

[어휘] 一郎 이치로(인명) | 二郎 지로(인명) | 太り気味 살찌는 기색 | そういえば 듣고 보니 | 汗を流す 땀을 흘리다 | 緊張 긴장 | エネルギー消耗 에너지 소모 | 部活 부서 활동 | 文化部 문화부 | 幽霊部員 유령 부원 | スポーツジム 스포츠센터 | 誘う 꾀다, 권하다 | どうせ 어차피 | 遠慮 사양, 삼가

[해설] 여자의 마지막 대화에서 정답의 힌트를 얻을 수 있겠다. 즉「二郎の友達を誘ってもいいからって言えば、ついてくるかもね (지로에게 친구를 데리고 와도 좋다고 하면 따라 올지도)」의 대사에서 어머니가 체육관에 권유하여 동생을 운동하게 한다는 것을 알 수 있다.

[문제 3] 문제3에서는 문제지에 아무것도 인쇄되어 있지 않습니다. 이 문제는 전체적으로 어떤 내용인가를 묻는 문제입니다. 이야기 전에 질문은 없습니다. 우선 이야기를 들으세요. 그리고 질문과 선택지를 듣고, 문제지의 1~4 중에서 가장 적당한 것을 하나 고르세요.

1 ▶ 32:42

ラジオで、女のアナウンサーが話しています。

라디오에서 여자 아나운서가 이야기하고 있습니다.

女 今日は、新しい時計店の紹介をしましょう。時計と言っても腕時計のことですが、かつて日本の腕時計は、いわゆる「メードインジャパン」を代表する高度な技術が売り物だったのですが、他の製造業と同じように、工場がどんどん海外へ移転して行ったため、日本製と言えるものはほとんどなくなっていました。そこで、新たに、日本製の時計を安い値段で売れるように工夫したのがこのお店です。流通の無駄を省いて、工場から直接製品が店に届くようにして、しかも、時計本体のデザインとベルトのデザインを組み合わせて、お客さんが自由に選べるようになっているのです。日本製は値段が高いという常識を覆し、もう一度、日本製のブランドを世界に向けて発信する取り組みが始まっているようです。

여 오늘은 새로운 시계점 소개를 하겠습니다. 시계라고 해도 손목시계에 관한 것 이지만, 예전에 일본 손목시계는 소위 '메이드인 재팬'을 대표하는 고도의 기술이 자랑거리였지만 다른 제조업과 마찬가지로 공장이 잇달아 해외로 이전해 갔기 때문에 일제(일본제)라고 말할 수 있는 것은 대부분 사라졌습니다. 그래서 새롭게 일제 시계를 싼 가격에 팔 수 있도록 궁리한 것이 이 가게입니다. 유통에 불필요한 것을 줄이고 공장에서부터 직접 제품이 가게에 도착하도록 하고 거기에다 시계의 본체의 디자인과 벨트의 디자인을 맞추어 손님이 자유롭게 고를 수 있게 되어 있습니다. 일제는 가격이 비싸다는 상식을 뒤집고, 다시 한번 일제 브랜드를 세계를 향해서 내놓는 시도가 시작되고 있는 것 같습니다.

女のアナウンサーは何について話していますか。
1 時計を日本国内で作ることの難しさ
2 日本の工場が海外移転した事情
3 腕時計の値段と流通との関係
4 ある時計店の新たな販売戦略

여자 아나운서는 무엇에 대하여 이야기하고 있습니까?
1 시계를 일본 국내에서 만드는 것의 어려움
2 일본의 공장이 해외 이전한 사정
3 손목시계의 가격과 유통과의 관계
4 어느 시계점의 새로운 판매 전략

[정답] 4 　**[문제유형]** 개요이해

[어휘] かつて 일찍이 | いわゆる 이른바 | 高度 고도 | 売り物 팔 물건, 자랑거리 | 製造業 제조업 | 移転 이전 | 新たに 새롭게 | 工夫 궁리 | 流通 유통 | 無駄 헛됨 | 省く 생략하다 | 製品 제품 | 本体 본체 | 組み合わせる 짜 맞추다 | 常識 상식 | 覆す 뒤엎다 | ブランド 브랜드 | 発信 발신 | 取り組み 방안, 대처, 시도

여자의 설명 중 「流通の無駄を省いて、工場から直接製品が店に届くようにして、しかも、時計本体のデザインと ベルトのデザインを組み合わせて、お客さんが自由に選べるようになっているのです (유통에 불필요한 것을 줄이고 공장 에서부터 직접 제품이 가게로 도착하도록 하고 거기에다 시계의 본체의 디자인과 벨트의 디자인을 맞추어 손님이 자유롭게 고를 수 있게 되어 있습니다)」에서 새로운 판매 전략에 대해서 이야기하고 있는 것을 알 수 있다.

---

2 ▶ 34:42

テレビでアナウンサーがコメンテーターに意見を聞いてい ます。

女 えー、今年9月に封切りとなるアニメ映画についてです が、田中さん、試写会でご覧になったそうですが、い かがでしたか。

男 評判どおり、実写を基にしただけあって、人の動きが リアルで、最初からどんどん引き込まれて行きました ね。さすがに、顔の表情とかはまだまだな感じがしま したが、女子高生二人の会話がとにかく今の若者の 感性というか、センスを表していて、オシャレでした ね。でもね、実写に近づけるための試みと言っても、 同じ監督が、5年前に撮った映画をベースにして、主人 公の2人も同じままでアニメにするというのはどうでし ょうかね。初めて見る人はわかりませんが、ストーリ ーに新鮮さを感じなかったのはわたしだけじゃないん じゃないでしょうか。

男の人は新しいアニメ映画について、どうだったと言って いますか。
1 顔の表情がリアルで、物語も新鮮みが感じられた。
2 動きはリアルだったが、物語は新しく感じなかった。
3 音楽のセンスはあったが、物語に新鮮みがなかった。
4 会話のセンスはなかったが、物語は感動的だった。

텔레비전에서 아나운서가 해설자에게 의견을 묻고 있습니다.

여 에~ 올 9월에 개봉되는 만화영화에 대해서인데요 다나카 씨, 시사회에서 보셨다고 하던데 어떠셨습니까?

남 평판대로 실사를 토대로 한 만큼 사람의 움직임이 리얼하고 처음부터 점점 빨려 들어갔습니다. 역시 얼굴 표정 같은 것 은 아직인 느낌이 들었습니다만, 여고생 두 명의 대화가 아 무튼 요즘 젊은이들의 감성이라고 할까? 센스를 보여주고 있어 멋셨습니다. 하지만, 실사에 가깝게 하려는 시도라고 는 해도 같은 감독이 5년 전에 찍은 영화를 토대로 해서 주 인공 두 명도 그대로 애니메이션으로 만드는 것은 글쎄 어 떨까요? 처음 보는 사람은 모르겠지만 스토리에 신선함을 느끼지 않았던 것은 저뿐만이 아니지 않을까요?

남자는 새 애니메이션 영화에 대해서 어땠다고 말하고 있습니 까?
1 얼굴의 표정이 리얼하고, 이야기도 신선함이 느껴졌다.
2 움직임은 리얼했지만, 이야기는 새롭게 느껴지지 않았다.
3 음악의 센스는 있었지만, 이야기에 신선함이 없었다.
4 대화의 센스는 없었지만, 이야기는 감동적이었다.

2 개요이해

封切り 개봉 | 試写会 시사회 | ご覧になる 보시다 | 評判 평판 | 実写 실사(실물, 실경 등을 그리거나 찍음) | ~を基に ~를 토대로 | 引き込む 끌어들이다 | とにかく 어쨌든 | オシャレ 멋을 부림, 멋쟁이 | 近づける 가까이 하다 | 試み 시도 | 監督 감독 | ベース 베이스, 토대, 기초 | 主人公 주인공

남자는 설명 중 마지막 부분에서 「初めて見る人はわかりませんが、ストーリーに新鮮さを感じなかったのはわた しだけじゃないんじゃないでしょうか (처음 보는 사람은 모르겠지만 스토리에 신선함을 느끼지 않았던 것은 저뿐만이 아 니지 않을까요?)」라고 자신의 생각을 밝혔다. 즉 이야기는 새롭지 않았다고 말하고 있는 것을 알 수 있다. 이처럼 설명문의 경우 자신의 생각을 마지막 부분에서 다시 언급하는 경우가 많다는 것이 이 문제 유형의 답을 찾는 요령이다.

---

3 ▶ 36:39

男の人と女の人が話しています。

男 久しぶり、君が会社を辞めてからもう3年になるね。
女 そうだね。まだ、あの課長の下でがんばってるの?
男 うん、まあね。そっちはどう？ 田舎にUターンして 就職したって聞いたけど。

남자와 여자가 이야기하고 있습니다.

남 오랜만이야, 자네가 회사를 그만둔 지 벌써 3년이 되는군.
여 그러네. 아직 그 과장님 밑에서 버티고 있는 거야?
남 응, 그렇지 뭐. 넌 때? 시골로 유턴해서 취직했다고 들었 는데.

女 ううん。そうじゃなくて、戻ったのはそうなんだけど、戻ってまで会社勤めは、ねえ。

男 そう言えば、利益追求、効率追求の会社に先は見えないって、確かそんなこと言ってたよね。

女 まあね。今は、旦那の実家に住んでるんだけど、ハーブティーの販売をインターネットで始めようと思って…

男 へえー、ハーブティーか…。

女 田舎には、そういう野生の、香りのいい草木の葉っぱがたくさんあるのよ。

男 ってことは、会社を立ち上げたの?

女 そこまではまだ行ってないんだけど、いずれ有限会社にするつもりだけど、まずは商品のデザインから、と思って、地元のデザイナーに依頼して、やっと完成したとこなのよ。

男 さすがだね。君のことだから、いずれ会社を経営するんだろうって思ってたけど。

女 いや、マネジメントはうちの人に任せて、こっちはホームページを作ったり、商品のイメージ作りに追われてるんだ。

男 そっか。

女の人は、今何をしていると言っていますか。
1 会社を立ち上げて、経営をしている
2 商品のデザインを考えている
3 ネット販売の準備をしている
4 香りのいい草を栽培している

여 아니. 그렇지 않고 돌아간 건 맞지만 돌아가서까지 직장생활은 좀.

남 그러고 보니 이익 추구, 효율 추구하는 회사에 앞은 보이지 않는다고 아마 그런 말을 했었지.

여 뭐, 지금은 남편 본가에 살고 있는데 허브차 판매를 인터넷으로 시작하려고 생각해…

남 헤~ 허브차?

여 시골에는 그러한 야생의 향기 좋은 초목 잎사귀가 많이 있거든.

남 그렇다면 회사를 세운 거야?

여 거기까지는 아직 하고 있지 않지만 언젠가는 유한회사로 할 생각인데, 우선은 상품 디자인부터라고 생각해서, 그 지역의 디자이너에게 의뢰해서 겨우 완성된 참이야.

남 과연. 너라면 언젠가는 회사를 경영할 거라고 생각했었지.

여 아니야, 경영은 우리 남편에게 맡기고 나는 홈페이지를 만들거나 상품 이미지 만드는 데 쫓기고 있어.

남 그렇군.

여자는 지금 무엇을 하고 있다고 말하고 있습니까?
1 회사를 세워 경영을 하고 있다.
2 상품의 디자인을 생각하고 있다.
3 인터넷 판매를 준비하고 있다.
4 향기가 좋은 풀을 재배하고 있다.

정답 3 　**문제유형** 개요이해

어휘 田舎にＵターンする 시골로 돌아가다 | 就職 취직 | 会社勤め 직장생활 | 利益追求 이익추구 | 効率追求 효율추구 | 旦那 남편 | 野生 야생 | 草木 초목 | 葉っぱ 잎 | 立ち上げる 세우다 | いずれ 언젠가는 | 有限会社 유한회사 | 地元 그 고장 | 依頼 의뢰 | やっと 겨우 | マネジメント 매니지먼트, 경영, 관리 | 任せる 맡기다 | 追う 쫓다

해설 여자의 마지막 대화에서 정답의 힌트를 얻을 수 있다. 즉 「こっちはホームページを作ったり、商品のイメージ作りに追われてるんだ (나는 홈페이지를 만들거나 상품 이미지 만드는데 쫓기고 있어)」에서 여자는 인터넷 판매 준비를 하고 있음을 알 수 있다.

---

4 ▶ 38:59

ラジオで男の人が話しています。

男 よくコンピューターのことを人工知能と言いますが、人間の脳とコンピューターの計算回路、つまりシーピーユーは、似ているようでいて、実は、大きく異なるというのが、本当のようです。考えても見てください、人間の大人の脳では、1日に約1万個からの脳細胞が死んでしまうと言われていますね。こんなことがコンピューターの回路に起こったら、いっぺんで動かなくなってシャットダウンしてしまうでしょう。おまけに1個の脳細胞は、ほかの数えきれないくらいの細胞と

라디오에서 남자가 이야기하고 있습니다.

남 흔히 컴퓨터에 관한 것을 인공 지능이라고 합니다만, 인간의 뇌와 컴퓨터의 계산 회로, 즉 CPU(중앙처리장치)는 비슷한 것 같아도 사실은 크게 다르다는 것이 정말인 것 같습니다. 생각해 보십시오. 인간인 어른의 뇌에서는 하루에 약 만개 이상의 뇌세포가 죽고 만다고 합니다. 이런 일이 컴퓨터 회로에 일어난다면 단번에 움직이지 않게 되어 시스템이 종료되고 말 것입니다. 게다가 한 개의 뇌세포는 다른 수많은 세포와 이어져 있어서 그 회로가 소실되는 셈이니까, 그리고 최근에는 뇌세포도 분열하여 늘고 있다고 하니까, 그런

つながれていて、その回路が失われるわけですから、そして、最近では、脳細胞も分裂して増えているというわけですから、そんな不安定な環境で人間の脳はちゃんと計算ができるなんて、機械とは、もう想像を絶するくらいの差があると言っていいと思うんですよね。

不안정한 환경에서 인간의 뇌는 제대로 계산을 할 수 있다니 기계와는 더 이상 상상도 할 수 없을 정도의 차이가 있다고 말해도 좋다고 생각합니다.

男の人は主に何について話していますか。
1 人間の脳とコンピューターとの類似性
2 人間の脳とコンピューターとの違い
3 人間の脳細胞の壊れやすさ
4 コンピューターの回路の壊れにくさ

남자는 주로 무엇에 대하여 이야기하고 있습니다.
1 인간의 뇌와 컴퓨터와의 유사성
2 인간의 뇌와 컴퓨터와의 다른 점
3 인간의 뇌세포의 망가지기 쉬운 점
4 컴퓨터의 회로의 망가지기 어려운 점

정답 2 **문제유형** 개요이해

어휘 人工知能 인공지능 | 脳 뇌 | 回路 회로 | つまり 다시 말해서 | シーピーユー CPU(중앙처리장치) | 脳細胞 뇌세포 | いっぺん 한 번 | シャットダウン 셧다운 | おまけに 게다가 | 数えきれない 다 셀 수 없다 | つなぐ 연결하다 | 失う 잃다 | 分裂 분열 | 不安定 불안정 | 環境 환경 | 機械 기계 | 想像を絶する 상상도 할 수 없다

해설 남자는 이야기 중 앞 부분에서 「実は、大きく異なるというのが、本当のようです (사실은 크게 다르다고 하는 것이 정말인 것 같습니다)」라고 말하면서 인간의 뇌와 컴퓨터는 다르다는 점을 전제로 하여, 설명하고 있다.

---

5 ▶ 40:51

ラジオで女の人が話しています。

女 あるお医者さんから聞いた話なんですが、お医者さんというのは、患者さんを診察したときに、自分の診断の結果、患者の容体がどうなるか、予想して書き留めておくのだそうです。それはもう、2千年以上も前のギリシャ時代から続いている西洋医学の基本で、お医者さんはずっと、そのように教えられてきたというんですね。そうすることで、自分が下した診断が、実際に正しかったかどうか、間違っていたら、何が間違っていたのか、フィードバックして、その原因を突き止められるというんです。これは、スポーツでも学問でも、何にでも当てはまることじゃないでしょうかね。人が成長するためには、結果から過去に戻って自分の判断を確かめてみることが肝心ってことなんでしょうね。

여 어느 의사 선생님으로부터 들은 이야기입니다만, 의사란 환자를 진찰했을 때에 자신의 진단 결과, 환자의 병세가 어떻게 될까, 예상하면서 기록해 둔다고 합니다. 그것은 벌써 2천 년도 더 전에 그리스 시대에서부터 계속되고 있는 서양 의학의 기본으로 의사는 줄곧 그처럼 배워 왔다고 합니다. 그렇게 함으로써 자신이 내린 진단이 실제로 올바른지 아닌지, 잘못되었다면 무엇이 잘못되었는지 피드백하여 그 원인을 알아낼 수 있다고 합니다. 이것은 스포츠든 학문이든 무엇에든 해당되는 것이 아닐까요? 사람이 성장하기 위해서는 결과를 보고 과거로 돌아가 자신의 판단을 확인해 보는 것이 중요하다는 것이겠지요.

女の人が伝えたいことは何ですか。
1 能力を伸ばすためには、振り返ることが必要だ。
2 医学の伝統を守るには、正しく予想することが必要だ。
3 医者になるには、常に自分の考えを書き留めることが大切だ。
4 スポーツや学問も、何より結果を出すことが大切だ。

여자가 전하고 싶은 말은 무엇입니까?
1 능력을 키우기 위해서는 뒤돌아보는 것이 필요하다.
2 의학의 전통을 지키기 위해서는 바르게 예상하는 것이 필요하다.
3 의사가 되기 위해서는 항상 자신의 생각을 적어 두는 것이 중요하다.
4 스포츠나 학문도 무엇보다 결과를 내는 것이 중요하다.

정답 1 **문제유형** 개요이해

어휘 患者 환자 | 診察 진찰 | 診断 진단 | 容体 병세, 모습 | 予想 예상 | 書き留める 기록해 두다 | ギリシャ 그리스 | 西洋医学 서양의학 | 実際 실제 | 突き止める 밝혀내다 | 学問 학문 | 当てはまる 들어맞다, 적합하다 | 成長 성장 | 過去に戻る 과거로 되돌아가다 | 判断 판단 | 確かめる 확인하다 | 肝心 중요함, 긴요함

해설 여자는 마지막 부분에서 「人が成長するためには、結果から過去に戻って自分の判断を確かめてみることが肝心だってことなんでしょうね(사람이 성장하기 위해서는 결과를 보고 과거로 되돌아가서 자신의 판단을 확인해 보는 것이 중요하다는 말입니다)」라고 설명하고 있는 것으로 보아 여자가 전하고 싶은 말은 능력을 키우기 위해서는 과거를 뒤돌아보는 것이 필요하다는 것을 알 수 있다.

---

6 ▶ 42:46

会社で女の人と男の人が話しています。

女 部長、ご相談なんですが。

男 ああ、ちょうど良かった。僕からも話があってね。

女 え、何でしょうか。今の、プロジェクトチームのことでしょうか。

男 そうなんだよ。君の仕事を確実に進めていく能力は、だれもが認めるところなんだけどね。

女 いいえ、とんでもございません。

男 ただね、リーダーとしては、一人で何でも仕切ろうとして、部下への指示が、命令みたいになってしまうと、うまくいかないと思うんだよね。

女 はあ。

男 もちろん、君がそれだけ仕事に打ち込んでるってことなんだろうけど、部下が何も考えずに、上司の指示を待つだけになってしまうと、臨機応変に対応できなくなるんじゃないかな。

女 はあ、部下には自分で考えろって、言ってるんですが。

男 だから、その部下から返ってくる答えなんだけどね、君の気に入るような答えばかりが返ってくるようだと、本当のコミュニケーションとは言えないんだよね。そうなるとチームが閉鎖的になって、仕事も形式的になってしまうんだよ。

男の人は何のために女の人に話していますか。

1 新しいチームのリーダーにさせるため

2 能力が高いことを会社に認めさせるため

3 部下との関係について注意するため

4 今のチームについて意見を聞くため

회사에서 여자와 남자가 이야기하고 있습니다.

여 부장님 상의 드릴 게 있는데요.

남 아～ 마침 잘됐다. 나도 할 이야기가 있어서.

여 무슨일이시죠? 지금의 프로젝트팀에 관한 것입니까?

남 그래. 자네의 일을 확실하게 진행해 가는 능력은 누구나가 인정하는 점이지만.

여 아니오, 당치도 않습니다.

남 단지, 리더로서는 혼자서 뭐든지 다 처리하려고 해서 부하에 대한 지시가 명령같이 되어 버리면 일이 잘 진행되지 않을 거라고 생각하네.

여 네.

남 물론, 그 만큼 자네가 일에 열중하고 있다는 것이겠지만, 부하가 아무 생각 없이 상사의 지시를 기다리기만 되어버리면 임기응변으로 대응할 수 없게 되지 않을까?

여 네, 부하에게는 스스로 생각하라고 말하고 있습니다만.

남 그러니까, 그 부하로부터 돌아오는 대답 말인데, 자네가 마음에 드는 대답만 돌아온다면 진정한 의사소통이라고는 말할 수 없겠지. 그렇게 되면 팀이 폐쇄적으로 되어서 일이 형식적으로 되고 말아.

남자는 무엇을 위해서 여자에게 이야기하고 있습니까?

1 새로운 팀의 리더를 시키기 위해서

2 능력이 높은 것을 회사에 인정시키기 위해서

3 부하와의 관계에 대해서 주의를 주기 위해서

4 지금의 팀에 대해서 의견을 듣기 위해서

정답 3　**문제유형** 개요이해

어휘 とんでもない 당치도 않다 | 仕切る 일을 맡아 처리하다 | うまくいかない 잘 되지 않다 | 打ち込む 전념하다 | 臨機応変 임기응변 | 対応 대응 | 閉鎖的 폐쇄적 | 形式的 형식적

해설 남자 대화 중 두 곳에서 힌트를 얻을 수 있다. 「部下への指示が、命令みたいになってしまうと、うまくいかないと思うんだよね(부하에 대한 지시가 명령같이 되어 버리면 일이 잘 진행되지 않을 거라고 생각하네)」의 대화와 「部下が何も

考えずに、上司の指示を待つだけになってしまうと、臨機応変に対応できなくなるんじゃないかな (부하가 아무 생각 없이 상사의 지시를 기다리게만 되어 버리면 임기응변으로 대응할 수 없게 되지 않을까?)」에서 남자는 여자에게 부하와의 관계에 대해 주의를 주고 있음을 알 수 있다.

문제 4 문제 4에서는 문제지에 아무것도 인쇄되어 있지 않습니다. 먼저 문장을 들으세요. 그리고 그것에 대한 대답을 듣고, 1~3중에서 가장 적당한 것을 하나 고르세요.

1 ▶▶ 46:14

女 ねえ、新人の山田君。仕事がてきぱきしてるねえ。
男 1 見てて気持ちいいくらいだね。
　　2 もっとていねいにやれないのかな。
　　3 じっくり時間をかけるタイプだね。

여 있지, 새로 온 야마다 군. 일을 척척 잘하네.
남 1 보고 있으면 기분이 좋아질 정도야.
　　2 좀 더 꼼꼼하게 못 할까?
　　3 충분히 시간을 들이는 타입이군.

정답 1 **문제유형** 즉시응답
어휘 新人 신참,신인 | 仕事がてきぱきする 일을 신속하게 처리하다 | ていねい 정중함, 정성을 들임 | 時間をかける 시간을 들이다
해설 이 문제는 부사적 용법으로 쓰인 「てきぱき」의 의미를 물어본 문제로「てきぱきする」라고 하면 어떤 것을 솜씨 좋고 신속하게 처리하는 경우에 사용하는 표현이다.

2 ▶▶ 46:43

女 いやあ、田中君のこと、すっかり見直しちゃったよ。
男 1 田中、がっかりしてたでしょう？
　　2 あれで、良く立ち直ったよな。
　　3 また君を裏切ったのか。

여 이야, 다나카 군에 관한 것 완전히 다시 보게 됐어.
남 1 다나카 실망하고 있었지요?
　　2 그 상황에서 용케 재기했군.
　　3 또 자네를 배신한 거야?

정답 2 **문제유형** 즉시응답
어휘 すっかり 완전히 | 見直す 다시 보다 | がっかりする 실망하다 | 立ち直る 재기하다, 회복되다 | 裏切る 배신하다
해설 이 문제는「見る」의 파생어인「見直す」의 의미를 묻는 문제로 어떠한 사항을 지금까지와는 '달리 보다, 다시 보다'의 의미를 나타낸다.

3 ▶▶ 47:14

男 課長は、なんか、心ここにあらずって感じだったね。
女 1 あんなに怒らなくてもいいのにな。
　　2 心配ごとがあるのかもね。
　　3 すんごい、気合が入ってたよね。

남 과장님은 뭔가, 마음이 다른 곳에 있는 것 같은 느낌이었어.
여 1 그렇게 화를 내지 않아도 될 텐데.
　　2 걱정거리가 있을 지도 몰라.
　　3 굉장한 기합이 들어갔어.

정답 2 **문제유형** 즉시응답
어휘 心ここにあらず 마음이 다른 곳에 있음 | 心配ごと 걱정거리 | 気合が入る 기합이 들어가다
해설 이 문제는 관용적 표현의 의미를 묻는 문제로「心ここにあらず」'마음이 여기에 없다'는 관심이 다른 곳에 있다는 의미이다.

4 ▶▶ 47:44

女 報告書を書くらい、アルバイトの子でさえできるって
　いうのに…何やってるの。
男 1 はい、すぐにとりかかります。
　 2 はい、それは存じませんでした。
　 3 はい、さっそくアルバイトにやらせます。

여 보고서를 쓰는 정도는 아르바이트 하는 아이라도 할 수 있
　는데 뭐하고 있는 거야?
남 1 네, 바로 시작하겠습니다.
　 2 네, 그건 몰랐습니다.
　 3 네, 바로 아르바이트에게 시키겠습니다.

정답 1 　**문제유형** 즉시응답

어휘 報告書 보고서 | とりかかる 착수하다 | 存じる 알다, 생각하다(知る, 思う의 겸양 표현)

해설 여기에서 「くらい」는 어떠한 사항을 경시하는 마음으로 이야기하는 표현이다. 즉 보고서를 쓰는 것은 아르바이트
생이라도 할 수 있는 것이라고 지적하고 있으므로 선택지 1번이 정답인 것을 알 수 있다.

5 ▶▶ 48:15

男 何をそんなにくよくよしてるんだい？
女 1 え？酔っ払ってるように見える？
　 2 うーん、なかなか思いきれないのよ。
　 3 うん。ちょっと熱があるみたい。

남 뭘 그리 끙끙대고 있는 거야?
여 1 어? 취한 것처럼 보이니?
　 2 음~ 좀처럼 단념할 수가 없어요.
　 3 네, 좀 열이 있는 것 같아.

정답 2 　**문제유형** 즉시응답

어휘 くよくよする 끙끙거리다 | 酔っ払う 취하다 | 思い切れない 단념할 수 없다 | 熱 열

해설 「くよくよする」는 사소한 일에 늘 걱정하는 모습을 나타내는 표현으로 우리말로 '끙끙대다'의 의미이다. 한편 정답
인 선택지 2번의 「思いきれない」는 어떠한 사항을 '단념할 수 없다, 포기할 수 없다'는 의미이다.

6 ▶▶ 48:45

女 なによ、あんた、口から出まかせばかり言って…、
　いい加減なこと言わないでよ。
男 1 わかった。この話はだれにも言わないよ
　 2 まだ、だれにも言ってないよ。
　 3 それはこっちのせりふだよ。

여 뭐야, 당신! 입에서 나오는 대로 함부로 말하고… 무책임한
　말 하지 말아요.
남 1 알겠어. 이 이야기는 아무에게도 말하지 않을게.
　 2 아직 아무에게도 말하지 않았어.
　 3 그건 내가 할 말이야.

정답 3 　**문제유형** 즉시응답

어휘 出まかせ 나오는 대로 함 | いい加減 무책임함, 미온적임, 엉터리임 | せりふ 대사

해설 남녀가 말다툼을 하는 장면이다. 「出まかせ」는 어떠한 말을 입에서 나오는 대로 함부로 하는 경우에 사용하는 표현
이다.

7 ▶▶ 49:16

男 単身赴任の話、引き受けたほうがいいってことは、
　重々承知してるんですけどね。
女 1 よく引き受けることにしましたね。
　 2 そうですね、理解に苦しみますよね。
　 3 簡単には踏み切れないですよね。

남 단신 부임하는 이야기 받아들이는 게 좋다는 말은 충분히
　알고는 있지만.
여 1 다행히 받아들이기로 했군요.
　 2 글쎄요. 이해하는 데 힘이 드네요.
　 3 간단하게는 단행할 수가 없을 거예요.

정답 3 **문제유형** 즉시응답

어휘 単身赴任 단신부임(자서 임지에 향하는 것) | 引き受ける 받아들이다, 맡다 | 重々 충분히 | 承知する 이해하다 | 理解に苦しむ 이해하는데 힘이 들다 | 踏み切る 단행하다

해설 「重々承知する」는 상대방이 이야기하는 뜻을 '충분히 알고 있다'라는 의미를 나타내는 표현이다. 한편, 정답인 선택지 3번의「踏み切る」는 어떠한 일을 '과감히 단행하다'라는 의미를 나타낸다.

---

8 ▶ 49:48

女 市役所の人間ときたら、上から目線で、何様だと思ってるんだろうね。

男 1 あんまり持ち上げられると、ちょっとね。
　　2 市民のこと、見下してるよね。
　　3 お客さまってことなんじゃないかな。

여 시청의 인간들은 내려다 보는 시선으로 귀하신 몸이라고 생각하는 걸까?

남 1 너무 치켜세우면 좀 그래요.
　　2 시민의 관한 것을 얕보고 있는 거예요.
　　3 손님이라고 생각하는 게 아닐까?

정답 2 **문제유형** 즉시응답

어휘 市役所 시청 | 目線 시선 | 何様 귀하신 몸 | 持ち上げる 치켜세우다 | 見下ろす 얕보다

해설 「명사 + ときたら」는 어떠한 명사를 화제로 들어 그 명사를 비난하는 경우에 사용하는 표현으로 '~로 말할 것 같으면, ~은 말이지'의 의미이다. 한편,「何様」는 대부분 비꼬는 경우에 사용하는 표현으로 '귀하신 몸'의 의미를 나타낸다.

---

9 ▶ 50:19

男 先生に、レポートの内容いかんでは、単位をあげられなくなるって言われちゃったよ。

女 1 レポート、出すだけなんていいわねえ。
　　2 書き直して、もう一度先生に出したら？
　　3 もう、がんばるしかないってことね。

남 선생님께 리포트 내용에 따라서는 학점을 줄 수 없게 된다고 들었어.

여 1 리포트 제출하기만 하면 되니 잘됐네.
　　2 다시 써서 다시 한번 선생님에게 제출하면 어때?
　　3 이제 열심히 할 수밖에 없다는 거네.

정답 3 **문제유형** 즉시응답

어휘 いかん 여하 | 単位をあげる 학점을 주다 | 書き直す 다시 쓰다

해설 「명사 + いかんでは」는 '~에 따라서'의 의미이며 여기에서「言われる」는「言う」의 수동표현으로 탐탁지 않은 내용의 '말을 듣다, 지적 받는다'라는 의미이다.

---

10 ▶ 50:51

男 今度の店の名前、ありきたりのものしか思いつかなかったんですが、どうでしょうか。

女 1 親しみやすくて良いんじゃないですか。
　　2 ほんとだ。「猫に小判」ですね。
　　3 ふつう、こんな名前、思いつきませんものね。

남 이번의 가게 이름, 흔한 것밖에 떠오르지 않았는데 어떠세요?

여 1 친근하고 좋지 않습니까?
　　2 정말이네 '고양이에게 금화'네요.
　　3 보통 이런 이름 생각나지 않는 법이에요.

정답 1 **문제유형** 즉시응답

어휘 ありきたり 흔히 있음, 평범함, 식상함 | 思いつく 생각이 떠오르다 | 親しむ 친숙해지다 | 猫に小判 고양이에게 금화(돼지 목에 진주라는 의미)

해설 「ありきたり」는 원래부터 있어 신기하지 않다는 표현으로 '흔해빠짐, 평범함'의 의미이다. 한편,「思いつかない」는 어떠한 아이디어 등이 '떠오르지 않는다'이다.

11 ▶▶ 51:24

女 いろいろあったけど、予定通りプロジェクトが進んで、やっと肩の荷が下りたよ。
男 1 君が責任とることないんじゃない？
　　2 大変だったね。お疲れ様。
　　3 ああ、荷物は店頭に運んでちょうだい。

여 여러 일이 있었지만 예정대로 프로젝트가 진행되어 홀가분해졌어요.
남 1 자네가 책임질 필요 없지 않아?
　　2 힘들었겠군요. 수고했어요.
　　3 아~, 짐은 가게 앞에 운반해 줘요.

【정답】 2　【문제유형】 즉시응답

【어휘】 予定通り 예정대로 | やっと 겨우 | 肩の荷が下りる 어깨 짐이 내려지다 | 責任 책임 | 店頭 가게 앞 | ～てちょうだい ～해 주세요

【해설】「肩の荷が下りる」는 책임감이나 어떠한 부담으로부터 해방되었을 때 사용하는 표현으로 '홀가분해지다, 짐을 덜다'라는 의미의 관용적 표현이다.

12 ▶▶ 51:55

男 今日の電車、比較的、すいてると思わない？
女 1 そう？あんまり変わらないんじゃない。
　　2 確かに、ガラガラって感じだよね。
　　3 でしょ？どうしてこんなに人が多いかな。

남 오늘 전차 비교적 한산하지 않았어?
여 1 글쎄? 별로 다를 게 없지 않아?
　　2 진짜, 텅텅 빈 느낌이네.
　　3 그렇지? 어째서 이렇게 사람이 많을까?

【정답】 1　【문제유형】 즉시응답

【어휘】 比較的 비교적 | すく 비다 | ガラガラ 텅 빔 | どうして 어째서

【해설】「空く」는 '붐비다'의 의미인「混む」의 반대 표현으로 붐비지 않은 상태를 나타낸다. 즉 붐비지 않은 상태의 '비다'라는 의미이다. 참고로 선택지 2번의「ガラガラ」는 속이 거의 텅 빈 상태를 나타내는 표현이므로 이 문제에는 1번이 가장 적절하다.

13 ▶▶ 52:27

男 このたびは、弊社のために、いろいろお骨折りいただきまして……
女 1 つまらないものですが、どうぞ、遠慮なく。
　　2 お蔭さまで、もうすぐ退院できると思いますよ。
　　3 あまりお役に立ちませんで、失礼しました。

남 이번에 저희 회사를 위해서 여러 가지로 수고해 주셔서…
여 1 변변치 않지만 아무쪼록 사양 마시고.
　　2 덕분에 이제 곧 퇴원할 수 있다고 생각합니다.
　　3 별로 도움이 되지 않아 실례했습니다.

【정답】 3　【문제유형】 즉시응답

【어휘】 弊社 저희 회사 | 骨折り 노력, 수고 | 遠慮 사양, 삼가 | 役に立つ 도움이 되다

【해설】「骨折り」는 우리말로 '수고, 고생'의 의미를 나타내는 관용적 표현이다. 한편, 정답인 선택지 3번의「役に立つ」는 '도움이 되다, 쓸모가 있다'는 의미이다.

14 ▶▶ 53:00

女 この品物を、選ばれるなんて、お客様、お目が高いですね。
男 1 いろいろ経験してきたからね。
　　2 じゃあ、支払いは現金ということで。
　　3 そんなに高額なわけでもないでしょう。

여 이 물건을 고르시다니 손님 안목이 높으십니다.
남 1 여러 경험을 해 왔기 때문이죠.
　　2 그럼, 지불은 현금으로 하는 것으로.
　　3 그렇게 고액인 것도 아니지요?

정답 1 **문제유형** 즉시응답

어휘 品物 물건 | 目が高い 안목이 높다 | 支払い 지불 | 高額 고액

해설 이 문제 또한 관용적 표현의 의미를 묻는 문제로「目が高い」는 '안목이 높다', '보는 눈이 있다'라는 의미이다.

문제 5 문제 5에서는 좀 긴 이야기를 듣습니다. 이 문제에는 연습은 없습니다. 메모를 해도 됩니다.

1番、2番

問題用紙に何も印刷されていません。まず話を聞いてください。それから、質問とせんたくしを聞いて、1から4の中から、最もよいものを一つ選んでください。

1 ▶ 54:14

電気店で女の人と店員が話しています。

女 あの、部屋に暖房を入れたいと思ってるんですけど。引っ越したばっかりで。

男 学生さんですか。一人暮らしの。

女 ええ。

男 エアコンは備え付けですか。

女 ええ。でも、エアコンの暖房は、ちょっと苦手なんです。前は畳だったのでコタツはあるんですけど、今度は木の床なんで、もう使いたくないんですよね。

男 そうですか。部屋全体を暖めるのでしたら、やはり、エアコンか、石油ファンヒーター、それから、暖まるまでに少し時間はかかりますが、こちらのオイルヒーターというのもございます。

女 えっ、オイルって、石油じゃないんですか？

男 ええ。この中に入っている特殊な油を電気で温めて、循環させているんです。どの暖房機より安全だし、石油ファンヒーターのように部屋の空気を汚すこともないし、睡眠中もほんとに静かで、最近、若い女性にも人気なんですよ。

女 なんか、重そうですね。

男 まあ、重いと言えば一番重いですが、キャスターが付いていて移動も簡単ですよ。それから、人気と言えば、こちらのパネルヒーター。この四角いパネルの中の電熱線から直接熱を発するものですが、薄型ですから場所も取りませんし、オイルヒーターに比べ、早く暖まります。今なら、1万円以下のお値段で、オイルヒーターよりお得ですよ。

女 そうですか。

男 後は、いわゆるタテ置きの電気ストーブでしょうか。いろいろなタイプがありますが、こちらなら6畳のお部

1번, 2번

문제지에 아무것도 인쇄되어있지 않습니다. 먼저 이야기를 들으세요. 그리고 질문과 선택지를 듣고 1~4 중에서 가장 적당한 것을 고르세요.

전자제품 상점에서 여자와 점원이 이야기하고 있습니다.

여 방에 난방을 넣고 싶은데, 이사 온 지 얼마 되지 않아서.

남 학생입니까? 혼자 사는.

여 네.

남 에어컨은 설치되어 있습니까?

여 네, 하지만, 에어컨 난방은 좀 익숙하지 않습니다. 전에는 다다미였기 때문에 고타쓰가 있긴 하지만, 이번에는 나무 마루라서 이제 사용하고 싶지 않아요.

남 그렇습니까? 방 전체를 따뜻하게 하는 것이라면 역시 에어컨이나 석유 팬 히터 그리고 따뜻해질 때까지 조금 시간은 걸리지만 이쪽의 오일 히터라고 하는 것도 있습니다.

여 네? 오일이라면 석유가 아닙니까?

남 네. 이 안에 들어 있는 특수한 기름을 전기로 데워 순환시키고 있습니다. 어떤 난방기보다 안전하고 석유 팬 히터와 같이 방 공기를 더럽히는 일도 없고 수면 중에도 정말로 조용해서 최근에 젊은 여성에게도 인기가 있습니다.

여 왠지 무거울 것 같군요.

남 뭐, 무겁다고 하면 제일 무겁지만 바퀴가 달려 있어 이동도 간단합니다. 그리고 인기라고 하면 이쪽의 패널 히터. 이 네모난 패널 안의 전열선에서 직접 열을 발하는 것인데, 슬림형이기 때문에 장소도 차지하지 않고 오일 히터와 비교해서 빨리 따뜻해 집니다. 지금이라면 만원 이하의 가격으로 오일 히터보다 이득입니다.

여 그렇습니까?

남 그 다음은 이른바 세워 놓는 전기스토브인데요. 여러 타입이 있습니다만, 이쪽이라면 다다미 6조 크기의 방도 금방 따뜻해지고 마루를 깐 방이라면 난방용 카펫과 함께 이용하시는 손님도 많은 것 같습니다.

여 그렇군요. 무엇보다 안전하고 공기가 오염되지 않는 것이 주안점이 되겠지요. 두 개를 맞추는 건 잠시 제쳐두고, 바로

屋もすぐに暖まりますし、床張りのお部屋でしたら、ホットカーペットと一緒に利用されるお客さまも多いようです。

女　なるほど。何といっても安全で空気が汚れないというのが決め手になるかな。ふたつ組み合わせるというのは、ちょっと置いといて…、すぐにあったまってほしいけど、うちはそんなに友だちが来るわけでもないから、急ぐ時はエアコンをつければいいんだし、夜も安心して眠れるっていうのが一番ですよね。値段はちょっと高い気もするけど、こっちにします。

따뜻해지면 좋겠어요. 우리 집은 그렇게 친구가 오는 것도 아니니까. 바쁠 때는 에어컨을 켜면 되고, 밤에도 안심하고 잘 수 있는 것이 제일이에요. 가격은 조금 비싼 느낌이 들지만 이쪽으로 하겠습니다.

女の人はどの暖房器具を買うことにしましたか。
1　石油ファンヒーター
2　パネルヒーター
3　オイルヒーター
4　電気ストーブ

여자는 어느 난방 기기를 사기로 했습니까?
1　석유 팬 히터
2　패널 히터
3　오일 히터
4　전기스토브

정답 3 **문제유형** 통합이해

어휘 暖房 난방 | 備え付ける 설치하다 | 苦手 못함 | コタツ 고타쓰(일본의 온열기구) | 木の床 나무 마루 | 石油ファンヒーター 석유 팬 히터 | 暖まる 따뜻해지다 | オイルヒーター 오일 히터 | 特殊 특수 | 循環 순환 | 汚す 더럽히다 | 睡眠中 수면 중 | キャスター 캐스터(가구의 다리에 달린 작은 바퀴) | パネルヒーター 패널 히터 | 電熱線 전열선 | 熱を発する 열을 내다 | 薄型 얇은 형 | 場所を取る 장소, 자리를 차지하다 | タテ置き 세로형 | 床張 마루를 깜 | ホットカーペット 난방용 전열선을 넣은 카펫 | 決め手 결정적인 수단 | 組み合わせる 짜 맞추다

해설 남자의 네 번째 대사「部屋の空気を汚すこともないし、睡眠中もほんとに静かで、最近、若い女性にも人気なんですよ (방 공기를 더럽히는 일도 없고 수면 중에도 정말로 조용해서 최근에 젊은 여성에게도 인기가 있습니다)」와 상품을 구입하는 여자의 마지막 대사「夜も安心して眠れるっていうのが一番ですよね (밤에도 안심하고 잘 수 있는 것이 제일이에요)」에서 여자는 여러 가지 난방 기기 중에서 오일 히터를 산다는 것을 알 수 있다.

2 ▶ 57:23

社員二人と上司が、会社の運動会について話しています。

男1　部長、今年の運動会なんですが、去年と同じ内容でよろしいでしょうか。

男2　いや、今年はうちの50周年記念でもあるからな、特別なものにしたいなあ。

男1　それなら、去年と同じイベント会社に相談しようと思うんですが。

男2　そうだな。どういう企画があるんだろうな。去年みたいに、アフターファイブにサクッとやっちゃうっていうんじゃ、記念にはならないからな。

女　対外的な企業のピーアール活動として行うのでしたら、企業対抗運動会というのがありますが…。

男1　それから、インターネットで運動会の生の画像を流す、実況ライブ運動会というのもありまして、これは会社の宣伝にもなると思います。

女　宣伝という面では、ネット中継よりも、運動会をテ

사원 두 명과 상사가 회사 운동회에 대해서 이야기하고 있습니다.

남1　부장님, 올해의 운동회 말인데요, 작년과 같은 내용으로 괜찮겠습니까?

남2　아니야, 올해에는 우리 회사의 50주년 기념이기도 하니까 특별한 것으로 하고 싶은데.

남1　그렇다면, 작년과 같은 이벤트 회사에 상담하려고 하는데요.

남2　글쎄. 어떠한 기획이 있을까? 작년처럼 업무 끝나고 싹 해버리는 것으로는 기념이 되지 않으니까.

여　대외적인 기업 선전 활동으로써 실시하는 것이 기업대항 운동회도 있습니다만.

남1　그리고, 인터넷으로 운동회의 생생한 영상을 내보내는 실황 생중계하는 운동회라는 것도 있고, 이것은 회사의 선전도 될 거라고 생각합니다.

여　선전이라는 면에서는 인터넷 중계보다도 운동회를 텔레

レビ放送できるのもあるので、そっちのほうが…。

男1 うーん、テレビ放送となると、放送料金を別途支払うことになりますよね。

女 社員の親睦を深めるという意味なら、家族同伴の社員旅行と組み合わせて、旅行先でやるというのもありますが…。

男1 後は、マラソン大会とか全員参加の種目に絞ってやるのもいいかもしれませんね。

男2 そうだなあ。やっぱり50周年だから、できれば、社員の家族も一緒に参加できるような、親密な会にしたいんだよなあ。その方向で進めてもらえるかな。

運動会は、どのように行うことになりましたか。

1 ほかの企業といっしょに行う
2 家族が見られるように実況中継で行う
3 社員旅行の旅行先で行う
4 社員全員が参加できる種目で行う

비전 방송할 수 있는 것도 있기 때문에 그쪽이…

남1 음, 텔레비전 방송을 한다면 방송 요금을 별도로 지불하게 되는 거죠.

여 사원 친목을 돈독히 한다는 의미라면 가족 동반의 사원 여행과 맞추어 여행지에서 하는 방법도 있습니다…

남1 그 다음에는 마라톤 대회라든가 전원 참가할 수 있는 종목으로 좁혀서 하는 것도 좋을지도 모릅니다.

남2 그렇지. 역시 50주년 기념이니까 가능하면 사원 가족도 함께 참가할 수 있는 친밀한 모임으로 하고 싶군. 그 방향으로 진행할 수 있을까?

운동회는 어떻게 실시하게 되었습니까?

1 다른 기업과 함께 실시한다.
2 가족이 볼 수 있도록 실황 중계로 실시한다.
3 사원 여행의 여행지에서 실시한다.
4 사원 전원이 참가할 수 있는 종목으로 실시한다.

정답 3 　**문제유형** 통합이해

어휘 ~周年 ~주년 | アフターファイブ (after-five) 일과 후 자유시간 | サクッと 일이 말끔하게 처리되는 모습 | 対外的 대외적 | ピーアール PR | 企業対抗 기업대항 | 生の画像を流す 생생한 영상을 보내다 | 実況 실황 | 宣伝 선전 | 中継 중계 | 放送 방송 | 別途 별도 | 親睦を深める 친목을 돈독히 하다 | 同伴 동반 | 組み合わせる 짜맞추다 | マラソン大会 마라톤 대회 | 全員参加 전원 참가 | 種目 종목 | 絞る 좁히다 | 親密 친밀함

해설 여사원의 마지막 대사 「社員の親睦を深めるという意味なら、家族同伴の社員旅行と組み合わせて、旅行先でやるというのもありますが… (사원 친목을 돈독히 하는 의미라면 가족 동반 사원 여행과 맞추어 여행지에서 하는 방법도 있습니다…)와 남자2의 마지막 대사 중 「やっぱり50周年だから、できれば、社員の家族も一緒に参加できるような、親密な会にしたいんだよなあ (역시 50주년 기념이니까 가능하면 사원 가족도 함께 참가할 수 있는 친밀한 모임으로 하고 싶군)」에서 운동회는 사원 여행지에서 한다는 힌트를 얻을 수 있다.

3番

まず話を聞いてください。それから、二つの質問を聞いて、それぞれ問題用紙の1から4の中から、最もよいものを一つ選んでください。

3 ▶1:00:12

テレビの番組で、「音楽シーディー」について説明しています。

女 今日は、疲れた心をいやす「癒しの音楽シーディー」4点のご案内です。まずは、商品番号1番、幅広い年齢層に受け入れられ根強い人気のシーディーです。国内外の歌曲を集め、昔なつかしい童謡や小学校で習った歌をボーイソプラノで聞くと心が洗われると評判です。次は、商品番号2番、クラシックの曲を中心に、名高い演奏家が自ら選んで作った究極のアルバム。だれもが知っている静かな名曲に思わず引き込まれてしまいます。それから、商品番号3番は、鳥の鳴き声や川の水の流れる音から、雪解けの水の音まで、さまざまな自然の音を集めたもので、アウトドア派に最適です。そして最後の商品番号4番は、今売れ筋のシン

3번

우선 이야기를 들으세요. 그리고 두 개의 질문을 듣고 각각 문제 용지의 1~4 중에서 제일 좋은 것을 하나 고르시오.

텔레비전 프로그램에서 '음악 CD'에 대해서 설명하고 있습니다.

여 오늘은 피곤한 마음을 치유하는 '치유 음악 CD' 4개를 소개해 드리겠습니다. 제일 먼저 상품 번호 1번, 폭넓은 연령층에서 지지받아 탄탄한(꾸준한) 인기를 얻고 있는 CD입니다. 국내외의 가곡을 모아서 옛날 흘러간 동요나 초등학교에서 배운 노래를 보이 소프라노로 들으면 마음이 깨끗해진다고 평판이 자자합니다.
다음은 상품 번호 2번, 클래식 곡을 중심으로 유명한 연주가가 직접 선택하여 만든 최고의 앨범. 누구나 알고 있는 조용한 명곡에 자기도 모르게 빠져들고 맙니다. 그리고 상품 번호 3번은, 새의 울음소리와 물 흐르는 소리에서 눈 녹는 물소리까지 다양한 자연의 소리를 모은 것으로 아웃도어파

セサイザーを使った音楽作品です。いわゆるアルファー波の電子音が心地よく、目を閉じると瞑想的な雰囲気に浸ることができます。以上、4点、今すぐお申し込みください。

男　最近、夜、眠れないことがあるって言ってたよね？そんな君には、眠りの世界に案内してくれるような、気持ちいい、電子の音がいいんじゃない？

女　いやー、そうも思うんだけどね、そういうのって意外に飽きちゃうのよね、何回も聞くと。それより、少年の透き通った声って魅力だなあ。ね、私これにする。子どものころに帰れる気がする。

男　そうなんだ。君のような人にはいいんだろうね、そういうのが。でも、大人の男としては、ねえ。僕はよく山に行くから……

女　やっぱり？まあ、行動派のあなたのことだから、そういう自然の音が体にしみ込んでるんだろうね。

男　えっ、そうじゃないよ。そういうのはね、実際に体を動かして、本物の音を体で感じないとね。で、僕が今興味を持っているのは、このピアニストなんだよ。この人の演奏には、アルファー波を感じるんだよね。

女　へー、人は見かけによらないねえ。あなたも、きれいな歌声とか、そうじゃなきゃ、宇宙的な電子音に興味があるのかと思ってたわー。

質問1　女の人はどのCDがいいと言っていますか。
1 1番のCD
2 2番のCD
3 3番のCD
4 4番のCD

質問2　男の人はどのCDがいいと言っていますか。
1 1番のCD
2 2番のCD
3 3番のCD
4 4番のCD

에게 최적입니다. 그리고 마지막 상품 번호 4번은 요즘 인기 있는 신시사이저(합성 전자 음악)를 사용한 음악 작품입니다. 이른바 알파파의 전자음이 기분 좋아서 눈을 감으면 명상적인 분위기에 잠길 수 있습니다. 이상 4종, 지금 바로 신청해 주십시오.

남　요즘 밤에 잠을 못 자는 경우가 있다고 했지? 그런 자네에게는 잠의 세계로 안내해 주는 기분 좋은 전자 음이 좋지 않겠어?

여　아니, 그렇게도 생각하지만, 그런 건 의외로 질리잖아, 몇 번 들으면. 그것보다 소년의 맑은 목소리가 매력적이지. 있지, 나 이걸로 할래. 어린 시절로 돌아갈 수 있는 느낌이 들어.

남　그렇군. 너 같은 사람에게는 좋을 거야. 그런데. 성인 남자로서는, 좀. 나는 자주 산에 가니까…

여　역시? 행동파인 당신이니까 그런 자연의 소리가 몸에 스며들겠지요.

남　아니, 그렇지 않아. 그런 건 말이야 실제로 몸을 움직여 진짜 음을 몸으로 느껴야 해. 그래서 내가 지금 흥미를 가지고 있는 것은 이 피아니스트란다. 이 사람의 연주에는 알파파를 느끼거든.

여　오～, 사람은 겉보기와는 다른 거군. 당신도 예쁜 가성이라든가 그렇지 않으면 우주적인 전자음에 흥미가 있을 거라고 생각했었지.

질문1　여자는 어떤 CD가 좋다고 말하고 있습니까?
1 1번 CD
2 2번 CD
3 3번 CD
4 4번 CD

질문2　남자는 어떤 CD가 좋다고 말하고 있습니까?
1 1번 CD
2 2번 CD
3 3번 CD
4 4번 CD

정답 (1) 1　(2) 2　　**문제유형** 통합이해

어휘 心をいやす 마음을 치유하다 | 幅広い 폭넓다 | 受け入れる 받아들이다 | 根強い 뿌리 깊다 | 歌曲 가곡 | 童謡 동요 | ボーイソプラノ 보이 소프라노(변성기 전 소년의 음악대) | 評判 평판 | 名高い 유명하다 | 自ら 스스로 | 究極 궁극. 최상 | 思わず 무의식 중에 | 引き込む 끌어들이다 | 鳴き声 우는 소리 | 雪解け 눈이 녹음 | 売れ筋 잘 팔리는 물건 | シンセサイザー 신시사이저(전자악기 합성음) | いわゆる 이른바 | 心地よい 기분 좋다 | 目を閉じる 눈을 감다 | 瞑想的 명상적 | 浸る 잠기다 | 申し込む 신청하다 | 飽きる 싫증나다 | 透き通る 투명하다 | 行動派 행동파 | しみ込む 스며들다 | 見かけによらない 겉보기와는 다르다 | 歌声 가성 | 宇宙的 우주적 | 電子音 전자음

해설 여자는 두 번째 대화의「それより、少年の透き通った声って魅力だなあ。ね、私これにする (그것보다 소년의 맑은 목소리가 매력적이지. 나 이걸로 할래)」에서 남자가 권하는 4번 CD를 택하지 않고 1번 CD를 선택하고 있음을 알 수 있다. 그리고 남자의 경우, 마지막 대화에서「で、僕が今興味を持っているのは、このピアニストなんだよ。この人の演奏には、アルファー波を感じるんだよね (그래서 내가 지금 흥미를 가지고 있는 것은 이 피아니스트란다. 이 사람의 연주에는 알파파를 느낀다」라고 말하고 있는 것으로 보아 남자 또한 여자가 권유하는 3번 CD를 선택하지 않고 피아니스트의 연주 곡이 들어 있는 2번 CD를 선택함을 알 수 있다.

JLPT

N1

실전모의테스트
1회

청해

問題1

問題1では、まず質問を聞いてください。それから話を聞いて、問題用紙の1から4の中から、最もよいものを一つ選んでください。

例

1　仕事の説明を聞く
2　簡単な掃除をする
3　部長にお茶を入れる
4　スケジュールの確認をする

1番

1 スケジュール欄を直す

2 イラストのことを山田さんに聞く

3 イラストレーターに連絡する

4 原稿案をコピーする

2番

1 必修の授業を取って、日本語は取らない

2 必修の授業を取らないで、日本語Aクラスを取る

3 必修の授業と日本語Aクラスを取る

4 必修の授業と日本語Bクラスを取る

3番

1 Ａ５サイズで100ページのアルバム

2 Ａ４サイズで100ページのアルバム

3 Ａ５サイズで50ページのアルバム

4 Ａ４サイズで50ページのアルバム

4番

1 製品を不良の箱に入れる

2 田中さんに不良のことを言う

3 作業報告を書く

4 佐々木さんのところに行く

5番

　　1　ボーイスカウトの通訳をする

　　2　テントの説明をする

　　3　グループ分けの紙を配る

　　4　担当のグループに分かれる

6番

　　1　文章の書き方を変える

　　2　図表を小さくする

　　3　行間を狭める

　　4　誤字脱字を直す

問題2

問題2では、まず質問を聞いてください。そのあと、問題用紙のせんたくしを読んでください。読む時間があります。それから話を聞いて、問題用紙の1から4の中から、最もよいものを一つ選んでください。

例

1　気に入ったものがなかったから

2　ワイシャツをたくさん買ったから

3　買いたいものが売り切れてしまったから

4　安いものがなくなったから

1番

1　企業が必ずしも目標を立てなくてもいい

2　企業が立てる目標が女性に関するものでなくてもいい

3　企業が立てた目標を就活生に提示しなくてもいい

4　企業が目標を達成できなくても罰せられない

2番

1　どんな商品でも30分以内に届くこと

2　どこでも商品がその日のうちに届くこと

3　必ず受け取れるので再配達を頼まなくていいこと

4　割引で商品の値段が安くなること

3番

1 部屋が少なかったから

2 新しい設備がなかったから

3 耐震ではなかったから

4 宴会場がなかったから

4番

1 世界中のいろいろな雑貨

2 日本の各地のおいしい名産品

3 職人の技を生かした現代的な製品

4 自動車部品をリサイクルして作った雑貨

5番

1 文章を書くうちに「小説家になりたい」と思いはじめたから

2 周りの人に「小説家になったらどうか」と勧められたから

3 テレビのニュースを見て「自分もやらなければ」と思ったから

4 理由はないが「小説家になれるのではないか」と思ったから

6番

1 スマートフォンのゲームを増やしているから

2 高額な開発費を投じているから

3 広告に力を入れているから

4 既存の映画などをゲーム化しているから

7番

1　子どもはその絵本が好きだから

2　ストーリーがわかると安心するから

3　絵本には新しいことが多くて面白いから

4　子どもはお話を忘れてしまうから

問題3

問題3では、問題用紙に何も印刷されていません。この問題は、全体としてどんな内容かを聞く問題です。話の前に質問はありません。まず話を聞いてください。それから、質問と選択肢を聞いて、1から4の中、最もよいものを一つ選んでください。

―メモ―

問題4

問題4では、問題用紙に何も印刷されていません。まず文を聞いてください。それから、それに対する返事を聞いて、1から3の中から、最もよいものを一つ選んでください。

―メモ―

問題5

問題5では、長めの話を聞きます。この問題には練習はありません。メモをとってもかまいません。

1番、2番

問題用紙に何も印刷されていません。まず話を聞いてください。それから、質問とせんたくしを聞いて、1から4の中から、最もよいものを一つ選んでください。

―メモ―

3番

まず話を聞いてください。それから、二つの質問を聞いて、それぞれ問題用紙の1
から4の中から、最もよいものを一つ選んでください。

質問1

1 「近くて遠いウエディングドレス」
2 「鷹の目 Ｔｈｅ Ｍｏｖｉｅ」
3 「終わりの始まり」
4 「木の上の家」

質問2

1 「近くて遠いウエディングドレス」
2 「鷹の目 Ｔｈｅ Ｍｏｖｉｅ」
3 「終わりの始まり」
4 「木の上の家」

JLPT N1

실전모의테스트
2회

청해

問題 1

問題 1 では、まず質問を聞いてください。それから話を聞いて、問題用紙の 1 から 4 の中から、最もよいものを一つ選んでください。

例

1 仕事の説明を聞く
2 簡単な掃除をする
3 部長にお茶を入れる
4 スケジュールの確認をする

1番

  1 9万円

  2 10万円

  3 27万円

  4 29万円

2番

  1 スケジュールを変更する

  2 団体料金を確認する

  3 写真を撮りに行く

  4 パンフレットを作る

3番

1 代わりの講師を引き受ける
2 ネイティブの知り合いに頼む
3 ネイティブの先生を探す
4 日本人の先生を探す

4番

1 レポートのタイトルを考える
2 図書館で本を借りる
3 インターネットで記事を読む
4 論文を探す

5番

1 契約書を修正する

2 資料をコピーする

3 地図を印刷する

4 切符の領収書をもらう

6番

1 先行研究を追加する

2 参考文献を修正する

3 研究課題を書き直す

4 分析を書き加える

問題2

問題2では、まず質問を聞いてください。そのあと、問題用紙のせんたくしを読んでください。読む時間があります。それから話を聞いて、問題用紙の1から4の中から、最もよいものを一つ選んでください。

例

1　気に入ったものがなかったから

2　ワイシャツをたくさん買ったから

3　買いたいものが売り切れてしまったから

4　安いものがなくなったから

1番

  1 価格が安いから

  2 人気アニメのグッズが入っているから

  3 種類が豊富だから

  4 精巧に作られているから

2番

  1 薬局で血液検査が受けられるようになったこと

  2 自分で血液検査ができるようになったこと

  3 定期的に糖尿病の検査ができるようになったこと

  4 血液検査が安く受けられるようになったこと

3番

1 甘くなる品種の苗をつかうこと
2 土に混ぜる肥料を増やすこと
3 気温の差が大きいときに育てること
4 温度差があるところに置いておくこと

4番

1 お客さんとのトラブルがあったこと
2 スタッフの仕事をしたこと
3 発表資料の準備が十分でなかったこと
4 片付けを任されたこと

5番

1　2割の商品の数を増やす

2　8割の商品を全てやめる

3　2割の商品の値下げをする

4　8割の商品を見直す

6番

1　家具を買うより安く済むから

2　家具を簡単に作れるから

3　自分の欲しい家具が作れるから

4　写真をSNSにアップしたいから

7番

1　最新の設備を入れること
2　住む人のことを考えること
3　自然をたくさん取り入れること
4　敷地面積と建物のバランスを考えること

問題3

問題3では、問題用紙に何も印刷されていません。この問題は、全体としてどんな内容かを聞く問題です。話の前に質問はありません。まず話を聞いてください。それから、質問と選択肢を聞いて、1から4の中、最もよいものを一つ選んでください。

―メモ―

問題4

問題4では、問題用紙に何も印刷されていません。まず文を聞いてください。それから、それに対する返事を聞いて、1から3の中から、最もよいものを一つ選んでください。

―メモ―

問題5

問題5では、長めの話を聞きます。この問題には練習はありません。メモをとってもかまいません。

1番、2番

問題用紙に何も印刷されていません。まず話を聞いてください。それから、質問とせんたくしを聞いて、1から4の中から、最もよいものを一つ選んでください。

―メモ―

3番

まず話を聞いてください。それから、二つの質問を聞いて、それぞれ問題用紙の1から4の中から、最もよいものを一つ選んでください。

男の人はどの掃除機を買いますか。

質問1

1　1番の掃除機

2　2番の掃除機

3　3番の掃除機

4　4番の掃除機

質問2

1　1番の掃除機

2　2番の掃除機

3　3番の掃除機

4　4番の掃除機

실전모의테스트 1회

문제1

문제1에서는 먼저 질문을 들으세요. 그리고 이야기를 듣고 문제지의 1~4 중에서 가장 적당한 것을 하나 고르세요.

1番 ▶ 02:04

会社で男の人と女の人が話しています。女の人にこのあとまず何をしなければなりませんか。

男：佐藤さん、新しい「就活ノート」の原稿案、できた？

女：はい、こちらです。今回はスケジュールを書き込む部分を工夫してみました。

男：去年のよりも書き込む欄を大きくするって言ってたね。雰囲気もポップな感じでいいんじゃない？あれ？このイラストはどうしたの？

女：あ、それは山田さんに頼んだら、入れてくれました。

男：山田さん、絵なんか描けたっけ？ネット上から取ってきたんじゃなければいいけど。

女：そうですね。ちょっと確認してみます。

男：絵が必要ならイラストレーターに頼んでもいいよ。少し予算に余裕あるし。

女：わかりました。とりあえず聞いてからにします。

男：そうだね。それが済んだらコピーよろしくね。みんなで検討するから。

女：はい。

女の人はこのあとまず何をしなければなりませんか。

1 スケジュール欄を直す
2 イラストのことを山田さんに聞く
3 イラストレーターに連絡する
4 原稿案をコピーする

1번

회사에서 남자와 여자가 이야기하고 있습니다. 여자는 이다음 먼저 무엇을 해야 합니까?

남：사토 씨, 새로운 '취직활동 노트'의 원고안 다 됐어?

여：네 여기 있습니다. 이번엔 스케줄을 기입하는 부분을 고안해 봤습니다.

남：작년보다도 기입란을 크게 만들 거라고 했었지. 분위기도 밝은 느낌으로 좋지 않아? 어? 이 일러스트는 어떻게 된 거야?

여：아, 그건 야마다 씨에게 부탁했더니, 넣어 주었습니다.

남：야마다 씨. 그림 같은 거 그릴 수 있었던가? 인터넷상에서 가져온 것이 아니라면 괜찮지만.

여：글쎄요. 좀 확인해 보겠습니다.

남：그림이 필요하면 삽화가에게 부탁해도 괜찮아. 예산에 조금 여유가 있으니.

여：알겠습니다. 우선, 물어보고 그렇게 하겠습니다.

남：그렇지. 그게 끝나면 복사 부탁해. 모두 함께 검토할 거니까.

여：네.

여자는 이다음 먼저 무엇을 해야 합니까?

1 스케줄 란을 고친다
2 일러스트에 관한 것을 야마다 씨에게 묻는다
3 삽화가에게 연락한다
4 원고안을 복사한다

정답 2

어휘 就活 취직 활동 | 原稿案 원고안 | 工夫 궁리, 연구 | 欄 란 | ポップ 팝, 젊고 밝음, 대중적임 | イラスト 일러스트, 그림 | 確認 확인 | イラストレーター 일러스트레이터, 삽화가 | 予算 예산 | 余裕 여유 | 済む 끝나다 | 検討 검토

해설 필요하면 삽화가에게 부탁해도 된다는 남자의 말에 여자가 '우선 물어보고 하겠다'고 말하는 대목에서 여자가 바로 할 일은 2번이라는 것을 알 수 있다.

2番 ▶ 03:34

大学で男の学生と先生が話しています。男の学生はこのあと授業をどうしますか。

男：先生、すみません。今学期の日本語の授業の履修についてなんですけど。

女：はいはい。

2번

대학에서 남학생과 선생님이 이야기하고 있습니다. 남학생은 이다음 수업을 어떻게 합니까?

남：선생님 실례합니다. 이번 학기 일본어 수업 이수에 관해서인데요.

여：네네.

男：「工学基礎Ⅱ」の授業と時間が重ってるんですけど、どうしたらいいですか。これ、必修で。

女：必修かぁ……。うーん。それは今年取らなきゃダメなの？

男：あ、いえ、4年生までに取ればいいとは聞いてます。でもみんな今年取るというので……。

女：うーん、そうかー。日本語の授業もね、いつでも取れるといえば取れるんだけど、これからの授業で必要なことを勉強するから、できればこちらを優先したほうがいいと思うんだけど。

男：そうですか。あのー、僕は日本語はＡクラスを取るようにって言われたんですけど、Ｂクラスを取ることはできませんか。こっちの時間なら取れるんですけど。

女：できるけど、レベルが違うから、難しいかもしれないよ？専門の授業も大変なんでしょ？

男：はい、でも、選択の授業を1つ減らせば何とか……。

女：まあ、そこらへんはあなた次第だけど。

男：わかりました。みんなと一緒に授業取りたいんで、日本語は何とか頑張ってみます。

女：そう。じゃあ、履修登録、間違えないようにね。

男の学生はこのあと授業をどうしますか。

1　必修の授業を取って、日本語は取らない
2　必修の授業を取らないで、日本語Ａクラスを取る
3　必修の授業と日本語Ａクラスを取る
4　必修の授業と日本語Ｂクラスを取る

남 : '공학기초Ⅱ' 수업과 시간이 중복되는데 어떻게 하면 좋겠습니까? 이건, 필수고.

여 : 필수인가. 음. 그거 올해 수강해야 하는 거야?

남 : 아. 아뇨. 4학년까지 취득하면 된다고는 들었습니다. 하지만 모두 올해 수강한다고 해서…….

여 : 음, 그런가. 일본어 수업도 말이지, 언제든 수강할 수 있다면 할 수 있는 건데, 앞으로 수업에서 필요한 것을 공부하기 때문에 되도록 이쪽을 우선으로 하는 것이 좋을 것 같은데.

남 : 그렇습니까? 저, 저는 일본어는 A클래스를 수강하라고 들었지만, B클래스를 수강할 수는 없습니까? 이쪽 시간이라면 수강할 수 있는데요.

여 : 할 수 있지만, 수준이 다르기 때문에 어려울지도 몰라. 전공 수업도 힘들잖아.

남 : 예, 하지만 선택 수업을 하나 줄이면 어떻게든…….

여 : 뭐, 그 부분은 본인 하기에 달렸지만.

남 : 알겠습니다. 모두 함께 수업을 듣고 싶고, 일본어는 어떻게든 분발해 보겠습니다.

여 : 그래. 그럼, 이수 등록 실수하지 않도록.

남학생은 이다음 수업을 어떻게 합니까?

1　필수 수업을 수강하고 일본어는 수강하지 않는다
2　필수 수업을 듣지 않고 일본어 A클래스를 수강한다
3　필수 수업과 일본어 A클래스를 수강한다
4　필수 수업과 일본어 B클래스를 수강한다

정답　**4**

어휘　履修 이수｜工学 공학｜基礎 기초｜必須 필수｜優先 우선｜レベル 수준｜専門 전공｜選択 선택｜登録 등록｜間違える 잘못하다, 착각하다

해설　남자는 일본어와 필수 수업이 겹쳐 고민하지만, 결국 일본어 A클래스에서 B클래스로 바꾸고 필수 수업과 함께 수강하므로 4번이 정답이다.

3番 ▶ 05:37

写真屋で女の人と店員が話しています。女の人はこのあとどんなアルバムを注文しますか。

女：すみません、フォトアルバムをお願いしたいんですが。

男：はい、ありがとうございます。ページ数とサイズはどうしますか？

女：写真が100枚あるんですけど、そうするとページ数は100ページですよね。

男：1ページに4枚まで写真を入れられますので、そうすると25ページにできますよ。

女：あ、そうなんですか。でも、それだと写真が小さくなりますよね？

男：そうですねー。例えば、A5サイズのアルバムでしたら、1ページに2枚入れても普通の写真の大きさくらいにはなりますけど。

3번

사진관에서 여자와 점원이 이야기하고 있습니다. 여자는 이다음 어떤 앨범을 주문합니까?

여 : 실례합니다. 포토 앨범을 주문하고 싶은데요.

남 : 네, 감사합니다. 페이지 수와 크기는 어떻게 할까요?

여 : 사진이 100장 되는데, 그렇게 하면 페이지 수는 100페이지가 되는 거죠?

남 : 한 페이지에 4장까지 사진을 넣을 수 있기 때문에 그렇게 하면 25페이지로 만들 수 있어요.

여 : 아, 그렇습니까? 하지만 그러면 사진이 작아지는 거죠?

남 : 그렇습니다. 예를 들면, A5 사이즈의 앨범이라면, 한 페이지에 2장 넣어도 일반사진 정도로는 됩니다만.

女：もっと大きいのもありますか？

男：最大A4サイズまであります。

女：あ、じゃあ、一番大きいサイズで。全部横向きの写真なので、1ページに2枚でお願いします。

男：かしこまりました。じゃあ、こちらの用紙にご記入をお願いします。

女の人はこのあとどんなアルバムを注文しますか。

1　A5サイズで100ページのアルバム
2　A4サイズで100ページのアルバム
3　A5サイズで50ページのアルバム
4　A4サイズで50ページのアルバム

여 : 좀 더 큰 것도 있습니까?

남 : 최대 A4 사이즈까지 있습니다.

여 : 아, 그럼, 가장 큰 크기로. 전부 가로 방향 사진이니까 한 페이지에 2장으로 부탁드리겠습니다.

남 : 알겠습니다. 그럼, 이쪽 용지에 기입 부탁드립니다.

여자는 이다음 어떤 앨범을 주문합니까?

1　A5 사이즈로 100페이지 앨범
2　A4 사이즈로 100페이지 앨범
3　A5 사이즈로 50페이지 앨범
4　A4 사이즈로 50페이지 앨범

정답　4

어휘　フォトアルバム 사진 앨범 | 写真(しゃしん) 사진 | 横向き(よこむ) 옆으로 향함(가로) | 用紙(ようし) 용지 | 記入(きにゅう) 기입

해설　여자는 100장의 사진을 큰 사이즈(최대 A4)로 한 페이지에 2장씩 넣길 원하므로 4번(A4 사이즈에 50페이지 앨범)이 정답이다.

4番 ▶ 07:18

工場で男の人と女の人が話しています。女の人はこのあとまずどうしますか。

男：陳さん、どう？作業は大丈夫？

女：はい。田中さんに教えていただいて、検品作業を進めています。

男：ここに入っているのが出来上がった製品だね。……ん？あ、これ、不良じゃないの？

女：え？

男：ほら、これ、ここ欠けてるよね。

女：え、これもダメなんですか？すみません。知りませんでした。

男：まぁ、田中が言うの忘れたんだろう。あとで言っとくよ。

女：すみません。

男：とりあえず、それはあっちの箱に入れといて。またまぎれるといけないから。

女：はい。あの不良の箱ですよね。

男：うん。あと、終業前でいいから、作業報告にこのこと書いといて。

女：はい。わかりました。

男：あ、それから、事務の佐々木さんが書いて欲しい書類があるとか言ってたから、行ってきてくれるかな？あ、それも作業報告出すのと一緒でいいか。

女：あ、でも私も佐々木さんに用事があるので、これ入れたら、行ってきます。

男：うん。じゃあ、それ、よろしく頼むよ。

4번

공장에서 남자와 여자가 이야기하고 있습니다. 여자는 이다음 먼저 어떻게 합니까?

남 : 진 씨, 어때? 작업은 괜찮아?

여 : 네, 다나카 씨에게 배워서 검품 작업을 진행하고 있습니다.

남 : 여기에 들어 있는 것이 완성된 제품이지. 어? 아, 이거 불량 아냐?

여 : 어?

남 : 이봐, 이거 여기 망가져 있잖아.

여 : 아, 이것도 안 되는 겁니까? 죄송합니다. 몰랐습니다.

남 : 뭐, 다나카가 말하는 걸 잊은 거겠지. 나중에 말해 둘게.

여 : 죄송합니다.

남 : 우선, 그것은 저쪽 상자에 넣어 둬. 또 뒤섞이면 안 되니까.

여 : 네. 저기 있는 불량 상자죠?

남 : 응, 그리고 업무 종료 전이면 되니까 작업 보고에 이 내용을 적어 두게.

여 : 네, 알겠습니다.

남 : 아, 그리고 사무과의 사사키 씨가 써 줬으면 하는 서류가 있다고 하니까 다녀와 줄 수 있을까? 아, 그것도 작업 보고 내는 것과 함께 하면 되려나.

여 : 아, 하지만 저도 사사키 씨에게 용무가 있어서 이거 넣으면 다녀오겠습니다.

남 : 응, 그럼 그거 잘 부탁해.

女の人はこのあとまず何をしますか。
1　製品を不良の箱に入れる
2　田中さんに不良のことを言う
3　作業報告を書く
4　佐々木さんのところに行く

여자는 이다음 먼저 무엇을 합니까?
1　제품을 불량 상자에 넣는다
2　다나카 씨에게 불량에 관한 것을 말한다
3　작업 보고를 쓴다
4　사사키 씨가 있는 곳에 간다

정답　1

어휘　作業 작업 ｜ 検品 검품(상품, 제품을 검사함) ｜ 製品 제품 ｜ 箱 상자 ｜ 不良 불량 ｜ 紛れる 뒤섞여 헷갈리다 ｜ 終業前 종업 전(업무 종료 전) ｜ 報告 보고 ｜ 事務 사무 ｜ 書類 서류 ｜ 用事 용무

해설　우선 '불량 제품을 뒤섞이지 않게 상자에 넣고' 그 다음, '사사키 씨에게 다녀온 뒤' 업무 종료 전에 '작업 보고를 내는 것'이 여자의 업무 순서이므로 가장 먼저 하는 일은 1번이다.

5番 ▶ 09:10
男の人がイベントのボランティアの人たちに話しています。ボランティアの人たちはこのあと何をしますか。

男：みなさん、いよいよ明日から約2週間にわたって「ワールドスカウトフェスティバル」が始まります。世界各国からボーイスカウトの方々が来て、それぞれの国の課題について学び合うという場ですので、ぜひスムーズにイベントが進むようにご協力お願いします。まずは、通訳担当の方は、向こうのスペースに固まってください。担当者が行きますので。それから、テント設営補助の担当の方は隣の部屋で早速ご説明したいと思います。あと、救護担当のグループは救護セットを確認しますので、担当の指示に従ってください。あとの方はお配りした紙を見ていただいて、分かれてください。では、よろしくお願いします。

ボランティアはまず何をしますか。
1　ボーイスカウトの通訳をする
2　テントの説明をする
3　グループ分けの紙を配る
4　担当のグループに分かれる

5번
남자가 이벤트 봉사자들에게 이야기하고 있습니다. 봉사자들은 이다음 무엇을 합니까?

남：여러분, 드디어 내일부터 약 2주간에 걸쳐서 '세계 스카우트 축제'가 시작됩니다. 세계 각지로부터 보이 스카우트 분들이 와서 각각의 나라의 과제에 관해서 서로 배우는 장이므로, 부디 원활히 이벤트가 진행되도록 협력 부탁드립니다. 우선은, 통역 담당하는 분은 건너편에 있는 공간에 모여 주세요. 담당자가 갈 테니. 그리고 텐트 설치 보조를 담당하는 분은 옆 방에서 바로 설명해 드리겠습니다. 다음, 구호담당 그룹은 구호 세트를 확인하겠으니 담당의 지시에 따라 주세요. 그 외 분들은 배부해 드린 종이를 보시고, 각각 나뉘어 주세요. 그럼, 잘 부탁드리겠습니다.

봉사자는 우선 무엇을 합니까?
1　보이 스카우트의 통역을 한다
2　텐트의 설명을 한다
3　그룹으로 나눈 종이를 배부한다
4　담당하는 그룹으로 나뉜다

정답　4

어휘　ボーイスカウト 보이 스카우트 ｜ 課題 과제 ｜ 協力 협력 ｜ 通訳 통역 ｜ 担当者 담당자 ｜ 設営 설영(야외에 천막을 설치함) ｜ 補助 보조 ｜ 早速 즉시 ｜ 救護 구호 ｜ 確認 확인 ｜ 指示 지시

해설　남자는 각각의 봉사자들이 담당하고 있는 일에 따라 갈 곳(나뉠 곳)을 설명하고 있으므로 4번이 답이다.

6番 ▶ 10:40

女の学生が先生と話しています。女の学生はこのあとどうしますか。

女：先生　すみません。山下ですが。
男：はーい。どうぞ。
女：失礼します。
男：どうしました？
女：明後日のゼミの発表のレジュメを作ったんですけど、ちょっと見ていただけないかと思って。
男：いいですよ。見せてください。うーん、そうだねぇ。ちょっと文が長いところがあるから、箇条書きにすると、わかりやすくなっていいと思うけど。
女：でもそうすると、2ページを超えてしまうんです……。あ、でも、図表をもう少し小さくすれば大丈夫かもしれません。
男：いや、あんまり小さくすると見づらくなっちゃうから、ちょっとね。行と行の間に少し余裕がありそうだから、狭くしてみたら？そうすれば、1ページに入る分量が増えるよ。
女：読みにくくないでしょうか？
男：大丈夫だと思うよ。まあ、心配なら他の人にもみてもらうといいよ。それから、誤字脱字がないかどうか、チェック忘れないようにね。
女：はい。わかりました。ありがとうございました。

女の学生はこのあとどうしますか。

1　文章の書き方を変える
2　図表を小さくする
3　行間を狭める
4　誤字脱字を直す

6번

여학생이 선생님과 이야기하고 있습니다. 여학생은 이다음 어떻게 합니까?

여 : 선생님, 실례합니다. 야마시타인데요.
남 : 네, 들어와요.
여 : 실례하겠습니다.
남 : 무슨 일이에요?
여 : 모레 세미나 발표 요약문을 만들었는데, 좀 봐 주실 수 있을까 해서요.
남 : 좋아요. 보여 주세요. 음, 글쎄, 문장이 좀 긴 부분이 있으니, 항목별로 쓰면 이해하기 쉬워질 것 같은데.
여 : 근데, 그렇게 하면, 두 페이지를 넘겨버립니다. 아, 하지만, 도표를 조금 더 작게 하면 괜찮을지도 모르겠습니다.
남 : 아니, 너무 작게 하면 보기 힘들어지니까 약간만. 행과 행 사이에 조금 여유가 있을 것 같으니 좁게 해보면 어떨까? 그렇게 하면, 한 페이지에 들어갈 분량이 늘어날 거야.
여 : 읽기 힘들지 않을까요?
남 : 괜찮을 거 같은데. 뭐, 걱정된다면 다른 사람에게도 봐 달라고 해도 되고. 그리고 오자 탈자가 없는지 확인 잊지 않도록 하고.
여 : 네. 알겠습니다. 고맙습니다.

여학생은 이다음 어떻게 합니까?

1　문장의 작성 방법을 바꾼다
2　도표를 작게 한다
3　행간을 좁힌다
4　오탈자를 고친다

정답　3

어휘　ゼミ 세미나 | 発表 발표 | レジュメ 요약 | 箇条書き 항목별로 씀 | 超える 넘다 | 行 행, 줄 | 分量 분량 | 誤字 오자 | 脱字 탈자

해설　과제 수행 유형에서는 과제를 수행하는 자가 상대의 말에 수긍하는 대답으로 '네, 알겠습니다' 또는 '네 그렇게 하겠습니다'가 나오게 되는데 어떤 말에 대한 대답인지를 파악하면 된다. 이 문제에서 상대의 주된 충고는 행간을 좁히는 것이고 도표를 작게 만드는 것은 수행자가 제안했으나 그에 대해 상대는 큰 변화를 원하지 않고 있으므로 3번이 답이 된다.

문제2

문제2에서는 먼저 질문을 들으세요. 그 후, 문제지의 선택지를 읽으세요. 읽을 시간이 있습니다. 그리고 이야기를 듣고 문제지의 1~4 중에서 가장 적당한 것을 하나 고르세요.

1番 ▶ 14:41

テレビのニュースでアナウンサーが新しい法案について話しています。新しい法案にはどのような問題があると言っていますか。

1번

텔레비전 뉴스에서 아나운서가 새 법안에 관해서 이야기하고 있습니다. 새 법안에는 어떤 문제가 있다고 합니까?

女：欧米諸国に比べて、日本の企業は女性管理職の割合が低いことが知られていますが、これは管理職に限ったことではなく、女性社員全体を見ても、同じことが言えると思います。この対策として、いま国会では、女性社員が活躍できるような新たな法案について議論が行われています。この法案では、女性の雇用に関する目標を立てることを企業に義務付けます。例えば「3年以内に女性社員を現在の30％から45％に増やす」などです。これにより、就職活動の際に就活生が参考にする情報が増えるという利点があります。しかし、この法案には罰則規定がないので、企業がどの程度目標に対して取り組むか、疑問の声もあります。

新しい法案にはどのような問題があると言っていますか。
1　企業が必ずしも目標を立てなくてもいい
2　企業が立てる目標が女性に関するものでなくてもいい
3　企業が立てた目標を就活生に提示しなくてもいい
4　企業が目標を達成できなくても罰せられない

여 : 유럽 여러 나라에 비해서 일본 기업은 여성 관리직의 비율이 낮다고 알려져 있습니다만, 이는 관리직뿐만이 아니라 여성 사원 전체를 봐도 같은 말을 할 수 있으리라 생각합니다. 이 대책으로서 지금 국회에서는 여성 사원이 활약할 수 있는 새로운 법안에 관해서 논의 되고 있습니다. 이 법안에서는 여성고용에 관한 목표를 세우는 것을 기업에 의무화하고 있습니다. 예를 들면 '3년 이내에 여성 사원을 현재의 30％에서 45％로 늘린다' 등 입니다. 이로 인해 취직활동을 할 때 취업 준비생이 참고로 할 정보가 늘어난다는 이점이 있습니다. 그러나 이 법안에는 벌칙 규정이 없기 때문에 기업이 어느 정도 목표에 대해 대처할지 의문의 목소리도 있습니다.

새 법안에는 어떤 문제가 있다고 합니까?
1　기업이 반드시 목표를 세우지 않아도 된다
2　기업이 세우는 목표가 여성에 관한 것이 아니어도 된다
3　기업이 세운 목표를 취업 준비생에게 제시 하지 않아도 된다
4　기업이 목표를 달성할 수 없어도 처벌할 수 없다

정답　4

어휘　欧米 구미(유럽과 미국) | 諸国 여러 나라 | 管理職 관리직 | 割合 비율 | 対策 대책 | 活躍 활약 | 議論 의논 | 雇用 고용 | 目標 목표 | 義務付ける 의무화 하다 | 就活生 취업 준비생 | 参考 참고 | 利点 이점 | 罰則 벌칙 | 規程 규정 | 疑問 의문

해설　맨 마지막 부분에서 '벌칙규정이 없어서 기업이 어느 정도 목표에 대해 대처할지 의문의 목소리도 있다'라고 했으므로 새 법안의 문제점으로 4번이 가장 적당하다.

2番 ▶ 16:39
男の人と女の人が新しいサービスについて話しています。男の人はこのサービスのどんなところがいいと言っていますか。男の人です。

男：昨日、テレビでインターネットショッピングの新しいサービスっていうのをやってたんだけど、注文すると最短30分で商品が届くんだって。
女：えー！すごいね！どこでも30分なの？
男：いや、今はまだ都内の一部だけみたいだけどね。
女：そっか。品物は何でも大丈夫なの？
男：品数も結構豊富みたいだけど、限りはあると思うよ。あと、注文を受けたとき車にないものは補充しなきゃいけないから、そうするとちょっと時間がかかることもあるみたい。
女：へぇ。でも、届く時間が大体わかれば、絶対に受け取れるし、便利だよね。
男：そう、そこがいいんだよね。受け取れなくてまた配達を頼むのに電話したりするのは面倒だしね。
女：再配達しなくてよければ、その分経費が安くなって、商品の値段も安くなるかもね。
男：そうなるといいね。

2번
남자와 여자가 새로운 서비스에 관해서 이야기하고 있습니다. 남자는 이 서비스의 어떤 점이 좋다고 합니까? 남자입니다.

남 : 어제, 텔레비전에서 인터넷 쇼핑의 새로운 서비스라는 걸 했는데, 주문하면 최단 30분이면, 상품이 도착한대.
여 : 우와! 굉장하네~ 어디든 30분인 거야?
남 : 아니, 지금은 아직 도내의 일부만인 것 같아.
여 : 그렇구나. 상품은 뭐든 되는 거야?
남 : 상품 수도 꽤 풍부한 건 같은데 한정돼 있을 거야. 그리고 주문을 받을 때, 차에 없는 것은 보충해야 하니까 그렇게 되면 약간 시간이 걸릴 때도 있는 것 같아.
여 : 우와~ 그래도 도착 시간을 대충 알면, 확실히 수령할 수 있고 편리하네.
남 : 그래. 그 점이 좋지. 받지 못해서 다시 배달을 요청하느라 전화하거나 하는 건 번거롭고.
여 : 재배송하지 않아도 된다면, 그만큼 경비도 싸지니까 상품가격도 싸질지도 모르지.
남 : 그렇게 되면 좋겠네.

男の人はこのサービスについてどんなところがいいと言っていますか。

1 どんな商品でも30分以内に届くこと
2 どこでも商品がその日のうちに届くこと
3 必ず受け取れるので再配達を頼まなくていいこと
4 割引で商品の値段が安くなること

남자는 이 서비스에 관해서 어떤 점이 좋다고 합니까?

1 어떤 상품이라도 30분 이내에 도착하는 것
2 어디든 상품이 그날 안에 도착하는 것
3 반드시 수령할 수 있으므로 재배송을 부탁하지 않아도 되는 것
4 할인으로 상품의 가격이 싸지는 것

정답 3

어휘 注文 주문 | 最短 최단 | 商品 상품 | 都内 도내 | 品物 상품 | 結構 꽤, 상당히 | 豊富 풍부 | 補充 보충 | 配達 배달 | 経費 경비 | 値段 가격

해설 '도착 시간을 알면 확실히 수령할 수 있어서 편리하다'라는 여자의 말에 '그래. 그런 점이 좋지'라고 남자가 말했으므로 3번이 답이라는 것을 알 수 있다. 포인트 이해는 대화의 포인트가 되는 '이유, 무엇, 누구(대상), 시제' 등을 주의하면서 들어야 한다.

3番 ▶ 18:45

テレビのニュースでアナウンサーがあるホテルについて話しています。このホテルはどうして建て替えをすることにしましたか。

男 : 老舗ホテルの「ホテル大江戸東京」の本館が、建て替えのため、今年10月31日をもって休業となることが、今日発表されました。5年後の東京オリンピックを見据えてとのことで、部屋数はそのままに、カードキー対応のエレベーターなど最新の設備を取り入れることで、各国からの宿泊客のニーズに応えたいとのことです。また、バリアフリーを徹底して、耐震性も強化されます。さらに、敷地面積も拡大するということで、その部分に大きな宴会場を作り、今後数百人規模のパーティーにも対応できるようにしたいとのことです。

このホテルはどうして建て替えをすることにしましたか。

1 部屋が少なかったから
2 新しい設備がなかったから
3 耐震ではなかったから
4 宴会場がなかったから

3번

텔레비전 뉴스에서 아나운서가 어느 호텔에 관해서 이야기하고 있습니다. 이 호텔은 왜 개축을 하기로 했습니까?

남 : 노포 호텔인 '호텔 오에도 도쿄'의 본관이 개축을 위해 올해 10월 31일로 휴업하게 된 것이 오늘 발표되었습니다. 5년 후의 도쿄 올림픽을 내다본 것이라고 하며, 방 수는 그대로 하고, 카드 키 대응의 엘리베이터 등 최신 설비를 도입함으로써 각국에서 오는 숙박객의 요구에 부응하고 싶다고 합니다. 또한 배리어프리를 철저히 하고, 내진성도 강화됩니다. 더욱이 부지 면적도 확대한다고 하며, 그 부분에 큰 연회장을 만들고 향후 수백 명 규모의 파티에도 대응할 수 있도록 하고 싶다고 합니다.

이 호텔은 왜 개축을 하기로 했습니까?

1 방이 적었기 때문에
2 새로운 설비가 없었기 때문에
3 내진이 아니었기 때문에
4 연회장이 없었기 때문에

정답 2

어휘 建て替え 개축, 재건축 | 老舗 노포(대대로 내려 오는 점포) | 見据える 응시하다, 확인하다 | 設備 설비 | 取り入れる 도입하다 | 宿泊 숙박 | 応える 부응하다 | 徹底 철저 | バリアフリー 장애물 없는 생활 환경(장애인 편의 시설) | 耐震性 내진성 | 強化 강화 | 敷地 부지 | 面積 면적 | 拡大 확대 | 宴会場 연회장 | 規模 규모 | 対応 대응

해설 호텔 개축의 주된 이유는 도쿄 올림픽을 앞두고 '최신 설비의 도입을 위함'이기 때문에 2번이 정답이다.

4番 ▶ 20:26

テレビのニュースでアナウンサーがあるイベントについてリポートしています。このイベントで注目されているものは何ですか。

女 : 今日から、こちらの東京ビッグホールで、雑貨の見本市が開かれています。こちらにはこのように世界中のさまざまな雑貨が所狭しと並べられています。なかでも今回注目されているのは、こちら! 日本の名産品のなかから選び抜かれた300点が展示されている、「職人の技」のブースです。日本の職人の技術が光る名産品はもちろん、今回は職人の技を現代のニーズと組み合わせた製品が人気です。例えば、こちらの携帯音楽プレーヤー用のスピーカー、なんと漆塗りの箱でできているんです。それから、こちらのシェーカー、これは日本の自動車部品メーカーが作ったもので、ぴったりとしまって、液漏れしないんです。このように、いろいろな日本の技術も見られる今回の見本市、皆様もぜひお越しください。

このイベントで注目されているものは何ですか。

1 世界中のいろいろな雑貨
2 日本の各地のおいしい名産品
3 職人の技を生かした現代的な製品
4 自動車部品をリサイクルして作った雑貨

4번

텔레비전 뉴스에서 아나운서가 어떤 이벤트에 관해서 기사 보도 하고 있습니다. 이 이벤트에서 주목되고 있는 것은 무엇입니까?

여 : 오늘부터 이곳 도쿄 빅홀에서 잡화 견본 시장이 열리고 있습니다. 이곳에는 이처럼 전 세계의 다양한 잡화가 즐비하게 진열되어 있습니다. 그 중에서도 이번에 주목되는 것은 여기! 일본의 명산품 중에서 엄선된 300점이 전시되고 있는 '장인의 기술' 부스입니다. 일본 장인의 기술이 빛나는 명산품은 물론이고, 이번에는 장인의 기술을 현대의 요구와 접목시킨 제품이 인기입니다. 예를 들면, 휴대 음악 플레이어용의 스피커, 놀랍게도 칠기 상자로 만들어져 있습니다. 그리고 이 쪽의 셰이커, 이것은 일본의 자동차 부품 제조 업체가 만든 것으로 꽉 닫혀서 액체가 새지 않습니다. 이처럼 여러 가지 일본 기술도 볼 수 있는 이번 견본 시장, 여러분도 꼭 찾아와 주세요.

이 이벤트에서 주목되고 있는 것은 무엇입니까?

1 전 세계의 여러 가지 잡화
2 일본 각지의 맛있는 명산품
3 장인 기술을 활용한 현대적인 제품
4 자동차의 부품을 재활용해서 만든 잡화

정답 3

어휘 雑貨 잡화 | 見本市 견본 시장 | 所狭しと 비좁게, 꽉 차게 | 名産品 명산품 | 選び抜く 선발하다, 골라내다 | 職人 장인 | 技 기술 | 製品 제품 | 漆塗り 옻칠, 칠기 | 部品 부품 | 液漏れ 물이 샘, 누수

해설 이 이벤트에서 주목되는 것은, '일본의 명산품을 전시하는 '장인의 기술 부스'이며, 현대의 요구와 접목시킨 제품'이므로 '장인의 기술을 살린 현대적 제품'이라고 한 3번이 정답이다.

5番 ▶ 22:28

女の人が男の人にインタビューをしています。男の人はどうして小説家になったと言っていますか。

女 : この度は、直川賞受賞、おめでとうございます。
男 : ありがとうございます。
女 : 2005年に文学新人賞を受賞されてから10年ですが、いかがですか。今回の受賞について。
男 : 10年というと長い気がしますが、僕にとっては新人賞受賞までのことの方が長く感じられますね。なので、この10年はあっという間だったなと。
女 : そうですか。小説を書き始めてから新人賞受賞までの間というのはどんな感じだったんでしょうか。

5번

여자가 남자에게 인터뷰를 하고 있습니다. 남자는 왜 소설가가 되었다고 합니까?

여 : 이번에 나오카와상 수상 축하드립니다.
남 : 감사합니다.
여 : 2005년에 문학 신인상을 수상하고 나서 10년입니다만, 어떠십니까? 이번 수상에 관해서.
남 : 10년이라고 하니 긴 느낌이 들지만 저에게 있어서는 신인상 수상까지가 더 길게 느껴집니다. 때문에 이 10년은 눈 깜짝할 사이였다고 할까.
여 : 그렇습니까? 소설을 쓰기 시작해서 신인상 수상에 이르기까지는 어떤 느낌이었습니까?

男：1998年に木村由美子さんが当時18歳で新人賞を受賞されて、その時僕は2個下だったんですよね。そのときニュースとか見て、勝手に発破かけられたというか。それまでも、文章は書いていたんですけど、どこにも発表とかしたことがなくて。周りの人には、「書いてるならどこか出せばいいじゃん」って言われてたんですけど、いまいちピンと来なくて。でもテレビで木村さんを見て、「あ、こんなことをしてる場合じゃない」と思いましたね。「やらなきゃ」と。

女：新人賞に応募するときはどうでしたか。

男：新人賞は、直川賞などとは違って、原稿を直接送るんですけど、すごく時間がなくて、体裁とかめちゃくちゃなまま送りましたね。でも、出すときに漠然と「これはいけるんじゃないか」と思いましたね。理由はないんですけど。

女：そうなんですか。

男の人はどうして小説家になったと言っていますか。

1 文章を書くうちに「小説家になりたい」と思いはじめたから
2 周りの人に「小説家になったらどうか」と勧められたから
3 テレビのニュースを見て「自分もやらなければ」と思ったから
4 理由はないが「小説家になれるのではないか」と思ったから

남：1988년에 기무라 유미코 씨가 당시 18세의 나이로 신인상을 수상하셨는데, 그때 저는 2살 아래였었죠. 그 때 뉴스를 보고 제멋대로 독려되었다라랄까. 그때까지도 문장은 쓰고 있었지만 어디에도 발표 같은 건 한 적이 없어서 주위 사람들로부터 '쓰고 있다면 어딘가 내보면 좋지 않아?'라는 말을 들었지만, 뭔가 감이 딱 오지 않아서. 하지만 텔레비전에서 기무라 씨를 보고 '아, 이러고 있을 때가 아니다'라고 생각했습니다. '해야겠다'라고.

여：신인상에 응모했을 때는 어땠습니까?

남：신인상은 나오카와상 등과는 다르게, 원고를 직접 보냈습니다만, 너무 시간이 없어서 형식 같은 건 엉망인 채로 보냈죠. 하지만 낼 때 막연하게 '이건 괜찮지 않을까'하고 생각했습니다. 이유는 없었지만.

여：그렇습니까?

남자는 왜 소설가가 되었다고 합니까?

1 글을 쓰는 중에 '소설가가 되고 싶다'고 생각하기 시작해서
2 주위 사람에게 '소설가가 되면 어떨까'라고 권유 받아서
3 텔레비전 뉴스를 보고 '자신도 해야겠다'고 생각해서
4 이유는 없지만 '소설가가 될 수 있는 것은 아닌가'라고 생각해서

정답 3

어휘 受賞 수상｜発破をかける 발파 장치를 하다(독려하다, 기합을 넣다)｜文章 문장｜ピンと来る 감이 오다(잡히다)｜応募 응모｜原稿 원고｜体裁 체재, 외관, 형식(양식)｜漠然 막연함

해설 텔레비전에서 신인상을 수상하는 기무라 유미코 씨를 보고 '이럴 때가 아니다', '해야겠다'는 마음이 생겼다는 남자의 말에서 소설가가 된 이유를 알 수 있으므로 3번이 정답이다.

6番 ▶ 25:00
男の人と女の人が話しています。男の人は、海外のゲームが増えてきた理由は何だと言っていますか。

男：この間、国際ゲームフェスタに行ってきたんだけど、今年は海外のゲームがすごく多くて、今までと違う感じで面白かったよ。

女：え、日本のゲームが少なくなってるってこと？

男：日本は最近スマートフォンのゲームに力を入れてるんだけど、海外はそうじゃなくてゲーム機を使ったゲームの数を増やしてるみたいなんだ。グラフィックに力を入れてて、圧倒的なビジュアルと世界観がすごいんだよ。それが今回いっぱい出てきてたんだ。

女：グラフィックがすごいって3Dってこと？それってお金がかかるんでしょう？

男：うん。でも全世界を視野に入れればマーケットは大きいからね。ある程度の広告費をかけて売れれば、十分回収できるってわけ。ゲームの開発にものすごい金額をかけてるんだよ。

6번
남자와 여자가 이야기하고 있습니다. 남자는 해외의 게임이 늘어난 이유는 무엇이라고 합니까?

남：요전에 국제 게임 축제에 다녀왔는데, 올해는 해외의 게임이 굉장히 많고 지금까지와는 다른 느낌이어서 재미있었어.

여：오, 일본 게임이 적어졌다라는 건가?

남：일본은 최근 스마트폰 게임에 주력하고 있지만, 해외는 그게 아니고 게임기를 사용한 게임의 수를 늘리고 있는 것 같아. 그래픽에 힘을 쏟고 있고 압도적인 비주얼과 세계관이 굉장해. 그게 이번에 많이 나왔어.

여：그래픽이 굉장하다는 건 3D라는 거야? 그런 건 돈이 들지?

남：응, 하지만 전 세계를 시야에 넣는다면 시장이 크니까. 어느 정도의 광고비를 들여서 팔면, 충분히 회수할 수 있거든. 게임개발에 굉장한 금액을 들이고 있어.

女：すごいけど、日本の会社には難しいね。

男：ハイリスクハイリターンだからね。売れればいいけど、売れなかったらお金が回収できないし。日本は逆に、安全な方法をとってるんだ。ヒットした映画とかをゲーム化したりしてることが多いけど、そうすれば開発費はそれほどかからないし、そこそこ売れるから、大きく失敗することはないよね。

女：なるほど。どちらも一長一短ね。

男の人は、海外のゲームが増えてきた理由は何だと言っていますか。

1　スマートフォンのゲームを増やしているから
2　高額な開発費を投じているから
3　広告に力を入れているから
4　既存の映画などをゲーム化しているから

여：대단하지만, 일본회사로서는 힘들지.

남：고위험·고수익이니까. 팔리면 좋겠지만, 팔리지 않으면 돈을 회수 할 수 없고 일본은 반대로 안전한 방법을 취하고 있지. 히트한 영화 같은 것을 게임화하거나 하는 경우가 많은데, 그렇게 하면 개발비는 그만큼 들지 않고 그럭저럭 팔리기 때문에 크게 실패할 일은 없지.

여：그렇군, 어느 쪽이든 일장일단이 있네.

남자는 해외의 게임이 늘어난 이유는 무엇이라고 합니까?

1　스마트폰 게임을 늘리고 있기 때문에
2　고액의 개발비를 투자하고 있기 때문에
3　광고에 힘을 쏟고 있기 때문에
4　기존의 영화 등을 게임화 하고 있기 때문에

정답 2

어휘 国際 국제｜フェスタ(=フェスティバル) 축제｜グラフィック 그래픽｜圧倒的 압도적｜ビジュアル 비주얼, 시각적｜世界観 세계관｜視野 시야｜広告費 광고비｜回収 회수｜ハイリスクハイリターン(high risk high return) 위험이 높은 만큼 수익도 높다는 의미｜逆に 반대로｜開発費 개발비｜失敗 실패｜一長一短 일장일단

해설 남자는 '해외에서는 게임기를 사용한 게임 수를 늘리고 있고 그래픽에 힘을 쏟는 등 게임 개발에 굉장한 금액을 들여 전세계를 대상으로 하고 있다'고 했으므로 2번이 답으로 적당하다.

7番 ▶ 27:26

女の人と男の人が話しています。女の人は、子どもが同じ絵本を飽きずに聞いている理由は何だと言っていますか。

女：高木さん、お子さん3歳でしたっけ。どうですか、お子さんは。

男：うちの子、絵本が好きで、毎日同じ絵本を読んでやるんだけど、飽きずに聞いてるんだよなー。何でだろう？

女：あぁ。うちもそうでしたよ。毎日毎日「ママ、これ読んでー」って。

男：よっぽどその絵本が好きなんだろうな。

女：それもあるかもしれませんけど、繰り返しによる安心感もあるんだって、前に聞いたことがあります。

男：どういうこと？

女：子どもって、毎日新しいことだらけで刺激が多いじゃないですか。でも、絵本は毎日同じストーリーで予想した通りにお話が進むから、それで安心感を得るんですって。

男：へぇー、そうなのか。うちの子、毎日読むたびにケラケラ笑ってるから、読んでも内容忘れちゃってるんじゃないかと思ってたよ。

女：大丈夫ですよ。そのうち自分で勝手に読み出して、「他のないの？」って言ってきますから。

男：そうかー。

7번

여자와 남자가 이야기하고 있습니다. 여자는 아이가 같은 그림책을 싫증내지 않고 듣는 이유는 무엇이라고 합니까?

여：다카기 씨, 자녀분이 3살이었던가요? 어때요? 자녀분은?

남：우리 아이는 그림책을 좋아해서 매일 같은 그림책을 읽어주는데, 싫증내지 않고 듣고 있어. 왜 그럴까?

여：아, 우리 아이도 그랬었어요. 매일매일 '엄마 이거 읽어줘' 라고.

남：그 그림책이 꽤 좋은가 봐.

여：그럴 수도 있겠지만, 반복으로 인한 안심감도 있다고 해요. 전에 들은 적이 있어요.

남：무슨 말이죠?

여：아이는 매일 온통 새로운 것뿐이라 자극이 많잖아요. 하지만, 그림책은 매일 같은 스토리로 예상한대로 이야기가 진행되기 때문에 그걸로 안심감을 얻는다고 해요.

남：아, 그런가. 우리 애, 매일 읽을 때마다 깔깔 웃어서, 읽어도 내용을 잊어버리는 게 아닌가 싶었지.

여：괜찮아요. 머지않아 스스로 내키는 대로 읽기 시작하고, '다른 거 없어?' 하고 말할 테니까요.

남：그렇군.

女の人は、子どもが同じ絵本を飽きずに聞いている理由は何だと言っていますか。

1　子どもはその絵本が好きだから
2　ストーリーがわかると安心するから
3　絵本には新しいことが多くて面白いから
4　子どもはお話を忘れてしまうから

여자는 아이가 같은 그림책을 싫증내지 않고 듣고 있는 이유는 무엇이라고 합니까?

1　아이가 그 그림책을 좋아하기 때문에
2　이야기를 알면 안심되기 때문에
3　그림책에는 새로운 것이 많아 재미있기 때문에
4　아이는 이야기를 잊어버리기 때문에

정답 2

어휘 絵本 그림책 | 飽きる 질리다 | 繰り返す 반복하다 | 安心感 안심감 | 刺激 자극 | ケラケラ 깔깔

해설 아이가 같은 그림책을 싫증내지 않고 듣는 이유는 '같은 책을 반복함으로써 안심감을 얻는다'라는 여자의 말에서 알 수 있으며, 2번이 정답이다.

문제3

문제3에서는 문제지에 아무것도 인쇄되어 있지 않습니다. 이 문제는 전체적으로 어떤 내용인가를 묻는 문제입니다. 이야기 전에 질문은 없습니다. 우선 이야기를 들으세요. 그리고 1~4 중에서 가장 적당한 것을 하나 고르세요.

1番 ▶ 32:21
女の人と男の人が話しています。

女：お待たせー！ごめーん！
男：うわ、何その髪？ボサボサじゃん！ほんと「女子力」ないよなー。
女：えー？「女子力」って何よ？
男：そんなことも知らないのか？毎日半身浴をするとか、週1回ネイルサロンに行くとか、料理教室で和食を勉強するとか、そういう女性らしいことをちゃんとしてる人を「女子力が高い人」って言うんだよ。
女：うーん、私、そういうのとは無縁だなぁ。
男：今では、女の人だけじゃなくて男でもそういうのをしてる人が増えてるんだってさ。
女：えー！どういうこと？男の人がネイルサロンに行ったり半身浴したりするの？
男：そうそう。本当かなって思うけどね。でも、実際にいるらしいよ。テレビでやってた。
女：「女子力」を磨く男の人かぁ……。変な感じ。
男：でも、歴史的にも男性が女性の文化を追いかけるっていうのは昔からあるらしいよ。
女：ふーん、そうなんだ。こういう流れも歴史的には自然なことなのかもしれないってことね。

女の人と男の人は何について話していますか。
1　女子力が低い女性が増えていること
2　料理教室に通う女性が増えていること
3　女子力が高い男性が増えていること
4　女性の文化を勉強する男性が増えていること

1번
여자와 남자가 이야기하고 있습니다.

여：기다렸지？미안!
남：우와, 뭐야 그 머리？부스스하네. 정말 '여자력'이 없군~
여：에？'여자력'이란 게 뭐야?
남：그것도 몰라？매일 반신욕을 한다든가 주 1회 네일 살롱에 간다든가, 요리 교실에서 일식요리를 배운다든가 그런 여성스러운 것을 제대로 하고 있는 사람을 '여자력이 높은 사람'이라고 해.
여：음, 나는 그런 것과는 거리가 멀지.
남：지금은 여자뿐만 아니라 남자도 그런 것을 하는 사람이 늘고 있다.
여：에~ 무슨 말이야？남자가 네일 살롱에 가거나 반신욕하거나 하는 거야?
남：맞아. 정말인가 싶지만. 하지만, 실제로 있다. 텔레비전에서 했었어.
여：'여자력'을 갈고 닦는 남자라……. 이상한 느낌인데.
남：하지만 역사적으로도 남성이 여성의 문화를 뒤쫓아 간다는 것은 옛날부터 있대.
여：흠, 그렇구나. 이러한 흐름도 역사적으로는 자연스러운 것일지도 모른다는 거네.

여자와 남자는 무엇에 관해서 이야기하고 있습니까?
1　여성력이 낮은 여성이 늘고 있는 것
2　요리 교실에 다니는 여성이 늘고 있는 것
3　여성력이 높은 남성이 늘고 있는 것
4　여성의 문화를 공부하는 남성이 늘고 있는 것

정답 3

어휘 ボサボサ 부스스함 | 半身浴 반신욕 | 無縁 무연(인연이 없음) | 磨く 연마하다, 닦다 | 歴史的 역사적 | 文化 문화

해설 여성스러운 일을 제대로 하는 여성을 '여성력'이 높은 여자라고 하는데 최근에는 '여성력'을 연마하는 남성이 늘고 있다는 것이 이야기의 주제이므로, 3번이 정답이다.

2番 ▶ 34:40

テレビでコメンテーターが話しています。

男：昔は、外で遊ぶというと虫捕りなどをよくしたものですが、最近はマンション建設などでどんどん緑が減っていますよね。日本はもともと土地が狭いので、致し方ない部分はあるんですけども。ええ。そんななかでも今も虫を追いかけている方がいらっしゃって、上山さんっていう、いろんな珍しい昆虫を発見されてる学者さんなんですけども。あのー、羽が透明な蝶とか、宝石みたいなコガネムシとか珍しいのを捕まえてらして。あのー、世界的にも有名な方でして、ええ。今、本当になかなか都心では虫を見なくなってますけど、こういう昔から好きなものをずっと追いかけていて、それでこう活躍できるっていうのは、すごいことですよね。

男の人は何について話していますか。

1　マンション建築による緑の減少
2　都心における昆虫の減少
3　世界でも珍しい昆虫
4　世界で有名な昆虫学者

2번

텔레비전에서 뉴스 해설자가 이야기하고 있습니다

남：옛날에는 밖에서 논다고 하면, 곤충 채집 등을 자주 하곤 했습니다만, 최근에는 맨션 건설 등으로 점점 녹지가 줄고 있습니다. 일본은 원래 땅이 좁기 때문에 어쩔 수 없는 부분도 있겠지만. 음, 그런 중에서도 곤충을 뒤쫓는 분이 계시는데, 우에야마 씨라고 하는, 여러 진귀한 곤충을 발견하시는 학자입니다만, 음, 날개가 투명한 나비라든가 보석같은 풍뎅이라든가 희귀한 곤충을 잡으시죠. 그리고, 세계적으로도 유명한 분이시고, 네. 요즘은 정말 도심에서는 곤충을 볼 수 없어졌지만, 이렇게 옛날부터 좋아한 것을 쭉 뒤쫓으며, 그것으로 이렇게 활약을 할 수 있다는 건 대단한 것이지요.

남자는 무엇에 관해서 이야기하고 있습니까?

1　맨션 건축에 의한 녹지의 감소
2　도심의 곤충 감소
3　세계에서도 진귀한 곤충
4　세계에서 유명한 곤충 학자

정답 4

어휘 コメンテーター 뉴스 해설자 | 虫捕り 벌레 채집 | 建設 건설 | 緑 녹지, 숲 | 土地 토지 | 致し方ない 하는 수 없다 | 部分 부분 | 昆虫 곤충 | 発見 발견 | 羽 날개 | 透明 투명 | 蝶 나비 | 宝石 보석 | コガネムシ 풍뎅이 | 都心 도심 | 活躍 활약

해설 주제를 묻는 문제로 '녹지가 줄어 벌레 보기 힘든 환경 속에서도 자신이 좋아하는 곤충 채집을 계속해 온 세계적으로 유명한 곤충 학자의 대단함'을 이야기하고 있으므로 4번이 정답이다.

3番 ▶ 36:27

大学の授業で先生が話しています。

女：ここ十数年の間、不登校の子供は増加の一途をたどっており、最近は、いじめだけではなく様々な理由によって不登校になってしまう児童・生徒が増えています。そこで最近はいろいろなところにフリースクールという民間の学校が作られて、不登校の子供たちを受け入れています。こういう学校はボランティアの方がやっている施設がほとんどですが、中には教員免許を持っているボランティアもいるので、しっかりとした勉強をすることもできます。勉強することに抵抗がある子どもも、自分ができるところから少しずつ取り組めるので、楽しく通うことができるそうです。ただ、普通の学校と違って、フリースクールを出ても学校を卒業したのと同じ資格にはならないので、それを不安に思うご家族が多いのが課題です。

3번

대학 수업에서 선생이 이야기하고 있습니다.

여：최근 십수 년간, 등교를 거부하는 어린이는 증가의 일로에 있고, 최근에는 괴롭힘만 아니라 여러 가지 이유로 등교를 거부하는 아동, 학생이 늘고 있습니다. 그래서 최근에는 곳곳에서 자유학교라는 민간 학교가 만들어져 등교하지 않는 아이들을 받고 있습니다. 이런 학교는 자원봉사자분이 하고 있는 시설이 대부분이지만, 그 중에는 교사 자격증을 가지고 있는 봉사자도 있기 때문에 제대로 된 공부를 할 수도 있습니다. 공부하는 것에 거부감이 있는 아이도 자신이 할 수 있는 부분부터 조금씩 도전해 볼 수 있기 때문에 즐겁게 다닐 수가 있다고 합니다. 단, 보통의 학교와는 달리, 자유학교를 나와도 졸업한 것과 동일한 자격이 되지 않기 때문에 그것을 불안하게 생각하는 가족이 많은 것이 과제입니다.

それでも、子供が楽しく通っているのをご家庭では喜ばしく思っているケースが多いようです。

先生は何について話していますか。
1 いじめによる不登校児童の増加
2 子どもたちによるボランティア活動
3 不登校の子どもたちのための取り組み
4 資格が取れるフリースクール

그래도, 아이가 즐겁게 다니고 있는 것을 가정에서는 기쁘게 생각하고 있는 경우가 많은 것 같습니다.

선생님은 무엇에 관해서 이야기하고 있습니까?
1 괴롭힘으로 인한 등교 거부 아동의 증가
2 아이들에 의한 봉사 활동
3 등교를 거부하는 아이들을 위한 대처
4 자격증을 딸 수 있는 자유학교

정답 3

어휘 不登校 등교 거부 │ 増加 증가 │ 一途をたどる 일로를 걷다 │ 児童 아동 │ 生徒 학생 │ フリースクール (free school) 자유학교, 대안학교 │ 民間 민간 │ 施設 시설 │ 教員 교원, 교사 │ 免許 면허 │ 抵抗 저항 │ 卒業 졸업 │ 資格 자격 │ 課題 과제 │ 喜ばしい 기쁘다, 즐겁다

해설 주된 내용은 '최근 괴롭힘뿐만이 아닌 여러 문제로 학교를 가지 않는 아동이 늘고 있는 중에 자유학교라는 민간학교가 만들어졌고 일반학교와 동일한 졸업 자격이 주어지는 것은 아니지만 대부분의 학생이 즐겁게 다닐 수 있고 가정에서도 기쁘게 생각하는 경우가 많다'는 것이므로, 3번이 답으로 적당하다.

4番 ▶ 38:30
男の学生と女の学生が話しています。

女 : ねぇ、お金が2億7千万円あったら、何に使う?
男 : え? なんで2億7千万円なの? 宝くじだったら、3億円でしょ。
女 : 日本人が20歳から60歳までに働いて得られる収入っていうのが、だいたい2億7千万円なんだって。
男 : へぇー。そうなんだ。でも、それって毎日の生活で消えていくもんだろ? 食べたり飲んだり、あとは家賃とか。
女 : そうね。でも、全体がわかると、その内のどれだけを何に使おうとか、いろいろ考えなきゃって思うじゃない。
男 : うーん。でも、そうすると、家を買うお金って、だいぶパーセンテージを占めるんだな。5千万円だったら、20%くらいだろう?
女 : うん。
男 : 俺、そんなに減ったらやっていけないな。やっぱ宝くじ当たらないかな。
女 : それは……。（やや笑いながら）

2人は何について話していますか。
1 宝くじでもらえるお金
2 一生のうちに稼げるお金
3 生活に必要なお金
4 家を建てるのにかかるお金

4번
남학생과 여학생이 이야기하고 있습니다.

여 : 있지, 돈이 2억 7천만 엔 있으면, 무엇에 사용할래?
남 : 어? 왜 2억 7천만 엔인거야? 복권이면 3억 엔이잖아.
여 : 일본인이 20세에서 60세까지 일해서 얻을 수 있는 수입이라는 것이 대개 2억 7천만 엔이라고 해.
남 : 아~ 그렇구나. 하지만, 그건 매일 생활하면서 사라지는 거잖아? 먹거나 마시거나, 그리고 집세라든가.
여 : 그렇지. 하지만 전체를 알면, 그 중에 얼만큼을 무엇에 사용하자든가 여러 가지로 생각을 하게 되잖아.
남 : 음, 하지만, 그렇게 하면, 집을 사는 돈은 상당한 퍼센트를 차지하지. 5천만 엔이면, 20% 정도잖아.
여 : 응.
남 : 나는 그렇게 줄면 해나갈 수가 없어. 역시 복권에 당첨 안 되려나~
여 : 그건…….(약간 웃으면서)

두 사람은 무엇에 관해서 이야기하고 있습니까?
1 복권으로 받을 수 있는 돈
2 평생 동안 벌 수 있는 돈
3 생활에 필요한 돈
4 집을 짓는 데 드는 돈

정답 2

어휘 収入 수입 │ 家賃 집세 │ 宝くじ 복권

해설 '20세에서 60세까지 일해서 얻는 수입이 2억 7천만 엔'이며, 여자는 그것을 알면, 계획적으로 살 수 있다고 하고 남자는 20%를 차지하는 집을 사게 되면 그 나머지로 살기 힘들다는 이야기를 하고 있으므로 2번이 답으로 적당하다.

5番 ▶ 40:31

ラジオで男の人と女の人が話しています。

女：こちらの「においケア講座」、今までにない新しいセミナーとのことですが、どのような内容なのでしょうか。

男：最近はスメルハラスメント、いわゆるスメハラということばも出てきて、いろいろな臭いを気にする傾向があります。

女：スメハラというと、汗の臭いが原因で同僚を訴えたというニュースも聞きますね。主に汗の臭いが原因ですか。

男：汗の臭いだけではなく、口臭や加齢臭、最近はミドル脂臭などがあります。こちらのセミナーでは、そうしたさまざまな臭いについて対策をご紹介しています。

女：1つだけではないんですね。

男：ひとつひとつの臭いの対策は簡単ですが、複合的な臭いはなかなか消すのが難しいので、そういったものについてどのようにすればいいのかをご紹介しているんです。

女：どんな方が受講されるんですか。

男：いろいろな方がお越しくださっていますが、特に、接客業の方が多いですね。レストラン、タクシー会社、ブライダル関係などが多いです。

女：たくさんの人と接する機会がある方が受講されることが多いんですね。

何について話していますか。

1　スメハラ訴訟のためのセミナー
2　汗の臭いを消すためのセミナー
3　様々な臭い対策のためのセミナー
4　接客業のためのセミナー

5번

라디오에서 남자와 여자가 이야기하고 있습니다.

여 : 이쪽의 '냄새 케어 강좌', 지금까지 없던 새로운 세미나라고 하는데, 어떤 내용입니까?

남 : 요즘은 스멜 헤러스먼트, 이른바 스메하라라는 말이 나오고 여러 가지 냄새를 신경 쓰는 추세입니다.

여 : 스메하라 라면, 땀 냄새가 원인 으로 동료를 소송했다는 뉴스도 듣게 되는데요. 주로 땀 냄새가 원인입니까?

남 : 땀 냄새뿐만이 아니라 입 냄새나 노인 냄새, 최근에는 중년남성 특유의 느끼한 땀 냄새 등이 있습니다. 이쪽의 세미나에서는 그런 냄새에 관해서 대책을 소개하고 있습니다.

여 : 한 가지만이 아니군요.

남 : 하나하나의 냄새 대책은 간단하지만, 복합적인 냄새는 좀처럼 없애기 어렵기 때문에, 그런 것에 대해서 어떻게 하면 좋을 것인지를 소개하고 있는 것입니다.

여 : 어떤 분이 수강하십니까?

남 : 여러분이 찾아주셨지만, 특히 접객업에 종사하시는 분들이 많습니다. 레스토랑, 택시 회사, 결혼 관련 등이 많습니다.

여 : 많은 사람과 접할 기회가 있는 분이 수강하시는 일이 많군요.

무엇에 관해서 이야기하고 있습니까?

1　스메하라 소송을 위한 세미나
2　땀 냄새를 없애기 위한 세미나
3　여러 가지 냄새 대책을 위한 세미나
4　접객업을 위한 세미나

정답 3

어휘 講座 강좌｜スメルハラスメント 체취나 구취로 인해 주위에 불쾌감을 주는 일｜訴える 소송하다 호소하다｜口臭 구취, 입 냄새｜加齢臭 중·노년층의 특이한 체취｜ミドル脂臭 중년 남성 특유의 느끼한 땀 냄새｜対策 대책｜複合 복합｜受講 수강｜ブライダル 결혼

해설 냄새로 인해 불쾌감을 주는 '스메하라'는 그 종류가 다양하고, 냄새에 대한 복합적 대책을 위한 세미나이므로 3번이 정답이다.

6番 ▶ 42:43

会社の研修で講師が話しています。

女 : 皆さんは、お子さんがいらっしゃいますか？例えば、中学、高校くらいのお子さんに、「勉強しなさい」と言ったら、「今やろうと思ってたのに！」と怒って急にお子さんがやる気をなくしてしまったということがあるんじゃないかと思います。心理学ではこれを「心理的リアクタンス」と呼びます。「なになにしなさい」と他の人から行動を制限されると、それとは反対に自由を求めてしまうという心の反応です。子どもに対して親が言う場合ももちろんですが、上司と部下の関係でも同じです。仕事上、あれこれ指示をしたくなることはあると思いますが、実は逆効果だということが言えるわけなんですね。人にいろいろやってほしいことを言うだけなら簡単ですが、それをやってくれるかどうかは働きかけ次第なので、タイミングや言い方など、注意が必要です。

何について話していますか。
1 上手な子育ての仕方
2 子どもに勉強させる方法
3 部下と良い関係を築く方法
4 部下への指示の仕方

6번

회사 연수에서 강사가 이야기하고 있습니다.

여 : 여러분, 자녀분이 있으십니까? 예를 들면, 중학교, 고등학교 정도의 자녀에게 '공부해라'라고 하면, '지금 하려고 했는데'하고 화내며, 갑자기 자녀분이 의욕을 잃어버린 적이 있지 않으십니까? 심리학에서는 이를 '심리적 리액턴스(저항)'라고 부릅니다. '무엇 무엇을 해라'라고 타인으로부터 행동을 제한 받으면 그것과는 반대로 자유를 바라게 되는 마음의 반응입니다. 아이에게 부모가 말할 경우도 물론이지만, 상사와 부하의 관계에서도 마찬가지입니다. 업무상, 이것저것 지시를 하고 싶어질 때가 있으리라 생각합니다만, 실은 역효과라고 말 할 수 있습니다. 남에게 여러 가지 해주길 바라는 일을 말하기만 할 뿐이라면 간단하지만, 그것을 해 줄지 아닐지는 유도하기 나름이므로 타이밍이나 말투 등, 주의가 필요합니다.

무엇에 관해서 이야기하고 있습니까?
1 능숙한 육아 방식
2 아이에게 공부시키는 방법
3 부하와 좋은 관계를 구축하는 방법
4 부하에 대한 지시 방법

정답 **4**

어휘 心理学（しんりがく） 심리학 | リアクタンス 리액턴스, 유도저항 | 制限（せいげん） 제한 | 反応（はんのう） 반응 | 指示（しじ） 지시 | 逆効果（ぎゃくこうか） 역효과

해설 전체적으로 남으로부터 행동의 제한을 받으면 반대로 자유를 바라는 '심리적 저항'에 대한 이야기로, '아이에게뿐만 아니라 부하에게 지시를 내릴 때에도, 타이밍과 말하는 방식에 주의가 필요하다'고 말하고 있으므로 4번이 답으로 적당하다.

문제4

문제4에서는 문제지에 아무것도 인쇄되어 있지 않습니다. 우선 문장을 들으세요. 그리고 그것에 대한 대답을 듣고 1~3 중에서 가장 적당한 것을 하나 고르세요.

1番 ▶ 45:55

男 : 俺、お酒は今日限りにするよ。
女 : 1 今日は飲まないのね。
　　 2 今日だけなの？
　　 3 どうしたの？急に。

1번

남 : 나, 술은 오늘까지만 할거야.
여 : 1 오늘은 마시지 않는 거네.
　　 2 오늘만인 거야?
　　 3 왜 그래? 갑자기.

정답 **3**

어휘 俺（おれ） 나 | 限（かぎ）りにする 마지막(끝)으로 하다

해설 내용을 묻는 문제로 남자가 오늘을 끝으로 술을 안 마시겠다는 말에 대한 대답으로 3번이 적당하다.

2番 ▶ 46:21

女：うちの子ったら、気をつけて歩きなさいって言っている
　　のに、言ったそばから転んで泣くのよ。

男：1　まあ、子どもだからしょうがないよ。
　　2　うーん、そばにいないからじゃない？
　　3　じゃあ、気をつけて歩かないとね。

2번

여 : 우리 아이는요, 조심해서 걸으라고 말하는데도, 말하자
　　마자 넘어져서 우는 거예요.

남 : 1　뭐, 아이니까 어쩔 수 없어요.
　　2　음, 옆에 없어서 그런 거 아닌가요?
　　3　그럼, 조심해서 걷지 않으면 안되죠.

정답 　1

어휘　気をつける 정신 차리다 ┃ 転ぶ 구르다, 넘어지다 ┃ ～そばから ~하자마자

해설　아이에게 주위를 줘도 또 넘어지고 만다는 여자의 말의 대답으로 적당한 것은 1번이며, ~하자마자 반복된 동작이 일
　　어나는 [동사사전형/ た형+そばから]를 익혀두자.

3番 ▶ 46:54

男：はぁ、みんな試験の準備でピリピリしてるね。息がつま
　　るよ。

女：1　そろそろ準備も終わりますね。
　　2　緊張してきますよね。
　　3　行き詰まっちゃいましたね。

3번

남 : 하아~ 모두 시험 준비로 신경이 날카롭네. 숨이 막혀.

여 : 1　슬슬 준비도 끝나네요.
　　2　긴장되네요.
　　3　앞이 막혀 버렸네요.

정답 　2

어휘　試験 시험 ┃ 準備 준비 ┃ ぴりぴり 얼얼(함) 따끔따끔, 신경이 날카로움 ┃ 息が詰まる 숨이 막히다 ┃ 緊張 긴장 ┃
　　行き詰まる 막다르다, (앞이)막히다

해설　신경이 날카로운 상태인 「ぴりぴり」의 의미를 알면 2번이 답이라는 것을 알 수 있다.

4番 ▶ 47:24

女：部長、忘年会のお店なんですけど、この人数でこのお店
　　ではちょっと足が出ますね……。

男：1　うーん。割引とかはないのか？
　　2　そうか。足が伸ばせるなら、いいな。
　　3　そうか。車がいるなら、タクシー使ってもいいぞ？

4번

여 : 부장님, 망년회할 가게에 관한 건데요, 이 인원수로 이
　　가게에서는 약간 예산이 초과됩니다.

남 : 1　음, 할인 같은 건 없는 건가?
　　2　그런가, 좀 더 갈 수 있다면 좋은데.
　　3　그런가, 차가 필요하다면 택시 사용해도 괜찮아.

정답 　1

어휘　忘年会 망년회(송년회) ┃ 人数 인원수 ┃ 足が出る (지출이) 예산을 넘다, 탄로나다 ┃ 割引 할인 ┃ 足を伸ばす 다리를
　　뻗다, 더 멀리 가다(멀리 발길을 뻗치다)

해설　'예산을 초과하다'라는 뜻의 관용구인 足が出る를 알면 '할인'을 물어보는 1번이 답이라는 것을 알 수 있다.

5番 ▶ 48:00

男：おい、ゆうこ。母さん、どうかしたのか？カンカンだっ
　　たぞ。

女：1　ああ、知り合いの人が亡くなったらしくて……。
　　2　なんか、悩んでるみたいね。
　　3　うん、隣の家の人ともめたみたい。

5번

남 : 어이, 유코. 엄마, 어떻게 된 거야(무슨 일 있는 거야)?
　　길길이 화내던데.

여 : 1　아~, 아는 사람이 죽은 것 같아…….
　　2　뭔가, 고민하고 있는 것 같아.
　　3　응, 옆집 사람과 실랑이가 있었던 것 같아.

정답 　3

어휘 カンカン 길길이 화내는 모습 | 揉める 분규(쟁)가 일어나다, 옥신각신하다

해설 「カンカン」은 '길길이 화내는 모습'을 나타내는 의태어이며, 화내는 이유를 말한 3번이 답으로 적당하다.

6番 ▶ 48:32

女：このデザイン案、なかなかだね。こういうのは田中さん
　　ならではだよね。

男：1　さすが田中さんですよね。

　　2　なかなかうまくいきませんね。

　　3　田中さんならきっといいデザインができますよ。

6번

여 : 이 디자인 안 꽤 괜찮은데. 이런 건 다나카 씨만이 할
　　수 있는 거네.

남 : 1　역시 다나카 씨네요

　　2　좀처럼 잘 안 되네요.

　　3　다나카 씨라면 틀림없이 좋은 디자인을 만들 수 있
　　　을 거예요.

정답　**1**

어휘 ~ならではだ : ~만의 것이다(~만이 할(가질) 수 있는 독특한(특별한) 것이다)

해설 「~ならでは」의 문형을 묻는 문제로, 다나카 씨를 칭찬하고 있는 1번이 답으로 적당하다.

7番 ▶ 49:03

女：隣の家の人が毎日バイオリン弾いてるんですけど、なん
　　とも聞くに堪えなくて……。

男：1　へぇ、お上手でいいですね。

　　2　毎日練習なさってるなんて大変ですね。

　　3　そんなに下手なんですか。

7번

여 : 옆집 사람이 매일 바이올린 연주하는데 차마 듣고 있을
　　수가 없어서.

남 : 1　와, 능숙하셔서서 좋겠네요.

　　2　매일 연습하시다니 힘들겠네요.

　　3　그렇게 서툽니까?

정답　**3**

어휘 バイオリンを弾く 바이올린을 연주하다 | ~に堪えない 차마~할 수 없다, ~할 가치가 없다

해설 이웃의 바이올린 소리에 대해 불평하는 말에 대한 대답으로 3번이 가장 적당하며, 1번과 2번은 남자가 대화 상대인 여
　　자를 대상으로 할 때 어울리는 말이다. 「~にたえない 차마 ~할 수가 없다」, 「~にたえない 아주 ~하다(강조)」

8番 ▶ 49:35

男：親父ってば、僕の結婚式で、始まる前からもう感極まっ
　　ちゃってさ。大変だったよ。

女：1　ずいぶん飲みすぎちゃったんですね。

　　2　そりゃ感動しますよ。

　　3　そんなことないですよ。

8번

남 : 아버지는 말야, 내 결혼식에서 시작하기 전부터 이미
　　너무 감동해 버려서 아주 혼났어.

여 : 1　너무 과음해 버렸군요.

　　2　그야 감동하겠죠.

　　3　그렇지 않아요.

정답　**2**

어휘 父親 부친, 아버지 | 感極まる 너무 감동하다

해설 「感極まる」는 「~極まる : 너무(아주)~하다, ~하기 짝이 없다」라는 문형에서 온 것으로, '너무 감동하다'라는 의미를
　　나타낸다.

9番 ▶ 50:08

女：旦那は別にいいよって言うんだけど、子には「ママ、ダ
　　イエットするよ」って言っちゃったからさ……。引くに
　　引けなくて……。

男：1　じゃあ、押してみたら？
　　2　ダイエット、やめるの？
　　3　いいじゃん、食べなよ。

9번

여 : 남편은 괜찮다고 말하지만, 아이에게는 '엄마 다이어트
　　할거야'라고 말해서, 물러서려야 물러설 수 없어서…….

남 : 1　그럼 밀어보면 어때?
　　2　다이어트 그만두는 거야?
　　3　괜찮아, 먹어.

정답　3

어휘　引くに引けない 물러서려야 물러설 수 없다

해설　다이어트한다고 아이에게 선언해서 이제 물러설 수 없다고 하는 여자의 말에 '괜찮아 먹어'라고 말한 3번이 답으로 적
당하다.「동사사전형＋に 동사가능형＋ない」~할래야 ~할 수 없다

10番 ▶ 50:42

男：うちの部署に佐々木さんが戻ってきてくれて、こんなに
　　嬉しいことはないよ。

女：1　そういっていただけて、私も嬉しいです。
　　2　そうなんですか。それは残念です。
　　3　そうですね。あんまり嬉しくないですね。

10번

남 : 우리 부서에 사사키 씨가 돌아와 줘서 이렇게 기쁠 수
　　가 없네요.

여 : 1　그렇게 말씀해 주시니 저도 기쁩니다.
　　2　그렇습니까? 그거 유감입니다.
　　3　그렇네요. 그다지 기쁘지 않네요.

정답　1

어휘　部署 부서｜戻ってくる 돌아오다

해설　여자가 다시 복귀한 것에 대해 기쁘다고 한 말에 대한 대답으로는 1번이 적당하며,「そういっていたたけて / そうい
っていただき / そういってくださって」는 '그렇게 말씀해 주서서' 라는 뜻이다.

11番 ▶ 51:14

女：例の件について他の人に意見を聞いたんですけど、みん
　　な言うことがまちまちで……。

男：1　そうか。意見が揃ってるなら問題ないな。
　　2　そうか。あんまり違うようじゃ、困るなぁ。
　　3　じゃあ、もう少し待てばみんな言ってくれるかな。

11번

여 : 저번 건에 관해서 다른 사람에게 의견을 들었습니다만,
　　모두 말하는 게 제각각이어서.

남 : 1　그런가. 의견이 맞으면 문제없지.
　　2　그런가. 너무 다르면, 곤란한데.
　　3　그럼, 조금 더 기다리면, 모두 말해 주려나?

정답　2

어휘　まちまち 제각기, 각기 다름｜意見が揃う 의견이 맞다, 의견이 모아지다

해설　내용 문제로, '각기 다름'의 뜻을 지닌「まちまち」를 안다면 2번이 답이라는 것을 알 수 있다.

12番 ▶ 51:50

男：この声、また隣の家の子どもか。さすがにうんざりして
　　くるな。

女：1　毎日毎日、困ったものね。
　　2　子どもが元気なのはいいことよね。
　　3　今日はおとなしいわね。

12번

남 : 이 소리, 또 옆집 아이인가? 정말이지 넌더리가 나는군.

여 : 1　매일매일 곤란하네.
　　2　아이가 활발한 건 좋은 일이지.
　　3　오늘은 얌전하네.

정답　1

어휘 うんざりする 진절머리 나다, 넌더리 나다 | おとなしい 얌전하다

해설 옆집 아이의 소리에 질려 하는 남자의 말에 1번이 답으로 적당하다.

13番 ▶ 52:21

女 : 木村さん、あんまり遅くまで残業してると明日の会議に
　　差し支えますよ。

男 : 1 そうだな。会議は疲れるよな。
　　 2 そうだな。もう少しがんばらないと。
　　 3 そうだな。ほどほどにしとくよ。

13번

여 : 기무라 씨, 너무 늦게까지 야근하면 내일 회의에 지장
　　있어요.

남 : 1 그렇지, 회의는 피곤하지.
　　 2 그렇지, 좀 더 분발해야지.
　　 3 그렇지, 적당히 해 둘게.

정답 3

어휘 残業(ざんぎょう) 야근 | 会議(かいぎ) 회의 | 差(さ)し支(つか)える 지장이 있다 | ほどほどにする 정도껏 하다, 적당히 하다

해설 늦게까지 일하는 남자에게 내일 회의에 지장이 있을 수 있다는 여자의 말의 대답으로 3번이 적당하고, 「差(さ)し支(つか)える」
와 「ほどほどにする」라는 말을 알아야 하는 어휘문제이다.

14番 ▶ 52:54

男 : じゃあ、このプロジェクトのことは逐一報告するよう
　　に。いいね。

女 : 1 わかりました。全部終わりましたらご報告します。
　　 2 わかりました。何かあったらすぐにお知らせします。
　　 3 わかりました。何かあったら他のメンバーに報告し
　　　ておきます。

14번

남 : 그럼, 이 프로젝트에 관한 것은 하나하나 자세히 보고
　　하도록. 알겠지.

여 : 1 알겠습니다. 전부 끝나면 보고 드리겠습니다.
　　 2 알겠습니다. 무슨 일이 있으면 바로 알려드리겠습
　　　니다.
　　 3 알겠습니다. 무슨 일이 있으면 다른 멤버에게 보고
　　　해 두겠습니다.

정답 2

어휘 逐一報告(ちくいちほうこく) 하나하나 자세히 보고, 조목조목 보고

해설 '자세히 보고 한다'는 뜻의 「逐一報告(ちくいちほうこく)」를 이해했다면, 2번이 답이라는 것을 알 수 있다.

문제5

문제5에서는 좀 긴 이야기를 듣습니다. 이 문제에는 연습은 없습니다. 메모를 해도 됩니다.

1번, 2번

문제지에 아무것도 인쇄되어 있지 않습니다. 먼저 이야기를 들으세요. 그리고 질문과 선택지를 듣고 1~4 중에서 가장 적당한 것
을 하나 고르세요.

1番 ▶ 54:13

　旅行会社で女の人と店員が話しています。

女 : すみません。ゴールデンウィークにヨーロッパ旅行に行
　　きたいなと思っているんですけど、お勧めのプランはあ
　　りますか。

1번

여행사에서 여자와 점원이 이야기하고 있습니다.

여 : 실례합니다. 황금연휴에 유럽 여행을 하고 싶은데요,
　　추천 플랜이 있습니까?

男：はい。こちらがヨーロッパのご旅行のプランでございます。ええと、まずこちらのＡプランですが、こちらは添乗員つきの安心プランです。観光スポットも網羅してますので、ヨーロッパを十二分にお楽しみいただけると思います。

女：へー、結構いいお値段しますね。自由時間はここだけですか？

男：こちらのプランはそうですね。自由時間多めがよろしければこちらのＢプランはいかがでしょうか。ご希望に応じてこちらのオプショナルツアーを入れられますので、自由時間もありつつ人気のアクティビティなども楽しめます。

女：でも、Ａプランとお値段あまり変わらないんですね。

男：Ｂプランはグレードの高いホテルをご用意しておりますので。

女：なるほど、いいホテルなんですね。それはいいな。

男：お安めのものでしたら、こちらのＣプランとＤプランですね。どちらも添乗員なしなので、すべて自由に観光していただく感じなんですが、Ｃプランの場合は、ホテルが直前までわからないので、ホテルが大事な方はちょっとご希望に添えない場合があります。Ｄプランはホテルのグレードは高いんですが、飛行機の時間が深夜便になりますので、到着時刻がこのような感じになります。

女：うーん、そうですね。ホテルはできればいいところがいいな。飛行機の時間は何時でもいいけど、添乗員さんがいないとやっぱり心配かな。ま、たまの旅行だし、すこし奮発しようかな。じゃあ、このプランでお願いします。

男：はい、ありがとうございます。

女の人はどのプランにしましたか。

1　Ａプラン
2　Ｂプラン
3　Ｃプラン
4　Ｄプラン

남：네, 이쪽이 유럽 여행 플랜입니다. 저어, 우선 이쪽의 A플랜인데요, 이쪽은 관광 가이드가 있는 안심 플랜입니다. 관광지도 망라하고 있기 때문에 유럽을 충분히 즐기실 수 있을 겁니다.

여：에~, 꽤 가격이 비싸네요. 자유시간은 여기뿐입니까?

남：이쪽의 플랜은 그렇습니다. 자유시간이 조금 많은 쪽이 좋으시다면, B플랜은 어떠십니까? 희망에 따라서 이쪽의 선택 여행을 넣을 수 있기 때문에 자유시간도 있으면서, 인기있는 액티비티 등도 즐길 수 있습니다.

여：하지만, A플랜과 가격이 그다지 차이가 나지 않네요.

남：B플랜은 등급 높은 호텔을 갖추고 있어서요.

여：정말, 좋은 호텔이네요. 그건 좋네요.

남：좀 더 저렴한 것이라면, 이쪽의 C플랜과, D플랜입니다. 둘다 관광 가이드가 없기 때문에, 모두 자유롭게 관광하실 수 있는 느낌입니다. C플랜의 경우는 호텔을 바로 직전까지 모르기 때문에 호텔이 중요하신 분은 희망에 약간 부응하지 못하는 경우가 있습니다. D플랜은 호텔의 등급은 높지만 비행기 시간이 심야 편이 되므로 도착시간이 이런 느낌입니다.

여：음, 글쎄요. 호텔은 되도록이면, 좋은 곳이 좋은데. 비행기 시간은 몇 시라도 괜찮지만, 관광 가이드가 없으면 역시 걱정되겠지. 뭐, 간만의 여행이고, 좀 큰맘 먹어볼까. 그럼 이 플랜으로 부탁드립니다.

남：네, 고맙습니다.

여자는 어느 플랜으로 합니까?

1　A플랜
2　B플랜
3　C플랜
4　D플랜

정답 2

어휘 ゴールデンウィーク 골든 위크, 황금연휴 | ヨーロッパ 유럽 | 添乗員 (여행객을 인솔하는)여행사 직원, 가이드 | 観光スポット 관광지 | 網羅 망라 | 十二分 충분함, 실컷 | 希望 희망 | オプショナルツアー 옵션 투어(선택 여행) | アクティビティ 액티비티(활동) | いいお値段 꽤 값이 비싸다(여기서「いい」는 반어적인 표현) | たま 어쩌다가 일어나는 모양, 드문 모양(遇の機会 드문 기회) | 奮発 분발, 큰 마음 먹고 물건을 삼(돈을 냄)

해설 여자의 마지막 말에서 호텔은 좋은 곳, 시간은 관계없지만, 가이드가 있어야 한다고 하는 말에서 플랜B라는 것을 알 수 있다. 각각의 조건을 필기하면서 들어야 하는 문제이다.

2番 ▶ 57:00

学生2人と先生が、大学の忘年会について話しています。

女 ： 先生、比較文化学科の忘年会のことなんですけど、サンフラワーホテルの宴会場を抑えました。

男1： おー、ありがとう。空いてたんだね。よかった。

女 ： それで、お料理なんですけど、コース料理が洋食と和食と和洋折衷の3種類があって、あと、ビュッフェスタイルもできるそうです。これも和洋折衷です。どうしましょうか。

男1： 若い学生が多いから、洋食がいいんじゃない？ 洋食のコースでどう？

男2： 学生なら、ビュッフェの方がいいんじゃないですか？ 好きなだけ食べられますし。

男1： でも、青木先生とか、森田先生が、足が悪いから……。

女 ： お二人分くらいでしたら、私たちが取りに行ってお持ちすることもできると思いますけど。

男1： いや、それは悪いよ。

男2： 先生方は、洋食で大丈夫ですか。和のほうがいいんじゃありませんか？

男1： うーん。じゃあ、両方あるのにしようか。学生には悪いけど、今回は座って食べてもらうってことで。

女 ： わかりました。じゃあ、ホテルに連絡しておきます。

料理はどうすることになりましたか。

1　洋食のコース
2　和食のコース
3　和洋折衷のコース
4　ビュッフェスタイル

2번

학생 두 명과 선생님이 대학 망년회에 관하여 이야기하고 있습니다.

여 ： 선생님, 비교 문화학의 망년회에 관한 건데요, 선 플라워 호텔의 연회장으로 잡아 놓았습니다.

남1： 오~, 고마워. 빈 곳이 있었구나. 다행이네.

여 ： 그래서, 요리 말인데요. 코스 요리가 양식과 일식과 일식 양식 절충의 3종류가 있고, 그리고 뷔페 스타일도 된다고 합니다. 이것도 일식 양식 절충입니다. 어떻게 할까요?

남1： 젊은 학생이 많으니까 양식이 좋지 않을까? 양식코스로 어떨까?

남2： 학생이라면, 뷔페 쪽이 좋지 않을까요? 마음껏 먹을 수도 있고.

남1： 하지만, 아오키 선생님이나 모리타 선생님은 다리가 좋지 않아서.

여 ： 두 분의 분량(몫)정도라면, 저희들이 가지러 가서 가져다 드릴 수도 있습니다만,

남1： 아냐, 그건 미안하지.

남2： 선생님들은 양식이라도 괜찮으세요? 일식 쪽이 좋지 않으세요?

남1： 음, 그럼 둘 다 있는 것으로 할까? 학생에게는 미안하지만, 이번에는 앉아서 먹는 걸로.

여 ： 알겠습니다. 그럼 호텔에 연락해 두겠습니다.

요리는 어떻게 하기로 되었습니까?

1　양식코스
2　일식코스
3　일식 양식 절충 코스
4　뷔페 스타일

정답 3

어휘 比較文化学 비교 문화학 | 忘年会 망년회(송년회) | 宴会場 연회장 | 抑える 잡다 | 洋食 양식 | 和食 일본식 | 折衷 절충

해설 양식 일식 양쪽 다 되는 것으로 하고 앉아서 먹은 것은 3번 일식 양식 절충 코스다.

3번

먼저 이야기를 들으세요. 그리고 두 개의 질문을 듣고 각각 문제지의 1~4 중에서 가장 적당한 것을 하나 고르세요.

3番 ▶ 59:33

テレビで映画の宣伝を見ながら男の人と女の人が話しています。

女 ： それでは、今週末公開のおすすめ映画です。日本映画が全部で3作品あります。まずは今週土曜日公開の「近くて遠いウエディングドレス」。ウェディングプランナーの主人公がさまざまなカップルの結婚式をプランニングしていく中で、自分の恋にも目覚めていく、恋愛あるあるネタをコミカルに描いたコメディタッチの作品です。次に、同じく土曜日公開の「鷹の目 The Movie」。こちらはドラマ「鷹の目」

3번

텔레비전에서 영화 선전을 보면서 남자와 여자가 이야기하고 있습니다.

여 ： 그럼, 이번 주말 개봉하는 추천 영화입니다. 일본 영화가 전부 3작품 있습니다. 우선은, 이번 주 토요일 개봉하는 '가깝고도 먼 웨딩드레스'. 웨딩플래너인 주인공이 여러 커플의 결혼식을 계획해 나가는 중, 자신의 사랑에도 눈떠가는, 흔히 있을 법한 연애 소재를 코믹하게 그린 코미디 터치 작품입니다. 다음으로 같은 토요일 개봉인 '매의 눈 더 무비'. 이것은 드라마 '매의 눈'

シリーズ初の映画化作品です。警視庁の凄腕刑事であり「鷹の目」の異名を持つ主人公・鈴木わたるは、警察内部に渦巻く黒い陰謀を詳らかにすることはできるのか。そして、日曜日には注目のハリウッド作品が公開されます。「終わりの始まり」。子どものころ、近所の占い師に聞いた、未来に起こる「この世の終わり」。それが20年後の今になって現実のものになろうとしていたのです。……そして最後はこちら。同じく日曜日公開の「木の上の家」。家をなくした親子が住まいを作った場所は、なんと崖に生えた木の上。ツリーハウスが結ぶ家族の絆を描きます。

男：お、ついに映画化か。楽しみだな。見に行かないと。

女：あなた、あのドラマ本当に好きよね。私は難しくてよくわからないけど。

男：そういえば、このアメリカの俳優、お前、好きなんじゃなかった？

女：そうね。でも、なんかこういうパニック映画みたいなのは、あんまり好きじゃないのよね。

男：家族とか、夫婦とか、そういう和む雰囲気のが好きなんだっけ。

女：あと、笑えるのも好きだけどね。さっきの、おもしろそうじゃない。あれ見てみたいな。

男：そうだな。でも俺はやっぱり鈴木わたるだな。

시리즈를 첫 영화화한 작품입니다. 경시청의 능력이 뛰어난 형사이며, '매의 눈'라는 별명을 가진 주인공 스즈키 와타루는 경찰 내부에 소용돌이치는 검은 음모를 소상히 밝힐 수 있을 것인가? 그리고, 일요일에는 주목되고 있는 할리우드 작품이 개봉됩니다. '끝의 시작'. 어린 시절 근처 점술가에게 들은 미래에 일어날 '이 세상의 끝'. 그것이 20년 후의 지금이 되어 현실로 되어 가려고 하는 것입니다. 그리고, 마지막으로 이것. 같은 일요일에 개봉하는 '나무 위의 집'. 집을 잃은 부모와 자식이 살 곳을 마련한 곳은 놀랍게도 절벽에 자라난 나무 위. 나무 집이 맺어주는 가족의 연대감을 그려냅니다.

남：오! 드디어 영화화 된 건가? 기대되는데. 보러 가야지.

여：당신, 저 드라마 진짜 좋아하네. 난 어려워서 잘 모르겠는데.

남：그러고 보니, 이 미국 배우 당신 좋아하지 않았어?

여：그래. 하지만, 왠지 이런 패닉 영화 같은 것은 그다지 좋아하지 않아.

남：가족이라든가 부부라든가 그런 온화해지는 분위기를 좋아했든가?

여：그리고, 웃을 수 있는 것도 좋아하는데, 아까 것 재미있을 것 같지 않아? 저거 보고 싶어.

남：그렇네. 그럼 나도 역시 스즈키 와타루지.

質問1 男の人はどれが見たいと言っていますか。
1 「近くて遠いウエディングドレス」
2 「鷹の目 Ｔｈｅ Ｍｏｖｉｅ」
3 「終わりの始まり」
4 「木の上の家」

質問2 女の人はどれが見たいと言っていますか。
1 「近くて遠いウエディングドレス」
2 「鷹の目 Ｔｈｅ Ｍｏｖｉｅ」
3 「終わりの始まり」
4 「木の上の家」

질문1 남자는 무엇이 보고 싶다고 말하고 있습니까?
1 [가깝고도 먼 웨딩드레스]
2 [매의 눈 더 무비]
3 [끝의 시작]
4 [나무 위의 집]

질문2 여자는 무엇이 보고 싶다고 말하고 있습니까?
1 [가깝고도 먼 웨딩드레스]
2 [매의 눈 더 무비]
3 [끝의 시작]
4 [나무 위의 집]

정답 (1) 2 (2) 1

어휘 宣伝 선전 | ウェディングドレス 웨딩드레스 | ウェディングプランナー 웨딩 플래너 (결혼 기획 담당자) | プラニング 계획 | あるあるネタ 일상에서 흔히 일어날 수 있는(공감할 수 있는) 소재 | コミカル 코미컬, 희극적 | コメディタッチ 코미디(희극적) 터치 | 鷹 매 | 警視庁 경시청 | 凄腕刑事 능력(수완) 있는 형사 | 異名 다른 이름, 별명 | 渦巻く 소용돌이치다 | 陰謀 음모 | 詳らか 자세함, 소상함 | 占い師 점쟁이, 점술가 | 崖 버랑, 절벽 | 生える 나다 | 絆 유대 | 俳優 배우 | パニック 패닉, 혼란상태 | 和む 누그러지다, 온화해지다

해설 남자는 '매의 눈'이라는 드라마를 좋아하고 마지막의 출연 배우인 '스즈키 와타루'를 말한 것에서 드라마를 영화화한 2번이 답이라는 것을 알 수 있다. 여자는 가족, 부부 등이 나오는 온화한 영화 그리고 웃을 수 있는 것이 좋다고 했기 때문에 연애 이야기이면서 코믹한 내용을 담은 1번이 정답이다.

실전모의테스트 2회

청해						
문제 1	1 ④	2 ②	3 ④	4 ④	5 ②	6 ②
문제 2	1 ④	2 ①	3 ④	4 ②	5 ④	6 ②	7 ②
문제 3	1 ②	2 ③	3 ②	4 ①	5 ③	6 ②
문제 4	1 ①	2 ③	3 ②	4 ③	5 ①	6 ③	7 ②
	8 ①	9 ②	10 ③	11 ②	12 ①	13 ②	14 ③
문제 5	1 ②	2 ①	3-1 ①	3-2 ③		

청해 ◎ 128

문제1

문제1에서는 먼저 질문을 들으세요. 그리고 이야기를 듣고 문제지의 1~4 중에서 가장 적당한 것을 하나 고르세요.

1番 ▶ 02:02

不動産屋の店員と男の人が話しています。男の人はこのあといくらお金を払いますか。

女：では、こちらのお部屋のご契約ということでよろしいですね。

男：はい。おねがいします。

女：では、ご契約書の確認をおねがいいたします。こちらのお部屋の家賃が、1ヶ月10万円で、ただいま春の新生活キャンペーンということで3か月間お家賃が10%オフになります。こちらは口座引き落としということになりますが、引き落としが始まるまでに1か月ほどかかりますので、その間のひと月分は現金で本日お支払いただきます。

男：わかりました。

女：それから、退去後のお部屋のクリーニング代として家賃2か月分をお預かりさせていただきます。こちらはお部屋の退去後わたくしどもでチェックさせていただきまして、クリーニングの程度に応じてこちらから引かせていただきます。残金はそのあとお客様の口座にお振込いたします。よろしいでしょうか。

男：はい。大丈夫です。

男の人はこのあといくらお金を払いますか。
1 9万円
2 10万円
3 27万円
4 29万円

1번

부동산 사무실 점원과 남자가 이야기하고 있습니다. 남자는 이다음 돈을 얼마 지불합니까?

여 : 그럼 이쪽 방을 계약하는 것으로 괜찮으시겠습니까?

남 : 네 부탁 드립니다.

여 : 그럼, 이 계약서 확인을 부탁드립니다. 이쪽 방 방세는 1개월 10만 엔으로 지금 봄철 신생활 캠페인이어서 3개월간 방세가 10% 할인됩니다. 이쪽은 자동 계좌 이체입니다만, 이체가 시작될 때까지는 1개월 정도 걸리므로, 그 사이의 한 달은 현금으로 오늘 지불해 주십시오.

남 : 알겠습니다.

여 : 그리고, 퇴거 후 방 청소비용으로써 2개월분을 예탁해 주십시오. 이것은 방 퇴거 후 저희들이 체크해서 청소 상태에 따라 여기에서 공제하겠습니다. 잔금은 그다음 손님 계좌로 이체하겠습니다. 괜찮겠습니까?

남 : 네. 괜찮습니다.

남자는 이다음 돈을 얼마를 지불합니까?
1 9만 엔
2 10만 엔
3 27만 엔
4 29만 엔

정답 **4**

어휘 家賃 집세 | オフ 할인 | 口座引き落とし 자동 계좌 이체 | 振込み 입금, 납입 | 本日 금일, 오늘 | 支払い 지불

해설 보증금 명목으로 방세 2개월분 20만 엔을 지불하고, 월세는 첫 달치를 지불하고 들어가는데, 3개월간은 10% 할인이므로, 9만 엔이 된다. 그러므로 29만 엔을 지불하게 된다.

2番 ▶ 03:45

会社で女の人と男の人が話しています。女の人はこのあとまず何をしますか。

女：課長、次の「ゆめバスツアー」のプラン案なんですけど、ちょっと見ていただけますか。

2번

회사에서 여자와 남자가 이야기하고 있습니다. 여자는 이다음 우선 무엇을 합니까?

여 : 과장님, 다음 '드림버스투어'플랜 건입니다만, 좀 봐주시겠습니까?

男：ああ、この間言ってたやつね。どれどれ。うーん、お昼はこの時間で大丈夫？ちょっと短い気がするけど。

女：ここは料理が出てくるのが早いので、だいたいこのくらいでお帰りになる方が多いと、お店の方が言ってました。

男：そうか。移動の時の渋滞は見込んである？この辺、混むだろう？

女：向こうの営業所に調べてもらいましたが、30分もあれば十分とのことです。

男：ならいいな。ここの工場見学は、これ団体料金か？ちょっと高い気がするけど。

女：はい。30人までの団体料金です。

男：30人？バスにはもっと乗るだろう。人数増えれば安くなるかどうか、もう一度聞いてみて。

女：わかりました。すぐ問い合わせます。

男：そのくらいかな。プランは大丈夫そうだから、後は写真を撮ってパンフレットを作らないとな。

女：写真は来週撮りに行く予定です。パンフレットはそれと同時進行で取りかかる予定です。

男：そうか。じゃあ、よろしく頼むよ。

女の人はこのあとまず何をしますか。
1　スケジュールを変更する
2　団体料金を確認する
3　写真を撮りに行く
4　パンフレットを作る

남 : 아, 일전에 말 한 것이지? 어디 볼까? 음, 점심은 이 시간으로 괜찮을까? 좀 짧은 느낌이 드는데.

여 : 여기는 요리가 나오는 것이 빨라서 대략 이 정도로 돌아가시는 분이 많다고 점원이 말했습니다.

남 : 그렇군. 이동할 때의 정체는 감안했고? 이 주변 길이 막히지?

여 : 그 쪽 영업소에 조사를 의뢰했는데, 30분이면 충분하다고 합니다.

남 : 그렇다면 다행이고. 이 공장 견학은 이게 단체요금이야? 좀 비싼 느낌이 드는데.

여 : 네, 30명까지 단체 요금입니다.

남 : 30명? 버스에는 더 타지? 인원수가 늘어나면 싸게 되는지 다시 한번 문의해 봐.

여 : 알겠습니다. 바로 문의해보겠습니다.

남 : 그 정도일 것 같네. 플랜은 괜찮은 것 같으니까 이제 사진을 찍어 팸플릿을 만들어야지.

여 : 사진은 다음주 찍으러 갈 예정입니다. 팸플릿은 그것과 동시 진행을 할 예정입니다.

남 : 그래, 그럼 잘 부탁하네.

여자는 이다음 우선 무엇을 합니까?
1　스케줄을 변경한다
2　단체 요금을 확인한다
3　사진을 찍으러 간다
4　팸플릿을 만든다

정답　**2**

어휘　短い気がする 짧은 느낌이 든다 | 渋滞 교통체증, 정체 | 見込む 예상하다, 감안하다 | ～とのことだ ~라고 한다

해설　인원수를 늘리면 더 할인을 받을 수 있는지를 확인하는 것을 바로 해야 하며, 사진은 다음 주에 찍으러 가는 동시에 팸플릿을 만들기 때문에 우선순위가 아니다.

3番 ▶▶ 05:43
電話で男の人と女の人が話しています。女の人はこのあとどうしますか。

男：もしもし、さくらカルチャーセンターの斎藤ですが。鈴木優子先生でいらっしゃいますか。

女：はい、そうです。

男：すみません。実は、こちらでやっている英会話講座の先生が体調を崩されて、お休みすることになってしまって。で、代わりの先生を探しているんです。それで、以前こちらで講座をされていた鈴木先生に代わりをお願いできないかと思って、お電話した次第なんですが。

女：できないことはないですけど……。その担当されていた先生というのはどなたですか。

男：サラ・リチャードソン先生です。

女：あ、ネイティブの方ですか。そうすると、生徒さんたちもネイティブの先生に習いたくていらしてると思うので、ネイティブの方を探したほうがいいんじゃないでしょうか。

3번
전화로 남자와 여자가 이야기를 하고 있습니다. 여자는 이 다음에 무엇을 합니까?

남 : 여보세요. 사쿠라 컬쳐 센터 사이토입니다만, 스즈키 유코 선생님이십니까?

여 : 네 그렇습니다.

남 : 실례합니다. 실은 이쪽에서 하고 있는 영어회화 강좌 선생님이 몸살이 나셔서 쉬시게 되어 버렸어요. 대강할 선생님을 찾고 있습니다. 그래서, 이전에 이쪽에서 강좌를 하신 적이 있는 스즈키 선생님에게 대강을 부탁드릴 수는 없을까 해서 전화를 드린 것입니다.

여 : 못할 것은 없는데요……. 그 담당하셨던 선생님은 누구십니까?

남 : 사라 리처드슨 선생님입니다.

여 : 아, 원어민 분이신가요? 그렇다면 학생들도 원어민 선생님에게 배우고 싶어서 오신다고 생각하는데, 원어민 분을 찾는 편이 낫지 않을까요?

男：はい、そう思って他のネイティブの先生にも打診したんですけど、皆さんお忙しくて……。

女：そうですか。うーん、私もネイティブの先生は知り合いにはいないんですよね。友人だったらいるんですけど。でも、先生じゃないとダメですよね？

男：うーん、そうですねぇ。できればそのほうがいいですね。英会話と言っても、サラ先生も日本語で文法とか教えていらっしゃったみたいですし。それで、日本人の方でもいいかなと思ったんですが。

女：あ、そうなんですか。うーん、私はちょっと難しいので、知り合いの先生を当たってみましょうか。

男：いいですか？ぜひお願いします！

女：わかりました。

女の人はこのあとどうしますか。
1　代わりの講師を引き受ける
2　ネイティブの知り合いに頼む
3　ネイティブの先生を探す
4　日本人の先生を探す

남：네, 그렇게 생각하고 다른 원어민 선생님에게도 타진해 보았지만, 모두 바빠서…….

여：그렇습니까? 나도 원어민 선생님은 아는사람 중에는 없네요. 친구라면 있습니다만. 하지만 선생님이 아니면 안 되는 거죠?

남：음. 그러게요. 가능하면 그 편이 좋습니다 영어회화라고 해도 사라 선생님도 일본어로 문법 등을 가르치고 계셨던 것 같으니까요. 아, 그래서 일본인 쪽도 괜찮지 않을까 생각합니다만.

여：아 그래요? 음, 저는 좀 어려우니까 아는 선생님에게 물어 볼까요?

남：그렇게 해 주실 수 있어요? 꼭 부탁드립니다.

여：알겠습니다.

여자는 이다음에 무엇을 합니까?
1　대강을 수락한다
2　원어민 지인에게 부탁한다
3　원어민 강사를 찾는다
4　일본인 강사를 찾는다

[정답] **4**

[어휘] 体調を崩す 몸 상태(컨디션)가 나빠지다 ｜ ～次第だ ~하는 바이다(경위 설명) ｜ 打診する 타진하다 ｜ 当たってみる 시도해 보다(여기서는 문의해 보다)

[해설] 원어민 회화이기 때문에 원어민이라면 좋겠으나, 문법적인 설명 등의 강의도 있는 반이기에 일본인 강사도 괜찮다는 학원의 설명에, 본인은 시간이 안 되고 원어민 지인도 없으므로 일본인 지인에게 물어보겠다는 내용이다. 그러므로 답은 4번이다.

4番 ▶ 08:06

大学で男の学生と女の学生が話しています。男の学生はこのあと何をしますか。

男：先輩、レポートが書けなくて締め切り間近でやばいです。どうしたらいいですか。

女：何のレポート？

男：日本文化Bです。テーマは、江戸時代の結婚についてなんですけど、自分でテーマを絞り込んで書けって言われてて。何を書けばいいのか……。インターネットで調べてるんですけど、いろいろ出てきて絞れないんです。

女：インターネットはやめなさいって。本を読まなきゃ。図書館で探せるでしょう？

男：でももう本1冊読んでる時間がないです。

女：だったら論文は？本よりは多少難しいけど、短いから2、3本くらいは読めるでしょう。

男：うーん。そうですねぇ。でも、それってどうやって探せばいいんですか。

女：インターネットの論文検索サイトでキーワードを入れて、興味があるタイトルのものを読めばいいと思うよ。そういうのって最後には参考文献が書いてあるから、そこからまた読みたいのを探せば他にも似たようなのが見つかるよ。

4번

대학에서 남학생과 여학생이 이야기하고 있습니다. 남학생은 이다음에 무엇을 합니까?

남：선배님 리포트를 못 써서 마감 직전이라 큰일이에요. 어떻게 하면 좋을까요?

여：무슨 리포트?

남：일본문화B에요. 테마는 에도시대의 결혼에 대해서 입니다만, 스스로 테마를 세부적으로 정해 쓰라고 하는데 무엇을 써야 할지……. 인터넷으로 조사하고 있는데 여러 가지가 나와서 좁힐 수가 없어요.

여：인터넷은 하지마. 책을 읽어야지. 도서관에서 찾을 수 있잖아.

남：하지만 이젠 책 한 권 읽을 시간도 없어요.

여：그렇다면 논문은? 책보다 다소 어렵지만, 짧으니까 2, 3권 정도 읽을 수 있을 거야.

남：음. 그러네요. 하지만, 그것은 어떻게 찾으면 좋을까요?

여：인터넷 논문 검색 사이트에서 키워드를 치고, 흥미가 있는 타이틀의 것을 읽으면 될 것 같은데. 그런 것은 마지막에 참고문헌이 써 있어서 거기서 또 읽고 싶은 것을 찾으면 비슷한 것을 찾을 수 있어.

男：なるほど。やってみます。

男の人はこのあと何をしますか。
1　レポートのタイトルを考える
2　図書館で本を借りる
3　インターネットで記事を読む
4　論文を探す

남 : 그렇군요! 해 보겠습니다.

남자는 이다음에 무엇을 합니까?
1　리포트의 제목을 생각한다
2　도서관에서 책을 빌린다
3　인터넷에서 기사를 읽는다
4　논문을 찾는다

정답　**4**

어휘　締め切り 마감｜間近 (시간, 거리 등이) 얼마 남지 않음, 임박함｜テーマを絞り込む 테마를 좁히다(세부적으로 정하다)｜参考文献 참고 문헌

해설　선배는 인터넷은 그만하고 책을 읽을 것을 권하는데, 후배는 시간이 없음을 하소연한다. 그 대책으로 논문을 읽을 것을 권하며 후배는 납득을 한다.

5番　▶ 09:56

会社で男の人と女の人が話しています。女の人はこのあと何をしますか。

男：よし。じゃあ、明日の出張の確認をするか。
女：資料と契約書はこれでいいんだよね。
男：契約書は……いいな。資料は……ん？これ、向こうの人の分はこれでいいけど、僕たちの分は？
女：え、要るの？
男：今回は渡すだけじゃなくて、少し説明しなきゃいけないところがあっただろう？
女：じゃあ、コピーしなきゃ。
男：あとは……、向こうの場所は大丈夫だよな。
女：うん。頭に入ってる。
男：それもプリントアウトしておいたほうがいいよ。迷うといけないから。
女：そう？じゃあ、やっておく。
男：いいや。それは俺がやっとく。君はコピーをやっといてよ。
女：わかった。
男：あと、明日、新幹線の切符買うとき、領収書、忘れないようにな。
女：往復2人分の切符と領収書ね。わかった。

女の人はこのあと何をしますか。
1　契約書を修正する
2　資料をコピーする
3　地図を印刷する
4　切符の領収書をもらう

5번

회사에서 남자와 여자가 이야기를 하고 있습니다. 여자는 이다음 무엇을 합니까?

남 : 자, 그럼 내일 출장 확인을 해 볼까?
여 : 자료와 계약서는 이것으로 되겠지?
남 : 계약서는…… 좋은데? 자료는 ……응? 이거 저쪽 것은 이걸로 되는데, 우리 것은?
여 : 응? 필요해?
남 : 이번에는 주는 것뿐만 아니라 조금 설명을 하지 않으면 안 되는 곳이 있잖아?
여 : 그럼, 복사해야 되네.
남 : 그리고…… 그 쪽 장소는 괜찮겠지?
여 : 응. 머릿속에 들어있어.
남 : 그것도 프린트해 두는 편이 좋아. 길을 잃으면 안 되니까.
여 : 그럴까? 그럼 해 둘게.
남 : 아니, 그것은 내가 해 둘게. 너는 복사를 해 놔.
여 : 알았어
남 : 다음은 내일 신칸센 표 살 때, 영수증 잊지마.
여 : 왕복 2명분 표하고 영수증 말이지. 알겠어.

여자는 이다음 무엇을 합니까?
1　계약서를 수정한다
2　자료를 복사한다
3　지도를 인쇄한다
4　차표 영수증을 받는다

정답　**2**

어휘　契約書 계약서｜～しなきゃいけない ~해야만 한다｜やっといて(やっておいて) 해 놓아라｜切符 차표｜往復 왕복

해설　자료는 상대방에게 전달하지만 이번 출장에서는 설명이 좀 필요해서, 이쪽 것도 복사해 두기를 지시한다. 지도는 복사를 해야하지만 남자가 한다고 했고, 차표 영수증 건은 오늘 일이 아니다.

大学で女の学生と男の先生が話しています。女の学生はこのあと何をしますか。

女：先生、すみません。この間、お送りした卒論、見ていただけたでしょうか。

男：ああ、うん。えーと、あ、これだね。

女：はい。やっぱりもう少し先行研究を探したほうがいいでしょうか。

男：うーん、そこはいいんじゃないかな。十分だと思うよ。あ、でも、ここにあるこの論文、参考文献になかったんだけど。ほら。

女：あ、すみません。足しておきます。研究課題と分析はどうでしょうか。

男：分析はいいけど、研究課題と結論がちょっとずれてる感じがするな。

女：そうですか。研究課題を結論に合わせて書き直したほうがいいでしょうか。

男：いやー、そこまでじゃないから、結論をすこし直せばいいんじゃないかな。まあ、そこはまたもう少し読んでみるから、また来週話そうか。

女：はい。

男：じゃあ、さっき言ったのを直して、もう一回送ってくれるかな。

女：わかりました。

女の学生はこのあと何をしますか

1 先行研究を追加する
2 参考文献を修正する
3 研究課題を書き直す
4 分析を書き加える

6번

대학에서 여학생과 남자 선생님이 이야기를 하고 있습니다. 여학생은 이다음 무엇을 합니까?

여：선생님 죄송합니다. 요전에 보내드린 졸업논문, 보셨는지요?

남：아. 응. 그러니까. 아 이거지?

여：네, 역시 조금 더 선행연구를 찾아 보는 것이 좋을까요?

남：음, 그쪽은 괜찮은 것 같은데. 충분하다고 생각해. 아, 하지만 여기에 있는 이 논문, 참고 문헌에는 없는데. 이거 봐.

여：아, 죄송합니다. 추가해 두겠습니다. 연구과제와 분석은 어떤지요?

남：분석은 좋지만 연구과제와 결론이 좀 어긋난 듯한 느낌이 드네.

여：그래요? 연구과제를 결론에 맞추어서 다시 쓰는 편이 좋을까요?

남：아니. 그 정도는 아니니까, 결론을 조금 고치면 되지 않을까? 음, 그 부분은 다시 좀 더 읽어 볼 테니까, 다음 주에 다시 이야기할까?

여：네

남：그럼, 아까 말한 것을 고치고 다시 한번 보내 줄래?

여：알겠습니다.

여학생은 이다음 무엇을 합니까?

1 선행연구를 추가한다
2 참고 문헌을 수정한다
3 연구과제를 다시 쓴다
4 분석을 추가로 적는다

정답 2

어휘 卒論(そつろん) 졸업논문 | 先行研究(せんこうけんきゅう) 선행연구 | 足す(たす) 더하다, 추가하다 | ずれている 어긋나다, 벗어나다

해설 참고 문헌 정리가 부족하고, 연구과제 쪽에 수정할 부분이 있으나, 연구과제 부분은 조금 더 생각해 보기로 했기에 답은 2번이 된다.

문제2

문제2에서는 먼저 질문을 들으세요. 그 후, 문제지의 선택지를 읽으세요. 읽을 시간이 있습니다. 그리고 이야기를 듣고 문제지의 1~4 중에서 가장 적당한 것을 하나 고르세요.

1番 ▶ 15:36

男の人と女の人が話しています。女の人は、カプセルトイの人気の理由は何だと言っていますか。

男：あ、何それ。かわいいストラップだね。

女：これ、カプセルトイで出てきたの。

男：カプセルトイって、機械に100円とか200円とか入れてダイヤルを回すと、丸いカプセルが出てきてその中におもちゃが入ってるやつだよね。昔よくやったなぁ。

1번

남자와 여자가 이야기를 하고 있습니다. 여자는 캡슐 토이가 인기 있는 이유는 무엇이라고 말하고 있습니까?

남：아, 그거 뭐야? 귀여운 휴대폰 줄이네.

여：이거 캡슐 토이에서 나온 거야.

남：캡슐 토이라면 기계에 100엔인가 200엔인가 넣고 다이얼 돌리면 캡슐이 나오고, 그 안에 장난감이 들어 있는 거지? 예전에 많이 했었지.

女：最近はちょっと高くなってて300円のが多いんだけど、すごく人気なんだよ。

男：へぇ。高いのに人気なんだ。あ、アニメのやつとか多いよね。それで人気なの？

女：それもあるけど、他にもたくさんあるよ。ミニチュア模型とか。これもそう。

男：へー。すごいリアルだね。このストラップもよくできてるし、いろいろあるんだなぁ。

女：やっぱり昔に比べると、そういうところが一番違うかな。だから今人気なんだろうね。300円だけど、このクオリティなら300円出しても欲しいって思うもん。

男：確かに。わかるなぁ。

女の人は、カプセルトイの人気の理由は何だと言っていますか。

1　価格が安いから
2　人気アニメのグッズが入っているから
3　種類が豊富だから
4　精巧に作られているから

여：최근 좀 비싸져서 300엔짜리가 많지만 굉장히 인기야.

남：우와 비싼데도 인기가 있구나. 아, 애니메이션에 나오는 것이 많지. 그래서 인기인 거야?

여：그것도 있지만, 그밖에도 많이 있어. 미니어처 모형이라든가. 이것도 그거야.

남：우와. 굉장히 리얼하네. 이 휴대폰 줄도 잘 만들어져 있고, 여러 가지 있구나.

여：역시 예전과 비교하면, 그런 점이 가장 다른 것 같아. 그래서 지금 인기 있는 거겠지. 300엔이지만, 이 퀄리티라면 300엔 내고서라도 가지고 싶은걸.

남：그렇구나. 이해되네.

여자는 캡슐 토이가 인기 있는 이유는 무엇이라고 말하고 있습니까?

1　가격이 저렴하기 때문에
2　인기 애니메이션 상품이 들어 있으니까
3　종류가 풍부하기 때문에
4　정교하게 만들어져 있으니까

정답　4

어휘　カプセルトイ 장난감 자동판매기에 있는 미니 장난감. 캡슐에 들어있는 것이 많다 | ストライプ 스트랩 (핸드폰 줄) | おもちゃ 장난감 | ミニチュア 미니어처, 소형 모형

해설　「すごいリアルだね (굉장히 리얼하네)」의 남자의 말 뒤에 '역시 예전과 비교해서 그 점이 가장 다른 것 같아'라는 여자의 말이 이어지므로, 답은 4번이 된다.

2番 ▶ 17:41

テレビのニュースでアナウンサーが新しい法改正について話しています。アナウンサーは今回の法改正の一番の利点は何だと言っていますか。

女：今日、「臨床検査技師法」の改正案が可決されました。これにより、来年4月から「自己採血」による血液検査が可能となります。これまでは病院に行かなければ血液検査ができませんでしたが、今後は薬局など薬剤師の指導が受けられる場所であれば、簡単なキットを使って自分で採血をして、糖尿病などの検査ができるということです。病院に行かなくても身近な場所で血液検査ができるということで、忙しい主婦やお年寄りなど、定期的に病院に行くのが難しい方の病気の予防や早期発見につながるというのが、嬉しいですよね。今後は、さらに手頃な価格で検査ができるよう、期待したいですね。

アナウンサーは今回の法改正の一番の利点は何だと言っていますか。

1　薬局で血液検査が受けられるようになったこと
2　自分で血液検査ができるようになったこと
3　定期的に糖尿病の検査ができるようになったこと
4　血液検査が安く受けられるようになったこと

2번

텔레비전에서 아나운서가 새로운 법 개정에 대해 이야기하고 있습니다. 아나운서는 이번 법 개정의 가장 큰 이점은 무엇이라고 말하고 있습니까?

여：오늘 '임상검사기사법'의 개정안이 가결되었습니다. 이것에 의해 내년 4월부터 '자기 채혈'에 의한 혈액검사가 가능하게 되었습니다. 지금까지는 병원에 가지 않으면 혈액검사가 불가능했습니다만 앞으로는 약국 등 약제사의 지도를 받을 수 있는 장소라면 간단한 장비를 사용해서 스스로 채혈을 하여, 당뇨병 등의 검사가 가능하다는 것입니다. 병원에 가지 않고도 가까운 장소에서 혈액검사를 할 수 있다는 것으로 바쁜 주부나 노인 등, 정기적으로 병원에 가는 것이 어려운 분의 질병 예방이나 조기 발견에 이어진다는 것이 반갑네요. 앞으로는 더 저렴한 가격으로 검사가 가능하게 되기를 기대합니다.

아나운서는 이번 법 개정의 가장 큰 이점은 무엇이라고 말하고 있습니까?

1　약국에서 혈액검사를 받을 수 있게 된 점
2　스스로 혈액검사를 할 수 있게 된 점
3　정기적으로 당뇨병 검사가 가능하게 된 점
4　혈액검사를 저렴하게 받을 수 있게 된 점

어휘 臨床検査技師法 임상검사기사법 | 採血 채혈 | 手ごろな価格 적당한 가격(구입하기 어렵지 않은 가격)

해설 가장 큰 이점으로는 자기 채혈의 의미를 설명한, 세번째 문장 '앞으로는 약국 등의 약제사의 지도 받을 수 있는 장소라면~' 부분에 나와 있다. 전제 조건에 약국이 있기 때문에 답은 1번이 된다.

3番 ▶ 19:38

テレビで、農家の男性が話しています。かぼちゃが甘くなる一番のポイントについて、男性は何と言っていますか。

男 : これが私のかぼちゃです。普通のかぼちゃは皮が緑色のものが多いんですけど、これはオレンジ色ですよね。品種としては普通のと大差ないんですけど、他のところでいろいろ工夫をしています。肥料はこれです。貝殻や海藻を細かくしたものを使っていて、ミネラルが多い肥料なんです。これを土に少量混ぜています。大事なのは、収穫した後に熟成させることです。昼夜の寒暖差が大きい場所に置いて、ひと月近く熟成させます。そうするとだんだんでんぷんが糖分に変わって甘くなります。さらにβカロチンも増えてきて、皮がオレンジ色に変わってくるんですね。

かぼちゃが甘くなる一番のポイントについて、男性は何と言っていますか。
1 甘くなる品種の苗をつかうこと
2 土に混ぜる肥料を増やすこと
3 気温の差が大きいときに育てること
4 温度差があるところに置いておくこと

3번

텔레비전에서 농가의 남성이 이야기하고 있습니다. 호박이 달아지는 가장 큰 포인트에 대해서 남성은 뭐라고 말하고 있습니까?

남 : 이것이 저의 호박입니다. 보통 호박은 껍질이 녹색인 것이 많습니다만, 이것은 오렌지색이지요. 품종으로서는 보통 것과 큰 차이가 없습니다만, 다른 면에서 여러 가지 고안을 했습니다. 비료는 이것입니다. 조개껍질과 해초를 잘게 만든 것을 사용하여 미네랄이 많은 비료인 것입니다. 이것을 흙에 소량 섞었습니다. 중요한 것은 수확한 후에 숙성을 시키는 것입니다. 주야 일교차가 큰 장소에 두어, 한 달 가까이 숙성시킵니다. 그러면 점점 녹말이 당분으로 바뀌어 달게 됩니다. 게다가 β카로틴도 늘게 되어 껍질이 오렌지색으로 바뀌는 것입니다.

호박이 달아지는 가장 큰 포인트에 대해서 남성은 뭐라고 말하고 있습니까?
1 달아지는 품종의 모종을 사용하는 것
2 흙에 섞는 비료를 늘리는 것
3 기온 차가 클 때 재배하는 것
4 온도 차가 있는 곳에 놓아두는 것

어휘 かぼちゃ 호박 | 品種 품종 | 貝殻 조개껍질 | 海藻 해조(해초) | 寒暖差 추위와 따뜻함의 차(온도 차) | 熟成させる 숙성시키다

해설 여러 가지 이유 중에 가장 중요한 포인트는 「大事なのは~」의 부분에서 답을 찾을 수 있다. 답은 4번이 된다.

4番 ▶ 21:27

会社で、女の人と男の人が話しています。男の人はレセプションのことで何が一番大変だったと言っていますか。

女 : あ、山下くん。この間の新製品発表レセプション、大成功だったみたいね。お疲れさま。大変だったでしょう。
男 : うん。発表そのものよりも当日いろいろとバタバタしたのが大変だったよ。
女 : え、何かトラブルでもあったの?
男 : いや、トラブルというほどのことじゃないんだけど、受付とか案内のスタッフが足りなくなって、僕もそっちに駆り出されてさ。もともと担当じゃないからよく分からないじゃん。

4번

회사에서 여자와 남자가 이야기를 하고 있습니다. 남성은 리셉션에서 무엇이 가장 힘들었다고 말합니까?

여 : 아, 야마시타군, 요전에 신제품 리셉션, 대성공이었다면서? 고생했어. 힘들었지?
남 : 응, 발표 그 자체보다도 당일 여러 가지로 정신 없었던 것이 힘들었어.
여 : 이런, 뭔가 트러블이라도 있었어?
남 : 아니, 트러블이라고 할 정도는 아니지만, 접수라든가 안내 스태프가 부족해져 나도 그쪽으로 내몰려서 말이야, 원래 담당이 아니기에 잘 모르잖아.

女 : そうだよね。じゃあ、ずっと忙しかったんだ。

男 : うん。発表の担当になってるから、いろいろ資料の見直しとか心の準備とかしたかったんだけど、ギリギリまで一緒になってやってて、それどころじゃなかったよ。

女 : そうなの。しかも遅くまで片付けしてたんでしょう？

男 : そう。そっちも人手が足りなくてさ。でもさすがにそれは勘弁させてもらったよ。

男の人はレセプションのことで何が一番大変だったと言っていますか。

1　お客さんとのトラブルがあったこと

2　スタッフの仕事をしたこと

3　発表資料の準備が十分でなかったこと

4　片付けを任されたこと

여 : 그러네. 그럼, 계속 바빴구나.

남 : 응, 발표 담당으로 되어있었기 때문에 여러 가지 자료 검토나 마음의 준비 등 하고 싶었는데 마지막까지 모두와 같이 일해서 그럴 상황이 아니었어.

여 : 그랬구나. 게다가 늦게까지 뒷정리 했었지?

남 : 그래, 그쪽도 일손이 부족해서 말이야. 하지만, 역시 그것만큼은 사양했어.

남자는 리셉션에서 무엇이 가장 힘들었다고 말합니까?

1　손님과 트러블이 있었던 것

2　스태프 일을 한 것

3　발표 자료 준비가 충분하지 못했던 것

4　뒷정리를 맡은 것

[정답] 2

[어휘] バタバタする 허둥지둥 대다 | ～ほどのことじゃないけど ~정도까지(심한 것은) 아니지만 | 駆(か)り出(だ)される 내몰리다, 동원되다 | ～どころじゃない ~할 때가 아니다 | 勘弁(かんべん)させてもらう 사양하다

[해설] 남자는 허둥댄 것이 가장 힘들었다고 말하고 있다. 접수나 안내 업무는 원래 담당이 아니었기에 잘 모르는 상태에서 매우 힘들었다고 설명하고 있으므로 답은 2번이 된다.

5番 ▶ 23:28

お店の朝礼で、店長が話しています。店長は、売り上げを伸ばすために何をしなければならないと言っていますか。

男 : 経済の分野で「パレートの法則」とか、「80対20の法則」というものがありますが、皆さん知っていますか。「全所得の8割は人口の2割の富裕層が持っている」とか、「交通量の8割は2割の道路に集中している」とかいうもので、お店でも「売り上げの8割は2割の商品と2割のお客さんが占めている」と言われます。つまり、8割の商品はあまり売れていないということです。これをなんとかしなきゃいけない。売れていないものがあったら、売れそうなものと入れ替えをしましょう。売れている2割のものを分析して、売れそうなポイントを洗い出してみましょう。そのポイントを踏まえて、商品を吟味したいと思います。

店長は、売り上げを伸ばすために何をしなければならないと言っていますか。

1　2割の商品の数を増やす

2　8割の商品を全てやめる

3　2割の商品の値下げをする

4　8割の商品を見直す

5번

가게 조례에서 점장이 이야기하고 있습니다. 점장은 매상을 올리기 위해서 무엇을 하지 않으면 안 됩니까?

남 : 경제분야에서 '파레토 법칙(Pareto principle)' 이라든가 '80대 20 법칙'이라고 하는 것이 있습니다만, 여러분도 알고 있습니까? '전 소득의 80%는 인구의 20%의 부유층이 가지고 있다'라든가 '교통량의 80%는 20%의 도로에 집중하고 있다'라든가 하는 것으로 가게에서도 '80%의 상품은 20%의 상품과 20%의 손님이 차지하고 있다'고 합니다. 즉, 80%의 상품은 그다지 팔리지 않는다는 것입니다. 이것을 어떻게든 해야 합니다. 팔리지 않는 것이 있으면, 팔릴 만한 것으로 바꿉시다. 팔리고 있는 20%를 분석해서 팔릴 만한 포인트를 뽑아냅시다. 그 포인트를 고려하여 상품을 엄선하려고 합니다.

점장은 매상을 올리기 위해서 무엇을 해야만 한다고 말하고 있습니까?

1　20%의 상품의 수를 늘린다.

2　80%의 상품을 전부 그만둔다.

3　20%의 상품의 가격을 올린다.

4　80%의 상품을 재검토 한다.

[정답] 4

[어휘] 富裕層(ふゆうそう) 부유층 | 入(い)れ替(か)え 교체 | ～を踏(ふ)まえて ~을 토대로(~을 고려하여) | 吟味(ぎんみ)する 엄선하다, 음미하다

[해설] 잘 팔리는 20%의 장점을 분석하여, 80%의 상품을 엄격히 살펴보는 기준으로 삼는 것이기에, 답은 4번이 된다.

6番 ▶ 25:18

男の人と女の人が話しています。最近家具作りが流行っている理由について、女の人は何と言っていますか。

女：見て見てこの写真。このテーブル、私が作ったのよ。

男：これ作ったの？ すごいな。あー、最近流行ってるよね、DIYだっけ？ なんでも自分で作るってやつ。

女：そう。Do It Your selfね。昔は日曜大工って言ってたのにね。

男：あはは。で、こういうのって安く作れるの？

女：うーん、こだわらなければそんなにはかからないかな。

男：ふーん。安く済むならいいよな。でも大変じゃない？ 釘打ったり、ネジ締めたりさ。板も切らなきゃいけないし。

女：板はお店である程度切ってもらえるんだよ。あと今は電動工具があるからね。楽チンだよ。

男：へー、そりゃいいな。

女：自分の作りたいように作れるっていうのも魅力だけど、やっぱり自分で簡単にできないとねぇ。それが流行ってる理由じゃないかな。

男：確かにそうかもな。で、作ったら写真に撮ってＳＮＳにアップするんだな。

女：ま、そういうのは料理とかと一緒よね。

最近家具作りが流行っている理由について、女の人は何と言っていますか。

1　家具を買うより安く済むから
2　家具を簡単に作れるから
3　自分の欲しい家具が作れるから
4　写真をＳＮＳにアップしたいから

6번

남자와 여자가 이야기하고 있습니다. 최근 가구 만들기가 유행하고 있는 이유에 대해, 여자는 뭐라고 말하고 있습니까?

여 : 이것 봐봐, 이 사진. 이 테이블, 내가 만들었어.

남 : 이거 만든 거야? 굉장하다. 아, 최근 유행하고 있지, DIY였던가? 뭐든지 자기가 만드는 것.

여 : 응, Do it yourself야. 예전에는 일요 목수라고 말했었는데 말이야.

남 : 하하. 그런데 이런 것 저렴하게 만들 수 있어?

여 : 음, 집착(고집)하지 않는다면 그렇게 비용은 들지 않아.

남 : 흠, 저렴하게 해결된다면 괜찮네. 하지만 힘들지 않아? 못을 박거나 나사 조이거나 하는 거 말이야. 판자도 자르지 않으면 안 되고.

여 : 판자는 가게에서 어느 정도 잘라 줘. 또 지금은 전동 공구가 있어서 말이야. 별 거 아냐.

남 : 오, 그것 괜찮네.

여 : 자기가 만들고 싶은 대로 만들 수 있다는 것도 매력이지만, 역시 혼자서 쉽게 만들 수 없으면 안 되겠지. 그것이 유행하고 있는 이유가 아닐까?

남 : 확실히 그럴지도 모르겠네. 그런데 만들면 사진으로 찍어서 SNS에 올리지?

여 : 뭐, 그런 것은 요리 등과 같은 거지.

최근 가구 만들기가 유행하고 있는 이유에 대해, 여자는 뭐라고 말하고 있습니까?

1　가구를 사는 것보다 저렴하게 해결되니까
2　가구를 간단히 만들 수 있으니까
3　자신이 가지고 싶은 가구를 만들 수 있으니까
4　사진을 SNS에 올리고 싶으니까

정답 2

어휘 流行る 유행하다 | 日曜大工 휴일을 이용해서 목수처럼 만들기를 하는 것 | 楽チン 간단하고 쉽다(속어) | アップする (인터넷 등에 글이나 사진을) 올리다

해설 여자가 설명하는 이유는 「やっぱり〜」부분에 나와있다. 간단하게 만들 수 있기에 유행한다고 했으므로, 2번이 답이 된다.

7番 ▶ 27:37

卒業製作について、男の学生と女の学生が話しています。男の学生は、作品のデザインを考えるときに大事なことは何だと言っていますか。

女：先輩、そろそろ卒業製作に取り掛からないといけないんですけど、施設デザインってどんなものを作ればいいのか考えがまとまらなくて……。

男：うーん、そうだね……。

女：私、最近開発された新しい設備とかが好きなんですけど、そういうのをたくさん入れて近未来的な施設を考えるとか。

7번

졸업 작품 제작에 대해 남학생과 여학생이 이야기하고 있습니다. 남학생은 작품 디자인을 생각할 때에 중요한 것은 무엇이라고 말하고 있습니까?

여 : 선배님, 슬슬 졸업 작품 제작에 들어가지 않으면 안 됩니다만, 시설 디자인이라는 것은 무엇을 만들면 좋을지 생각이 정리가 안 되네요.

남 : 음, 그러게.

여 : 저는 최근 개발된 새로운 설비같은 것을 좋아합니다만, 그런 것을 많이 넣어서 근 미래적인 시설을 생각한다든가.

男：設備ありきっていうのはどうかなぁ。どうしてそういうのがいいと思うの？

女：やっぱりお年寄りとか体の不自由な人にも優しくできているものが多いので。

男：だったら、そういうところをテーマにしたら？最近の町は高齢者には住みにくいって言われてるし。だれが住むのかとか、そういうところから考えたほうがいいよ。

女：そうですね。最近の町は住みにくいっていうと、やっぱり田舎みたいな自然が多いほうがいいんでしょうか。

男：そこは、敷地面積と建物との兼ね合いもあるし、どうかな。でもできるだけ入れられたらいいと思うけど。

女：はい。ちょっと考えてみます。

男の学生は、作品のデザインを考えるときに大事なことは何だと言っていますか。

1　最新の設備を入れること
2　住む人のことを考えること
3　自然をたくさん取り入れること
4　敷地面積と建物のバランスを考えること

남 : 설비가 우선이라고 하는 것은 납득이 잘 안 되네. 어째서 그런 것이 좋다고 생각해?

여 : 역시 어르신이라든지 몸이 불편한 사람에게도 친화적인 것이 많아서.

남 : 그렇다면, 그런 것을 테마로 하면 어때? 최근의 마을은 고령자에게는 살기 불편하다고 하잖아. 누가 살 것인가라든가 그런 점에서부터 생각하는 쪽이 좋아.

여 : 그러네요. 최근의 마을은 살기 불편하다고 한다면 역시 시골 같은 자연이 풍부한 쪽이 좋은 거겠죠.

남 : 거긴 부지 면적과 건물의 조합도 있고 해서 어려울 거야. 하지만 가능한 한 넣을 수 있다면 좋을 것 같다고 생각하는데.

여 : 네. 좀 생각해 보겠습니다.

남학생은 작품 디자인을 생각할 때에 중요한 것은 무엇이라고 말하고 있습니까?

1　최신 설비를 넣는 것
2　사는 사람을 생각하는 것
3　자연을 많이 넣은 것
4　부지 면적과 건물의 밸런스를 생각하는 것

정답 2

어휘 取り掛かる 착수하다 | 設備 설비 | ～ありき 염두에 두고, 전제로 하고, 가정하고 | どうかなあ ~은 어떨까?(좋지 않다고 생각할 때 사용할 수 있음)

해설 여학생은 설비를 중시하지만 남자는 테마에 어울리는 노인이나 장애인 친화적인 것을 고려하라고 조언하고 있다.

문제3

문제3에서는 문제지에 아무것도 인쇄되어 있지 않습니다. 이 문제는 전체적으로 어떤 내용인가를 묻는 문제입니다. 이야기 전에 질문은 없습니다. 먼저 이야기를 들으세요. 그리고 질문과 선택지를 듣고, 1~4중에 가장 적당한 것을 하나 고르세요.

1番 ▶ 32:37
男の学生と女の人が話しています。

女：お待たせ。久しぶりだね。

男：すみません、先輩。お忙しいのに時間いただいてしまって。

女：いいのいいの。それよりどうしたの？突然。もしかして就職のこと？

男：あ、いえ、今日は他のことで……。

女：あぁ、そう。

男：実は、安田先生が来年古希を迎えられるので、記念の論文集を出そうと思っているんです。それで、先輩方に1ページずつお手紙のような感じで思い出を綴ってもらえないかと。

女：えっ、先生ってもうそんな年なの？うわー、そっかー。うん、わかった。やってみるよ。

男：ありがとうございます。よろしくお願いします。

女：そういえばこの間、うちの学校で調査をさせてほしいって言って、先生がいらっしゃったんだけど、確かにだいぶお年を召された感じだったなぁ。

1번
남학생과 여자가 이야기하고 있습니다.

여 : 많이 기다렸어? 오랜만이네.

남 : 죄송해요 선배님. 바쁘신데 시간을 뺏어서요.

여 : 괜찮아. 그것보다 무슨 일이야? 갑자기. 혹시 취직 때문에?

남 : 아, 아니요. 오늘은 다른 일로.

여 : 아, 그래?

남 : 실은 야스다 선생님이 내년에 고희를 맞이하셔서 기념 논문집을 내려고 생각하고 있어요. 그래서 선배님들이 1페이지씩 편지 같은 느낌으로 추억을 써 주셨으면 해서요.

여 : 응? 선생님이 벌써 그런 연세야? 우와, 그렇구나. 응, 알았어. 해 볼게.

남 : 감사합니다. 부탁드립니다.

여 : 그러고보니 요전에 우리 학교에서 조사해 주었으면 한다고 해서 선생님이 오셨었는데, 확실히 나이를 드신 느낌이었네.

男：そうなんですか。いいなぁ、僕も卒論の調査をさせてもらいたいです。

女：いいよ。いつでも。あ、そっか、山田くん、大学院に行きたいって言ってたんだった。入試のために卒論をしっかり書かないといけないもんね。調査は大事だよね。

男：はい、是非よろしくお願いします。

男の学生は何のために女の人を呼びましたか。

1 就職活動について相談するため
2 論文集の原稿を書いてもらうため
3 卒業論文の調査を依頼するため
4 大学院入試について話を聞くため

남 : 그렇습니까? 부럽네요. 저도 졸업논문 조사를 시켜 줬으면 좋겠네요.

여 : 좋아, 언제라도. 아, 그렇지. 야마다 군, 대학원에 가고 싶다고 말했었지? 입시 때문에 졸업논문을 잘 써야만 해. 조사는 중요해.

남 : 네. 꼭 부탁드립니다.

남학생은 무엇을 위해 여자를 불렀습니까?

1 취직 활동에 관해 상담하기 위해
2 논문집 원고를 부탁하기 위해
3 졸업논문 조사를 의뢰하기 위해
4 대학원 입시에 대해 이야기를 듣기 위해

정답 2

어휘 突然 갑자기 | もしかして 혹시 | 古希 고희(70세) | 思い出 추억 | 綴る 적다, 쓰다 | だいぶ 꽤, 무척 | お年を召す '나이 들다'의 존경표현

해설 남학생이 찾아온 목적은 「思い出を綴ってもらいないかな」부분에 나와 있다. 논문집에 게재하기 위한 추억담을 부탁 하였음으로 답은 2번이다.

2番 ▶ 35:01

ラジオで男の人が話しています。

男：昔はよく「怪我をしたら傷口を乾かさないといけない」と言われて、みなさんそうしてきたんじゃないかと思いますが、最近はこれとは真逆のやり方がいいと言われているんです。つまり、乾かすんじゃなくて、湿ったままにしておいたほうがいいということです。傷口をよく洗ったあとに、保湿効果のあるようなシートを貼って、体液を乾かさないようにするといいんです。このほうが、治りが早く、傷跡も残りにくいということがわかっていて、最近はこうした方法がとられています。このように、昔「いい方法だ」と聞いたようなことが、今はそうではなくて、違う方法のほうがいいということが研究によって明らかになったものがいくつもあるんですね。

男の人が言いたいことは何ですか。

1 怪我をしたら傷口を乾かしたほうがいい
2 怪我をしたら傷口に水をつけたほうがいい
3 昔からある治療方法が今は見直されている
4 昔からある治療方法は今も有効である

2번

라디오에서 남자가 이야기하고 있습니다.

남 : 옛날에는 흔히 '다치면 상처를 마르게 해야만 한다'고 해, 모두 그렇게 해 오지 않았을까 합니다만, 최근은 이것과는 정반대의 방법이 좋다고 합니다. 즉, 건조시키는 것이 아니라, 습한 채로 두는 것이 좋다는 것입니다. 상처부위를 잘 씻은 후에 보습효과가 있는 시트를 붙여, 체액이 마르지 않게 하면 좋습니다. 이쪽이 낫는 것이 빠르고 흉터도 잘 남지 않는다는 것이 밝혀져 최근에는 이러한 방법이 취해집니다. 이처럼 예전에 '좋은 방법'이라고 들은, 그러한 것이 지금은 그렇지 않고 다른 방법이 좋다는 것이 연구에 의해 밝혀진 것이 적지 않게 있습니다.

남자가 하고 싶은 이야기는 무엇입니까?

1 다치면 상처를 말리는 편이 좋다
2 다치면 상처에 물을 묻히는 편이 좋다
3 예전부터 있는 치료 방법이 지금은 재검토되고 있다
4 예전부터 있는 치료 방법은 지금도 유효하다

정답 3

어휘 怪我 다침, 상처 | 傷口 상처입은 자리 | 体液 체액 | 保湿効果 보습효과 | 傷跡 흉터

해설 마르게 하지 않는다는 의미로 답을 2번으로 선택하면 오답이 된다. 남자는 보습효과로 시트를 소개했고, 물은 언급하지 않았다. 답은 「このように〜」로 시작하는 부분으로 3번임을 알 수 있다.

3番 ▶▶ 36:50
授業で男の先生が話しています。

男：最近、若者の食事に偏りがあると言われて、問題になっています。具体的には「孤食・欠食・個食・固食」とあって、頭文字をとると「コケッココ」となることから、「ニワトリ症候群」と言われています。まぁ、耳で聞いただけでは何のことやらですね。最初の「孤食」は「孤独」の「孤」を書いて、一人で食べること、「欠食」は朝ご飯などを食べないことです。これ、結構多いんじゃないですか。3つ目の「個食」は「個別」の「個」、つまり、家族がそれぞれ違うものを食べること、最後は「固まる」という字で「固食」、これはいつも同じものを食べることです。こういったことは、栄養バランスの偏りで体に影響があるだけでなく、心にも悪影響を及ぼします。

何について話していますか。
1 朝ご飯を食べないと健康に悪影響があるということ
2 食生活に偏りがあると心身に影響するということ
3 鶏肉ばかり食べていると栄養バランスが偏るということ
4 家族で違うもの食べるのが普通になったということ

3번
수업에서 남자 선생님이 이야기하고 있습니다.

남：최근 젊은이의 식사에 편식 경향이 있다고 해서 문제가 되고 있습니다. 구체적으로는 '고식(孤食)·결식(欠食)·개식(個食)·고식(固食)'이 있어, 첫 글자를 따면, '고켓코코('꼬끼오'의 일본어 표현)'가 되므로, '닭 증후군'이라고 하고 있습니다. 뭐, 귀로 듣는 것 만으로는 무슨 말이지 하게 되죠. 처음 고식(孤食)은 '고독'의 '고'를 써서 혼자서 먹는 것, '결식'은 아침밥 등을 먹지 않는 것입니다. 이것은 꽤 많지 않을까요? 3번째의 '개식'은 '개별'의 '개', 즉 가족이 각각 다른 것을 먹는 것, 마지막은 '굳어지다(고정되다)'라는 글자로, '고식' 이것은 언제나 같은 것을 먹는 것입니다. 이러한 것은 영양 밸런스의 편향으로 몸에 영향이 있을뿐만 아니라, 마음에도 악영향을 끼칩니다.

무엇에 대하여 이야기하고 있습니까?
1 아침밥을 먹지 않으면 건강에 악영향이 있다는 것
2 식생활에 편향이 있으면 심신에 영향을 준다는 것
3 닭고기만 먹으면 영양 밸런스가 한쪽으로 치우치게 된다는 것
4 가족이 다른 것을 먹는 것이 보통이 되었다는 것

정답 2

어휘 偏り 치우침, 편향, 편중 | コケッココ 꼬끼오(닭이 우는 소리) | 症候群 증후군 | 結構 상당히, 꽤 | 固まる 굳어지다, 고정되다

해설 마지막 문장, 「こういったことは、〜体に影響があるだけではなく、心にも〜」부분이 필자의 주장이 되므로, 답은 2번이 된다.

4番 ▶ 38:49
ラジオで女の人が話しています。

女：最近「移動支援ロボット」と言われるものがいろいろ開発されて、販売されています。移動支援ロボットというと、立ったまま乗って、体重移動だけで前に進んだり曲がったりできる一人用の乗り物がみなさん思い浮かぶと思うんですけど、最近は、立って乗るだけじゃなくて、本体のいろいろな所が可動式になっていて、自分で組み替えることで、自転車のように座って乗れるタイプにできたりするものが人気のようです。ですが体重移動だけで動くので難しくありませんし、車輪も横に平行してついていて転ぶことも少ないので、お年寄りにも安全です。将来的には操縦者プラスもう何人か乗れるタイプの移動支援ロボットの開発も視野に現在研究が進められているそうです。

何について話していますか。
1 操作が簡単な移動用ロボット

4번
라디오에서 여자가 이야기하고 있습니다.

여：최근 '이동 지원 로봇'이라고 하는 것이 다양하게 개발되어, 판매되고 있습니다. 이동 지원 로봇이라고 하면 선체로 올라타서 체중 이동 만으로 앞으로 나아가거나 꺾는 것이 가능한 일인용 탑승 기구가 생각날 것이라고 생각합니다만, 최근에는 서서 타는 것뿐만 아니라 본체 여러 곳이 가동식으로 되어 있어서 직접 재조합하여, 자전거처럼 앉아서 탈 수 있는 타입으로 할 수 있는 것이 인기인 모양입니다. 하지만, 체중 이동만으로 움직이기 때문에 어렵지 않고, 바퀴도 옆에 평행으로 달려 있어 넘어지는 일도 적어서 노인들에게도 안전합니다. 장래적으로는 조종사 외에도 몇 명인가 탈 수 있는 타입의 이동 지원 로봇의 개발도 시야에 넣고 현재 연구가 진행되고 있다고 합니다.

무엇에 대하여 이야기하고 있습니까?
1 조작이 간단한 이동용 로봇

2 2種類の形に変わる自動変形ロボット

3 お年寄りのための介護用ロボット

4 たくさんものを運べる運搬用ロボット

2 2종류의 형태로 변화하는 자동 변형 로봇

3 노인을 위한 간호(간병)용 로봇

4 많은 물건을 나를 수 있는 운반용 로봇

정답 1

어휘 移動支援 이동 지원 | ～たまま ~한 채로 | 思い浮かぶ 생각이 떠오르다 | 可動式 움직일 수 있는 형태 | 組み替える 다시 조합하다, 재편성하다 | 操縦者 조종사

해설 여자가 전달하고자 하는 내용은 「最近は～」부분의 로봇이 되며, 특징으로는 「～難しくありませんし、～お年寄りにも安全です」라고 말하고 있다. 답은 1번이 된다. 간병을 위한 로봇이 아니라, 노인들도 조작이 가능한 이동용 로봇에 대한 이야기이기에 3번은 답이 될 수 없다.

5番 ▶️ 40:44
電話で男の学生と女の人が話しています。

男：はい。

女：もしもし。ふじやま大学文学部教務課の野口と申しますが、ジャック・マイヤーズさんでいらっしゃいますか。

男：はい、そうです。

女：すみません。この間出してもらった、奨学金の書類なんですけど、ちょっと足りなくて。

男：あ、本当ですか。すみません。

女：ジャックさんは交換とかじゃなくて正規の留学生なので、それを証明する書類が必要なんですね。で、それを、留学生支援課に行って、もらってきてほしいんです。向こうにはもう言ってあるので、名前言えばすぐ出してくれると思うんですけど。

男：あ、そうですか。わかりました。

女：で、それをもらったら、こちらに持ってきてください。それで書類がそろうので。

男：はい。

女：あ、書類もらうときに受け取りのサインがいると思うので。

男：はい。わかりました。ありがとうございました。

女：はい。お願いしますね。失礼します。

女の人は何のために電話しましたか。

1 窓口に書類を取りに来てもらうため

2 窓口で書類にサインをしてもらうため

3 別の窓口に書類を取りに行ってもらうため

4 別の窓口に書類を出しなおしてもらうため

5번
전화로 남학생과 여자가 이야기하고 있습니다.

남：네.

여：여보세요. 후지야마 대학 문학부 교무과 노구치라고 합니다만, Jack Myers씨이십니까?

남：네, 그렇습니다.

여：실례합니다. 요전에 신청해 주신 장학금 서류입니다만, 조금 부족해서요.

남：아, 정말이요? 죄송합니다.

여：Jack씨는 교환이 아니라, 정규 유학생이므로, 그것을 증명할 서류가 필요합니다. 그래서 그것을 유학생 지원과에 가서 받아 오셨으면 합니다. 저 쪽에도 이미 말해 두었으므로 이름을 말하면 발급해 줄 것이라고 생각합니다만.

남：아, 그래요? 알겠습니다.

여：그래서, 그것을 받으면 이쪽에 가지고 오세요. 그것으로 서류가 완비되니까요.

남：네.

여：아, 서류 받을 때에 수취 확인 서명이 필요할 거라고 생각해요.

남：네 알겠습니다. 감사합니다.

여：네, 그럼 잘 부탁드립니다. 실례하겠습니다.

여자는 무엇 때문에 전화를 했습니까?

1 창구에 서류를 가지러 오게 하기 위해서

2 창구에서 서류에 사인을 하게 하기 위해서

3 다른 창구에 서류를 받으러 가게 하기 위해서

4 다른 창구에 서류를 다시 제출 시키기 위해서

정답 3

어휘 この間 일전에, 요전에 | 交換 (여기서는) 교환 유학생 | もらってくる 받아 오다 | 言ってある 말해 두다

해설 「それを、留学生支援課に行って、もらってきてほしい」에서 여직원의 용건을 알 수 있다. 유학생 지원과, 즉 다른 창구에 가서 받아왔으면 좋겠다는 뜻으로 답은 3번이 된다. 「～てもらいたい」나 「～てほしい」는 「～てください」와 더불어 지시, 희망의 표현이므로 용건에 관계된 경우가 많다.

6番 ▶ 42:51

女の先生が大学の授業で話しています。

女 : みなさん、果汁100％のジュースはよく飲みますか？
100％のジュースって、もちろんおいしいですけど、パッケージからしておいしそうに見えますよね。つい買ってしまうというか。実は、パッケージの表示にはルールがあって、果物の断面や果汁のしずくを使っていいのは100％のジュースだけなんです。オレンジとかリンゴとか、断面が描いてあったりしますよね。100％未満だと、果物まるごとの写真はいいですけど、断面などはダメです。で、果汁が5％未満になると、今度は果物の写真も使うことができないんですね。ほら、オレンジの写真はないけど、オレンジ色のパッケージだからオレンジジュースだってわかるっていうの、ありますよね。あれはこういうことなんですね。

何について話していますか。
1 果物の写真の撮り方について
2 パッケージの決まりついて
3 果物のジュースの種類について
4 おいしそうに見えるパッケージについて

6번

여자 선생님이 대학 수업에서 이야기하고 있습니다.

여 : 여러분 과즙 100％ 주스를 자주 마시나요? 100％ 주스는 물론 맛있습니다만, 포장부터가 맛있어 보이지요? 나도 모르게 그만 사 버린다고나 할까. 실은 포장의 표시에는 룰이 있어서 과일의 단면이나 과즙 방울을 사용해도 되는 것은 100％ 주스뿐입니다. 오렌지라든가 사과라든가 단면이 그려져 있거나 하지요? 100％ 미만이면 과일 전체의 사진은 되지만 단면은 안 됩니다. 그 과즙이 5％ 미만이 되면 이번에는 과일 사진을 사용하는 것이 불가능한 것입니다. 왜 있잖아요, 오렌지 사진은 없지만 오렌지색의 팩이기 때문에 오렌지 주스라는 것을 알게 되거나 하는 것 있잖아요. 그것은 이런 케이스네요.

무엇에 대하여 이야기하고 있습니까?
1 과일 사진을 찍는 법에 대해서
2 패키지의 규정에 대해서
3 과일 주스의 종류에 대해서
4 맛있게 보이는 포장에 대해서

[정답] 2

[어휘] パッケージ 패키지, 포장 | 果汁(か じゅう) 과즙 | しずく 물방울, 방울 | 断面(だんめん) 단면 | 未満(み まん) 미만 | まるごと 통째로, 전부

[해설] 주된 내용은 「実は〜」의 부분에 나타나 있다. 「パッケージの表示にはルールがあって〜」라고 말하고 있으므로, 답은 2번이 된다.

문제4

문제4에서는 문제지에 아무것도 인쇄되어 있지 않습니다. 우선 문장을 들으세요. 그리고 그것에 대한 대답을 듣고 1~3 중에서 가장 적당한 것을 하나 고르세요.

1番 ▶ 46:02

女 : 陽子ったら、この前のことまだ根に持ってるみたいなのよ。
男 : 1 この前のって、何だっけ？
　　　2 そう。それはよかったね。
　　　3 え、まだあれ持ってたの？

1번

여 : 요코는 요전 일 아직도 마음에 담고 있는 모양이야.
남 : 1 요전 일이란 게 뭐였지？
　　　2 그래? 그것 참 다행이다.
　　　3 응? 아직 그것 가지고 있었어?

[정답] 1

[어휘] 根(ね)に持(も)つ 앙심을 품다, 꽁하고 있다

[해설] 3자에 대한 정보를 전해주는 문장. 보통 놀람과 공감으로 대답을 한다. 「根に持っている(앙심을 품고 있다. 꽁하고 있다)」의 표현도 꼭 체크를 하자.

2番 ▶ 46:32

男 : おい、そんなもの買ってやらなくてもいいんじゃないのか。子供じゃあるまいし。
女 : 1 え、ないの？じゃあ、買ってあげないと。
　　　2 そうね。子供のうちだけよね。
　　　3 そう？まだ使うと思うけど。

2번

남 : 이봐, 그런 것 사 주지 않아도 되잖아. 애도 아니고 말이야.
여 : 1 응? 없어? 그럼 사 줘야지.
　　　2 그렇지. 어릴 때 뿐이지.
　　　3 그래? 아직 쓸 거라고 생각하는데.

3

어휘 ～じゃあるまいし ~도 아닐진데, ~도 아니고

해설 지시, 권유에 대한 응답의 표현. 상대를 비난하는 것 같지만, 장난감을 사주지 말라는 지시, 권유의 카테고리에 넣을 수 있는 패턴이다. 여기에 대한 응대는 수용과 거부로 나타나는데, 이 경우는 거부라고 볼 수 있다. 「～なくてもいいんじゃない」를 '~하지 않아도 된다'로 바로 파악할 수 있도록 연습하자.

3番 ▶ 47:05

男：どれだけ企画書を頑張って書いても、通らなければそれまでだよ。

女：1　頑張って書いたんですから、当然ですよ。

　　2　大丈夫ですよ。自信持ってください。

　　3　通ったんですか。よかったですね。

3번

남：아무리 기획서를 열심히 써도 채택되지 않으면 의미 없어.

여：1　열심히 썼으니까 당연하지.

　　2　괜찮아요. 자신을 가지세요.

　　3　채택됐어요? 잘됐네요.

정답 **2**

어휘 通る 통과하다, (기획안 등이)채택되다 ｜ ～ばそれまでだ ~면 그만(끝)이다. 의미가 없다

해설 직장 동료간의 푸념에 대한 응대이다. 보통 공감이나 격려하는 패턴으로 응대가 이루어진다. 「通らなければそれまでだ」는 미래에 대한 걱정이므로, 격려의 표현인 2번이 답이 될 수 있다. 1번과 3번은 완료된 사항이므로, 시제부터 어울리지 않는다.

4番 ▶ 47:36

女：子どもの宿題、いけないとは思ってるんだけど、つい手を出しちゃうのよね。

男：1　うん。見たらすぐ返さないとね。

　　2　そうだよね。つい食べちゃうよね。

　　3　わかる。僕も手伝っちゃうんだよね。

4번

여：아이들 숙제, 안 되는 줄 알면서 나도 모르게 그만 도와주게 돼 버려.

남：1　응. 보면 바로 반환해야 돼.

　　2　맞아. 나도 모르게 먹어 버린다니까.

　　3　이해돼. 나도 도와줘 버리게 돼.

정답 **3**

어휘 つい (자기도 모르게) 그만 ｜ 手を出す 손을 대다(여기서는 도와주다)

해설 생활회화에서 푸념에 대한 응대를 찾으면 된다. 공감과 격려가 주로 나타나는데, 여기서는 공감의 응대가 이루어졌음을 알 수 있다. 「手を出す」를 도와주는 것으로 인지할 수 있느냐가 관건이다. 즉, 숙제를 도와주는 것에 대한 공감이므로, 답은 3번이다.

5番 ▶ 48:08

男：家の都合で会社をやめたんですけど、後ろ髪を引かれる思いでしたよ。

女：1　そうですか。やっぱり名残惜しいですよね。

　　2　そうですか。それはよかったですね。

　　3　そうですか。後悔はないんですね。

5번

남：집 사정으로 회사를 그만두었습니다만, 아쉬웠어요.

여：1　그렇습니까? 역시 섭섭하지요.

　　2　그렇습니까? 그건 참 다행이네요.

　　3　그렇습니까? 후회는 없는 거죠?

정답 **1**

어휘 都合 사정, 형편 ｜ 後ろ髪ひかれる 아쉬운 마음으로 헤어지다 ｜ 名残惜しい 이별이 아쉽다

해설 일상 생활 대화 중, 공감을 원하는 표현이다. 헤어짐의 아쉬움을 나타내는 표현에 대한 공감이므로 2번과 3번은 어울리지 않는다.

6番 ▶ 48:41

女：うーん、こんな値段じゃ、話にならないですね。

男：1　そうですね。話しましょうか。

　　2　わかりました。じゃ、この値段で。

　　3　そこをなんとか。お願いしますよ。

6번

여 : 음, 이런 가격으로는 이야기가 안되겠네요.

남 : 1　그러네요. 이야기할까요?

　　2　알겠습니다. 그럼, 이 가격으로.

　　3　그 부분을 어떻게 좀. 부탁드려요.

[정답]　**3**

[어휘]　値段(ねだん) 가격 ｜ 話(はなし)にならない 이치에 맞지 않는다, 이야기가 안 된다

[해설]　비즈니스 상황에서 무리한 부탁을 하는 표현이다. 보통은 무리한 부탁에 대한 응대의 패턴이 나온다. 이 경우는 응용 문제로 상대방의 난색을 표했을 때, 대응하는 「そこをなんとか」가 답이 된다. '어려운 일인 줄 알지만, 어떻게 좀 안될까요?'의 의미인 3번이 답이 된다.

7番 ▶ 49:10

男：いやー、高橋さんのプレゼンがすごいもんで、僕らみんなたじたじだったよ。

女：1　高橋さん、そんなにダメだったんですか。

　　2　へぇー、さすが高橋さんですね。

　　3　高橋さんのプレゼン、期待できますね。

7번

남 : 와, 다카하시 씨의 프레젠테이션 굉장해서 우리들 모두 쩔쩔맸어.

여 : 1　다카하시 씨, 그렇게 못했어요?

　　2　오~ 역시 다카하시 씨네요.

　　3　다카하시 씨 프레젠테이션, 기대되네요.

[정답]　**2**

[어휘]　凄(すご)い 굉장하다, 엄청나다 ｜ たじたじ 쩔쩔매는 모습 ｜ さすが 과연, 역시

[해설]　비즈니스 상황에서 새로운 정보를 소개하는 패턴이다. 대부분 공감과 놀람의 반응으로 응대한다. '쩔쩔매다'라는 「たじたじ」를 놓친 경우라도, 앞에 나온 「すごい」에서 판단해서 답을 고를 수 있다. 3번은 아직 프레젠테이션이 끝나지 않았을 때 이루어지는 대화가 되므로, 답이 될 수 없다.

8番 ▶ 49:42

女：新人とはいえ、こんなに誤字が多いようじゃ、ちょっとね。

男：1　すみません。次は気をつけますので……。

　　2　わかりました。もう少し増やします。

　　3　そうですね。仕方ないですよね。

8번

여 : 신입이라고는 하지만, 이렇게 오자가 많아서는 좀 (문제가 있지).

남 : 1　죄송합니다. 다음에는 조심하겠습니다.

　　2　알겠습니다. 조금 더 늘리겠습니다.

　　3　그렇지요. 어쩔 수 없네요.

[정답]　**1**

[어휘]　新人(しんじん) 신입사원 ｜ ～とはいえ ~라고 해도 ｜ 誤字(ごじ) 오자(오타) ｜ ～ようじゃ ~해서는(~하는 식으로는)

[해설]　비즈니스 현장의 비난의 상황에 대한 응대를 물어보는 문제이다. 윗사람의 질책에 대한 응대로는 「気を付けます」의 1번이 가장 잘 어울린다.

9番 ▶ 50:14

男：すみません。突然押しかけちゃって。

女：1　どうぞどうぞ。押してください。

　　2　いえいえ。何もおかまいできませんけど。

　　3　いえいえ。そこにかけちゃって大丈夫です。

9번

남 : 죄송합니다. 갑자기 들이닥쳐서.

여 : 1　괜찮아요. 밀어 주세요.

　　2　아니에요. 아무런 대접도 못 해드리지만.

　　3　아니에요. 거기에 뿌려도 돼요.

[정답]　**2**

어휘 押しかける 들이 닥치다. 갑자기 방문하다 | おかまいできませんで 대접도 못해드리고

해설 일상 생활 대화에서 양해를 구할 때의 응대를 묻는 문제이다. 배려를 앞세운 응대가 일반적이다. 「押しかける」의 「押す(밀다)」만을 들은 1번과 「かける(걸치다, 뿌리다)」만을 들은 3번은 오답이 된다.

10番 ▶ 50:44

女 : あれ？ この件、てっきり話したと思ってたけど。
男 : 1 いえ、お聞きしました。
　　 2 はい、お話ししました。
　　 3 いえ、伺ってないです。

10번

여 : 어라? 이 건은 틀림없이 이야기했다고 생각했었는데.
남 : 1 아니오. 들었습니다.
　　 2 예, 이야기했습니다.
　　 3 아니오, 듣지 못했습니다.

정답 3

어휘 てっきり 틀림없이(주로 착각의 상황) | 伺う 듣다, 여쭙다, 찾아 뵙다

해설 과거의 사실 확인에 대한 바른 응대를 물어보는 문제이다. '어라?' 라고 시작하는 문장으로 '상대방이 듣지 않았다'고 했음을 예상할 수 있다. 또한 여자의 말에 내용이 '이야기 안 했던가?'임을 쉽게 알 수 있다. 그러므로, 3번이 가장 잘 어울린다.

11番 ▶ 51:11

男 : えー、日程につきましては後ほどご連絡申し上げますので。
女 : 1 あ、はい。では、来月決めましょう。
　　 2 わかりました。お待ちしています。
　　 3 そうですね。後ほどご連絡します。

11번

남 : 그럼, 일정에 관해서는 차후에 연락 드리겠습니다.
여 : 1 아, 네. 그럼 다음 달 결정합시다.
　　 2 알겠습니다. 기다리겠습니다.
　　 3 글쎄요. 나중에 연락 드리겠습니다

정답 2

어휘 日程 일정 | ～につきましては ~에 관해서는 | 後ほど 차후에, 나중에

해설 차후에 연락한다는 말의 응답에는 충분히 이해되었고 연락을 기다린다는 의미의 2번이 가장 잘 어울린다.

12番 ▶ 51:42

女 : 部長、ABC商事の加藤様がお見えです。
男 : 1 そう。お通しして。
　　 2 そう。まだ来ないの。
　　 3 そう。すぐ見えるよ。

12번

여 : 부장님, ABC상사의 가토 씨가 오셨습니다.
남 : 1 그래? 이쪽으로 모셔.
　　 2 그래? 아직 안 왔어?
　　 3 그래? 곧 오실 거야.

정답 1

어휘 お見えです 오셨습니다 | 通す 통과시키다. 들어가게 하다 | お通しする 안내하다. 모시다.

해설 비즈니스 현장에서 상사에게 보고하는 상황이다. 역시 대화내용에 3자가 등장하므로 경어체에 주의하도록 하자. 1번만이 현재 오신 상황의 응답이 되며, 2번과 3번은 아직 안 왔을 경우의 응답이 되므로 답이 될 수 없다. '오셨다', '이쪽으로 모셔'등의 경어표현도 평소에 연습해 두자.

13番 ▶ 52:10

男 : 今度ぜひうちの会社にもお越しください。
女 : 1 じゃ、木村さんをよこしてくださいよ。
　　 2 いいですね。ぜひ伺います。
　　 3 はい。お待ちしています。

13번

남 : 이번에 꼭 저희 회사에도 와주세요.
여 : 1 그럼, 기무라 씨를 보내주세요.
　　 2 좋네요. 꼭 방문하겠습니다.
　　 3 네, 기다리고 있습니다.

[정답] 2

[어휘] お越しください 오십시오 | よこす 보내다 | 伺(うかが)う 찾아 뵙다. 듣다, 여쭈다 | お待(ま)ちする (삼가) 기다리다

[해설] 비즈니스 현장에서 의뢰 · 제안 · 부탁의 상황이다. 초대(방문 부탁)에 대한 바른 응대를 묻는 표현이므로, 경어표현을 모르더라도 2번을 고를 수 있다. 「いいですね」는 제안에 대해 '좋은 생각이에요' 라는 뜻이 있다.

14番 ▶ 52:39

女 : 御用があれば承ります が。

男 : 1 あ、ご注文ですね。どうぞ。

　　2 ええと、何かご用でしょうか。

　　3 あ、営業の佐藤さんにお会いしたいんですが。

14번

여 : 용무가 있으시면 말씀해주세요.

남 : 1 아, 주문이죠? 말씀해 주세요.

　　2 저어, 어떤 용무인가요?

　　3 아, 영업부의 사토 씨를 만나고 싶습니다만.

[정답] 3

[어휘] 御用(ごよう) 용무 | 承(うけたまわ)る 듣다, 받다

[해설] 비즈니스 현장에서 상대방의 용건을 묻는 상황이다. 이 경우의 응대는 구체적인 용건을 말하는 것이 답이 된다. 1번과 2번은 접수를 받는 쪽의 응답이 되기 때문에 답이 될 수 없으며, 용무를 이야기한 3번이 정답이 된다.

문제5

문제5에서는 좀 긴 이야기를 듣습니다. 이 문제에는 연습은 없습니다. 메모를 해도 됩니다.

1번, 2번

문제지에 아무것도 인쇄되어 있지 않습니다. 먼저 이야기를 들으세요. 그리고 질문과 이야기를 듣고 1~4 중에서 가장 적당한 것을 하나 고르세요.

1番 ▶ 53:51

大学で男の学生と女の学生が話しています。

女 : 先輩、教養科目の授業って、どれを取ればいいんでしょうか？おすすめはありますか？

男 : うーん、おすすめねぇ。僕が今までに取ったのでよければ、どんな感じか教えるけど。どれも面白かったよ。

女 : あ、ぜひ教えてください。お願いします。

男 : えっと、まずは、芸術学Aかな。先生は、いろいろな美術館で学芸員をしてた人なんだけど、特にルネサンス期の絵画が好きみたいで、その当時の歴史も絡めて、いろいろ絵を紹介してくれて、面白いよ。テストはなくて、期末レポートを3ページくらい書いたかな。それから、歴史学B。それ、すごくおもしろくてさ。内容は「トイレの歴史について」。

女 : へぇ、トイレですか。

男 : そう、最古のトイレはどんなもので、そこからどう現在のトイレに至ったかっていうのが話のテーマ。それは、期末テストがあったけど、持ち込み可だったよ。あとは……、あ、文学Cだ。文学Cは江戸時代の娯楽本がテーマで、どんな種類の本が人気だったかとか、それがどんな内容だったかとか、そんな感じ。それは、期末レポートがあったね。あとは、生物学Dだね。それは、最近発見された新種の生物についての授業で、深海魚とか、植物とか、いろいろ。成績評価は期末テストがあったけ

1번

대학에서 남학생과 여학생이 이야기하고 있습니다.

여 : 선배님, 교양과목 수업은 어느 것을 들으면 좋을까요? 추천 과목 있나요?

남 : 음, 추천말이지. 내가 지금까지 들은 것으로 괜찮다면 어떤 느낌인지 가르쳐 줄 수 있는데 다 재미있었어.

여 : 아, 꼭 가르쳐 주세요. 부탁해요.

남 : 그러니까, 우선 예술학A네. 선생님은 여러 가지 미술관에서 학예원을 했던 사람인데, 특히 르네상스기의 회화를 좋아하는 것 같아서 그 당시 역사도 관련지어 다양한 그림을 소개해 주셔서 재미있어. 테스트는 없고 기말 리포트를 3페이지 정도 썼던가? 그리고 역사학B. 그거 굉장히 재미있는데 말이야. 내용은 '화장실의 역사에 관해서'

여 : 와, 화장실이요?

남 : 응, 가장 오래된 화장실은 어떤 것이고, 거기서부터 어떻게 현재의 화장실에 이르렀는가 하는 것이 이야기의 테마. 그건 기말 테스트가 있지만 오픈북 테스트였어. 그리고는, 아, 문학C다. 문학C는 에도시대 오락책이 테마이고, 어떤 종류의 책이 인기였는가 라든가 그건 어떤 내용이었던가 라든가 그런 느낌. 그것은 기말 리포트가 있었어. 그리고는 생물학D네. 그건 최근 발견된 신종 생물에 대한 수업으로, 심해어라든가 식물이라든가 여러 가지. 성적평가는 기말 테스트가 있었는

ど、持ち込み不可だったかな。でもそんなに難しくない
し、大丈夫だよ。

女：そうですか。どれも面白そうですね。うーん、でも正
　　直、絵とか本とか、そういう文化の話はあんまりピンと
　　来なくて好きじゃないんですよね。

男：そう。

女：うーん、期末は他の授業でレポートがいっぱいありそう
　　なので、教養科目はテストのがいいんですけど、ノート
　　とか持ち込めないのはちょっと……。じゃあ……。

女の学生はどの授業を受けることにしましたか。

1　芸術学Ａ
2　歴史学Ｂ
3　文学Ｃ
4　生物学Ｄ

데 오픈북 테스트는 아냐. 그래도 그렇게 어렵지는 않
아서 괜찮아.

여 : 그래요? 모두 재미있을 것 같아요. 음. 그래도 솔직히
　　그림이라든가 책이라든가 그런 문화에 관한 이야기는
　　그렇게 확 와 닿지 않아서 좋아하지 않아요.

남 : 그렇구나.

여 : 음. 기말은 다른 수업에서 리포트가 많이 있을 것 같아
　　교양과목은 테스트가 좋겠는데, 노트라든가 가지고 갈
　　수 없는 것은 좀. 그렇다면…….

여학생은 어떤 수업을 보기로 했습니까?

1　예술학Ａ
2　역사학Ｂ
3　문학Ｃ
4　생물학Ｄ

[정답] 2

[어휘] 教養科目 교양과목 | おすすめ 추천 | 芸術学 예술학 | ルネサンス 르네상스 | 絵画 회화 | ～も絡めて ~도 연관시
켜서 | 持ち込み可 반입가능(여기서는 시험 때 노트 등을 가지고 들어갈 수 있는 오픈북 테스트를 의미) | ピンとこ
ない 느낌이 오지 않다(와 닿지 않다)

[해설] 마지막 부분에 「テストのがいいんですけど、ノートとか持ち込めないのはちょっと」를 모두 충족시키는 것, 즉 테스
트를 보면서, 그 방식이 오픈북 테스트인 것은 역사학B밖에 없다.

2番 ▶ 56:56

会社で、上司と部下2人が新しい製品について話しています。

男1：部長。新商品のハンドクリームのことなんですが。ち
　　　ょっとよろしいですか。

男2：うん。どうしたの？

女：最初は100gのもの1種類だけの予定だったんですが、
　　途中で「ポーチに入れやすい小さめサイズもあったほ
　　うがいい」という意見が出たんです。

男2：あー、確かに。女性はカバンにいろいろ入れるから、
　　　大きさは重要だよな。

女：それで、大きさを100gと50gの大小2種類にすると見積
　　もりがどうなるか、工場に問い合わせたんです。

男2：うん。で、どんな感じだった？

男1：数をそれぞれ半分ずつにして、合計で当初の数になる
　　　ようにと工場に見積もりを頼んだんですが、生産ライ
　　　ンが2つになりますし、生産個数が少なくなるので、単
　　　価が高くなってしまいまして。

男2：そうかー。

男1：大小それぞれもとの予定数で作れば大丈夫だそうなん
　　　ですが。

女：でも、そうすると予算が倍になってしまいますし……。

男2：確かにそういうわけにはいかないな。

男1：やっぱりもとのままにしましょうか。

男2：うーん、まぁ、少し単価が上がってもいいだろう。と
　　　りあえずそれでやってみよう。

2번

**회사에서 상사와 부하 2명이 새로운 제품에 대해서 이야기
하고 있습니다.**

남1 : 부장님, 신상품의 핸드크림 건인데요. 잠시 괜찮을까요?

남2 : 응, 무슨 일이야?

여 : 처음은 100g 타입 한 종류만 할 예정이었습니다만, 도
　　중에 '파우치에 넣기 쉬운 작은 사이즈도 있는 게 낫
　　다'는 의견이 나왔어요.

남2 : 아, 그러네. 여성은 가방에 여러 가지 넣으니까 크기
　　는 중요하지.

여 : 그래서, 크기를 100g과 50g 대소 2종류로 하면 견적은
　　어떻게 나올지, 공장에 문의해 봤습니다.

남2 : 응. 그래서 어떻던가?

남1 : 수량을 각각 절반씩 해서 합계로 당초의 수로 하도록
　　공장에 견적을 부탁했는데요, 생산라인이 두 개가 되고
　　생산 개수가 적어지기 때문에, 단가가 비싸져 버려요.

남2 : 그렇군.

남1 : 대소 각각 원래 예정 수대로 하면 괜찮다고 하는데요.

여 : 하지만, 그렇게 하면 예산이 두 배가 돼 버리고요…….

남2 : 확실히 그렇게는 안 되겠네.

남1 : 역시 원래대로 할까요?

남2 : 음. 뭐 조금 단가가 올라가도 괜찮겠지. 일단 그렇게
　　해 보자.

女：わかりました。

商品をどうすることにしましたか。
1 大小どちらも作り、それぞれもとの数の半分で作る
2 大小どちらも作り、それぞれもとの数で作る
3 大のみ作り、もとの数の半分で作る
4 大のみ作り、もとの数で作る

여 ：알겠습니다.

상품을 어떻게 하기로 했습니까?
1 대소 둘 다 만들고 각각 원래 수량의 반씩 만든다.
2 대소 둘 다 만들고 각각 원래 수량대로 만든다.
3 큰 것만 만들고 원래 수량의 반으로 만든다.
4 큰 것만 만들고, 원래 수량대로 만든다.

정답 1

어휘 ポーチ 파우치 | 見積もり 견적 | 頼む 부탁하다 | 問い合わせる 문의하다 | 倍になる 배가 되다

해설 여사원과 과장은 처음 개수대로 두 종류를 만들자는 남자 사원의 말에, 「でも~予算が倍になります」「~そういうわけにはいかないな」라며, 두 배의 예산이 드는 것에는 난색을 표했으며, 「少し単価が上がってもいいだろう」라며, 조금 인상되더라도 두 종류를 제작하기로 한다. 즉 종류는 두 종류로 하고, 각각 개수를 절반씩 하는 1번이 답이 된다.

3번

먼저 이야기를 들으세요. 그리고 두 개의 질문을 듣고 각각 문제지의 1~4 중에서 가장 적당한 것을 하나 고르세요.

3番 ▶ 59:43
ラジオの通販番組を聞きながら、男の人と女の人が話しています。

女：今日は、年末の大掃除に向けて、人気の掃除機を取り揃えてみました。どれも大変お安くなっておりますので、この機会にぜひお求めください。まずは、商品番号1番の掃除機です。こちらは今話題のサイクロン式で、吸っても吸っても吸引力が変わらないのが特徴です。非常にパワフルで、小さいちりホコリから、大きな食べこぼしまで、何でも吸い取ります。お値段はこちら。39,800円です。次は、商品番号2番の掃除機です。こちらは紙パック式ですが、パワーは十分です。なんといっても特徴は静かなことですね。パワーを強にしても、音は図書館並の静かさです。こちらは、お値段が24,800円となっております。そして、次が商品番号3番の掃除機です。こちらは、1番2番の掃除機と同じように本体を引っ張る一般的なタイプですが、違いはその軽さです。非常に軽くて転がしやすく、ストレスがありません。こちら、お値段24,800円です。最後に商品番号4番の掃除機のご紹介です。こちらは本体一体型のスティックタイプの掃除機です。スティックタイプですので非常に軽いのはもちろんですが、充電式なので、わずらわしいコードもありません。こちらのお値段は、39,800円となっております。

男：あ、新しい掃除機、欲しかったんだよね。どれもいいなぁ。

女：私も、買い換えようかな。今の掃除機すごく重いんだよね。軽いのがいいな。

男：じゃあ、やっぱり本体がつながってないのがいいんじゃない？

3번

라디오의 통신판매 방송을 들으면서, 남자와 여자가 이야기하고 있습니다.

여:오늘은 연말 대청소를 앞두고 인기 청소기를 마련해 봅시다. 어느 것이나 매우 저렴하게 되어 있으므로, 이 기회에 꼭 구매하세요. 우선은 상품 번호 1번 청소기입니다. 이쪽은 지금 화제인 사이클론식으로 흡입해도 흡입해도 흡인력이 변치 않는 것이 특징입니다. 매우 파워풀하고 작은 먼지부터 먹다 흘린 큰 음식물까지 뭐든지 빨아 들입니다. 가격은 여기 39,800엔입니다. 다음은 상품 번호 2번의 청소기입니다. 이쪽은 종이팩 식입니다만 파워는 충분합니다. 뭐니 뭐니 해도 특징은 조용한 것입니다. 파워를 강으로 해도 소리는 도서관 정도로 조용합니다. 이쪽은 가격이 24,800엔이 됩니다. 그리고, 다음은 상품 번호 3번 청소기입니다. 이쪽은 1번 2번 청소기와 동일하게 본체를 당기는 일반적인 타입입니다만, 차이는 가벼움입니다. 상당히 가볍고 굴리기 쉬워 스트레스가 없습니다. 이쪽 가격 24,800엔입니다. 마지막으로 상품 번호 4번 청소기 소개입니다. 이쪽은 본체 일체형의 스틱 타입의 청소기입니다. 스틱 타입이므로 굉장히 가벼운 것은 물론이거니와 충전식이어서 번거로운 코드도 없습니다. 이쪽 가격은 39,800엔입니다.

남 : 아, 새로운 청소기, 필요했지. 뭐가 좋을까?

여 : 나도 바꿀까? 지금 청소기 굉장히 무거워. 가벼운 것이 좋은데.

남 : 그럼, 역시 본체가 연결돼있는 게 좋지 않을까?

女：でも、ちょっと高いな。軽ければ別に本体を引っ張るの
　　でもいいかな。
男：そう。僕はやっぱりパワーがあるのがいいなぁ。多少高
　　くても、パワーが変わらないのがいいな。紙パックも面
　　倒だし。

質問1　男の人はどの掃除機を買いますか。
1　1番の掃除機
2　2番の掃除機
3　3番の掃除機
4　4番の掃除機

質問2　女の人はどの掃除機を買いますか。
1　1番の掃除機
2　2番の掃除機
3　3番の掃除機
4　4番の掃除機

여 : 그래도 좀 비싼데? 가벼우면 따로 본체를 끄는 것도 좋
　　을 것 같네.
남 : 그래? 나는 역시 파워가 있는 게 좋아. 다소 비싸도 파
　　워가 변하지 않는 것이 좋지. 종이팩도 번거롭고.

질문1 남자는 어떤 청소기를 삽니까?
1　1번 청소기
2　2번 청소기
3　3번 청소기
4　4번 청소기

질문2 여자는 어떤 청소기를 삽니까?
1　1번 청소기
2　2번 청소기
3　3번 청소기
4　4번 청소기

정답 **(1)** 1 **(2)** 3

어휘 取り備える 구비하다, 마련하다 | お求めください 구매해 주세요 | 吸引力 흡인력 | ちりほこり 먼지 | 食べこぼし 먹다 흘린 음식 | スティックタイプ (stick type) 스틱 타입 | 充電式 충전식 | 欲しい 필요하다, 가지고 싶다 | 買い替える 새 것으로 바꾸다

해설 남성은 비싸더라도 「パワーが変わらないのがいいな」라고 말하고 있으므로, 흡인력이 강한 1번이 답이 된다. 가벼운 것을 선호하지만 비싼 것은 부담이 가기에 「軽ければ別に本体を引っ張るのでもいいかな」라고 말한 것에 주목해 보면, 스틱형이 아닌 가벼운 형태의 3번이 답이 된다는 것을 알 수 있다.

| M | E | M | O |